MARKETING OF THE WORLD CUP

营球世界杯

刘泳华 著

中国发展出版社
CHINA DEVELOPMENT PRESS

图书在版编目（CIP）数据

营球世界杯 / 刘泳华著. —北京: 中国发展出版社，2014.5

ISBN 978-7-5177-0148-4

Ⅰ.①营… Ⅱ.①刘… Ⅲ.①世界杯—品牌营销 Ⅳ.①G808.2 ②G80-05

中国版本图书馆CIP数据核字（2014）第069281号

书　　名：营球世界杯
著作责任者：刘泳华
出 版 发 行：中国发展出版社
（北京市西城区百万庄大街16号8层　100037）
标 准 书 号：ISBN 978-7-5177-0148-4
经　销　者：各地新华书店
印　刷　者：三河市东方印刷有限公司
开　　本：720mm × 960mm　1/16
印　　张：20.5
字　　数：254千字
版　　次：2014年5月第1版
印　　次：2014年5月第1次印刷
定　　价：45.00 元

联 系 电 话：（010）68990625　68990692
购 书 热 线：（010）84604601　84604602
网 络 订 购：http://zgfzcbs. tmall. com//
网 购 电 话：（010）88333349　68990639
本 社 网 址：http://www.develpress. com. cn
电 子 邮 件：lijian2025@163. com

序一

营球比赢球更重要

改革开放之初，邓小平曾经问过李嘉诚一个问题，什么是企业最宝贵的资产？李嘉诚回答说，一个企业最宝贵的资产是没有列入资产负债表中的品牌和商誉。

中国企业做大做强可以靠良好的经营管理和资本运作，但是要想真正做一家百年企业，就只有靠优秀的、富有长久生命力的品牌。品牌战是全球化留给中国的最后一个机会，尤其是中小企业，一无市场二无渠道三无品牌，面临着非常大的市场风险，从品牌入手是建立竞争优势的最根本出路。

万众瞩目的巴西世界杯马上要开始了，屈指算来这已经是第20届世界杯足球赛。32路英雄决战绿茵赛场，为大力神杯而战，也牵动着全世界亿万球迷的神经。世界杯是一个巨大的营销平台，是一个持续综合的营销机会，把握好了可以增加企业产品的销量，如每届世界杯期间电视机、啤酒的销量都会有比较明显的上升。值得注意的是，世界杯的诞生比奥运会晚了整整34年，能够将世界杯发展成为唯一可以与奥运会媲美的体育赛事、全世界知名度最高和最受欢迎的足球比赛，负责世界杯运作的国际足联是如何做到的？

从某种角度上讲，品牌营销就是讲故事。王石讲了一个登山的故事，为万科节省了三亿广告费。张瑞敏讲了一个砸冰箱的故事，从而让人们认识了海尔，相信了海尔产品的品质。冰冷的钻石讲了一个爱情的故事，从而俘获了万千少男少女的心，“钻石恒久远，一颗永流传”。几乎每一个成功的品牌背后都有一个精彩的故事，它们懂得把品牌发展的历史脉络、品牌内涵、品牌精神向消费者娓娓道来，并在潜移默化中完成品牌理念的灌输。如果不穿上故事的外衣，品牌就像个裸奔的孩子，消费者会把你堵截在记忆之外。

国际足联就是讲故事的高手，第一个故事是让中国受益的“扩招”。1974年，巴西人阿维兰热就任国际足联主席后宣布从1982年世界杯开始决赛阶段球队增加到24支，在行将卸任之际，他再次决定从1998年世界杯起将参赛球队增加到32支，将足球相对落后的亚洲、非洲、拉丁美洲吸收到世界杯的大舞台中。世界杯“扩招”之初曾经遭到了成员国的极力反对，有欧洲成员国认为“让亚非队伍进入世界杯会砸了世界杯的招牌”。国际足联力排众议，坚定地推行了计划。正是这种长远的市场眼光，才使得世界杯有如此的辉煌，成为世界第一大运动。

第二个故事是让世界杯财源滚滚的“商业赞助”。为了赢得更大的国际市场，国际足联对世界杯本身的产品营销可称得上是煞费苦心，从而引起全世界的关注，吸引了大批顶级的国际企业赞助。参赛球队能否踢出高水平的比赛，在很大程度上直接决定了世界杯赛事的吸引力，决定了赞助商的投资热情。国际足联深谙此理，一方面大力宣传世界杯在足球领域至高无上的地位、大力神杯的神圣荣誉，另一方面用高额奖金回馈进入32强的球队，刺激参赛球队“生产”出高品质的比赛成果。

第三个故事是让无数球迷热血沸腾的“中国举办世界杯”。中国足球只有2002年唯一的一次进军世界杯的历史，国际排名经常在100名之后，在世界足坛的地位可以说是微不足道。然而，无论是2002年以前还是2002年以后，历任国际足联主席都不遗余力地在任职期间极力推动中国申办、举办世界杯。这是为什么呢？

世界杯历史上，这样的故事还有很多很多。国际足联很聪明，一系列故事讲得很精彩，打动了全世界数亿球迷。曾经带领中国足球队进入世界杯的米卢也很聪明，他讲了一个“快乐足球”的故事。米卢之前的教练和之后的教练都不会讲故事，所以韩日世界杯也成了中国足球的绝唱。凭心而论，其实中国足球的水平并不差，可是这么多年为什么一直恐韩，一直想赢怕输，一直不会打领先球？可以毫不夸张地说，中国足球只有一次短暂的世界杯之旅，从某种程度上是营销的失败。

移动互联的飞速发展使得世界越来越平，社会结构由传统的金字塔型社会结构变化为了网状结构，人人都是自媒体，每个人都可以发出自己的声音。大数据和云计算渗透到每一个行业，媒体分散化、用户自主化、信息碎片化已经成为势不可挡的大趋势。80后、90后正在成为社会的主流消费群体，被称为“互联网动物”的他们很难被传统媒体广告打动。从2006德国世界杯开始，国际足联就开始在互联网上直播世界杯比赛，南非世界杯、巴西世界杯期间持续直播，微博、微信平台也被国际足联引入。如果不能跟上时代的步伐，不能为企业注入互联网思维，企业将慢慢走向消亡。在未来，只有具备了全媒体整合营销能力和互联网思维的企业，才会更有竞争力。

对于从事市场营销相关工作的专业人员而言，看世界杯不能只顾着看输赢，更应该看到背后的经营理念与技巧，做到为我所用。《营球世界杯》是迄今为止第一本系统研究、解读世界杯“营球”策略的专著，作者通过解读世界杯成功的奥秘，剥茧抽丝，总结提炼出非常有益的营销经验，同时书中又不乏品牌营销的实战案例，避免了空洞的说教，是一本不可多得的趣味性、系统性、实战性营销著作。

品牌战略专家、中央电视台品牌顾问 李光斗

序二

鉴往知来，格物致知

眨眼之间，科特勒的市场营销理论进入中国已经近30年，科特勒让中国人学会了营销思维，也加速了中国市场经济发展的步伐。随着企业营销意识的不断增强，市场竞争的环境更加激烈，在有些过度竞争的行业甚至可以用“惨烈”来形容。在这种背景之下，很多企业的老板和市场、销售从业人员希望寻求到能够在短时间内见奇效的营销圣经，屡试无果之后，难免对营销理论产生怀疑。

营销属于管理类的一门学科，那么什么是管理？我把管理叫做一门经验学科。何为经验，就是鉴往知来。鉴往，就是能够在过去的某一时间、空间、人物的情境下，将发生过的事情状况以及其造成的结果形成自己的一套认知。知来，就是通过形成的认知预测事物未来的发展趋势。

其实，营销圣经就在你身边。只要留心，处处皆学问。比如马上就要开始的巴西世界杯，球迷一般会关注自己喜欢的球队会走多远、能否夺冠，但是大家有没有想过，国际足联是如何将“世界杯”这个品牌营销得有声有色的？看世界杯，除了看精彩的对决、冠军的归属，我们更应该看到国际足联经营的奥秘。《营球世界杯》这本书是一次有益的尝试，作者打破了常规的思维惯性，不谈世界杯赛场的输赢，不谈如何借势世界杯进行擦边球营销，而是入木三分地分析了世界杯为何能够后来居上，超越奥运会的品牌影响力，并将其系统地总结为品牌宗教、品牌定位、媒体传播、产品创新、竞合营销、画饼式营销、营销运动战等可以借鉴的理论知识，并通过加多宝PK王老吉、90后李宁、锤子手机、杜蕾斯鞋套等诸多营销案例予以佐证。全书寓教于乐，使大家能够在关注、探究世界杯的同时理解、接受营销理论，甚至转化为营销工作的方法。

《礼记·大学》有云："致知在格物，格物而后知至。"只要认真思考，开拓眼界，很多营销届所谓的奇迹都有其规律可寻，都可以复制。关键是要突破我们看到的表面现象，去把握本质，从而形成思考营销问题的路径。一旦养成营销的思维习惯，你就会自发地去发现、去总结身边的每一个营销案例，想想他们为什么这么做，是在什么环境下做出的决策，所得的结果怎样。这个过程也许会很痛苦，如果能迈过去，你就能领会营销的真谛。

美国总统罗斯福有句名言"不做总统就做广告人"，说明了广告在市场营销中的重要作用和强大威力。随着产品品质的规范化、标准化和日益同质化，随着"新青年"80后、90后逐渐成为许多行业的主力消费人群，随着微博、微信等社交媒体的快速普及和发展，传统的单向传递信息的广告形式已难以征服消费者，一个品牌从让人知道到让人信赖，还需要通过策划有趣的公关事件加强与消费者的互动沟通，例如大力神杯在全世界80多个国家环游，例如南非世界杯期间预测比赛结果的章鱼哥。

随着消费者收入的增加和闲暇时间的增多，体育赛事、艺术品（包括影视、书画、收藏品、音乐等）、休闲观光等产业的市场营销会越来越重要，它们成功的经验都值得我们学习。不止世界杯，还有诸多如《中国好声音》、乌镇的营销之道，也非常值得我们去探秘。

《营球世界杯》打开了一扇窗户，营销世界别有洞天。

武汉大学经济与管理学院副院长、教授、博士生导师 汪涛

序 三

品牌跨越当学世界杯

中国互联网络信息中心（CNNIC）发布的报告显示，截至2013年12月中国网民规模达6.18亿，其中手机网民达5亿。根据腾讯员工透露的信息，微信在国内的用户数已经超过5亿。一个数字化的时代已经势不可挡扑面而来。微博、微信的快速发展，正在推动着营销、传播领域的新一轮变革，仅仅依赖于传统广告、公关、活动、促销等手段的整合营销传播理念正在悄然发生变化，借助新兴传播手段塑造、建设、提升品牌，正在逐渐成为许多企业的共识。

无论是区域品牌向全国品牌的跨越，还是国内品牌向世界级品牌的跨越，无论是新兴品牌还是老品牌，面对新时代多变的市场环境和传播环境，要实现品牌更上一层楼，需要突破的瓶颈还有很多。产品同质化、信息碎片化、8090主力化这“三化”，成为许多品牌在发展中无法回避的重要课题。

如何解决这些课题？需要在营销理论与实战的碰撞中寻找答案，以成熟的理论指导新时期的品牌营销工作，以实践的探索总结升华为可以借鉴的理论，从而实现整合营销传播的良性循环。

他山之石，可以攻玉。即将开赛的巴西世界杯，就是一个很好的营销课堂。“世界杯”作为一个品牌，被国际足联运营得有声有色，从1930年诞生至今已经84年了，堪称“百年老店”。期间虽然有第二次世界大战的影响，导致1938年至1950年之间停办了两届，然而其他时间都保证了按照四年一届的规则推进，即便是遭遇墨西哥地震这样的不可抗力，依然无法阻挠国际足联和举办国的决心。如今，我们的生活已经离不开四年一届的世界杯，很多球迷表示，奥运会可以不看，但世界杯却不能不看。无论要倒几个小时的时差，熬多久的夜，球迷们都心甘情愿毫不在乎。

球迷在意的是球队的输赢和球赛的精彩程度，作为品牌营销的专业人员，我们该如何看世界杯？除了关注自己喜欢的球队，关注如何借势世界杯进行营销传播之外，我们更应该关注，巴西世界杯与韩日世界杯、德国世界杯、南非世界杯相比，其创新在哪里？世界杯何以魅力永存，甚至后来居上、反超奥运会的影响力？

本书作者策划过许多经典的公关营销案例，同时是一个非常善于思考和总结的人，他跳出世界杯的常规思维方式，深入研究“世界杯”这个品牌成功的奥秘，十分难能可贵。作者将大家带入到一个世界杯的神奇世界，分享给大家一些不为人知的故事，在轻松愉快的氛围中巧妙地梳理出世界杯的成功基因，并结合近年来的营销案例进一步论证说明，深入浅出地将世界杯的成功经验运用到市场营销的实战工作中。本书的出版，无疑将帮助营销、广告、公关从业人员掌握世界杯“营球”之策，为我所用，从而更加有针对性地开展整合营销传播。

在新的市场环境和媒体环境下，广告与公关的边界逐渐被打破，融合、创新成为永恒的主题。在这方面，世界杯也给我们提供了很好的借鉴。决赛圈队伍从16支到24支到32支、包装明星球员、引入新媒体加强与球迷互动、增派女裁判执法、章鱼哥预测胜负，不一而足。与世界杯舞台这些做法有异曲同工之妙的案例，在本书中亦将尽收眼底，如可口可乐昵称瓶、巧乐兹浪漫指令棒签、杜蕾斯鞋套、书店里卖榨汁机等等。面对产品同质化、信息碎片化、8090主力化的挑战，需要做出传播差异化、信息整合化、沟通互动化的应对。唯如此，才能与时俱进实现品牌跨越。

同时，品牌营销工作是一项系统性、持续性的工作，世界杯品牌84年屹立不倒，而有着2000年足球历史的中国队冲击世界杯却屡战屡败，何故？中国队急于在世界杯舞台上树立自己的品牌形象和地位，除了历史战绩乏善可陈之外，没有一个长远的战略规划是根本原因，虽然在短时间内达到了一定的目的，但是长远来看却得不偿失。短视，已经成为许多中国企业的通病。根据实际情况制定适合自己的中长期品牌战略，将品牌行为充分融入到营销的每一个环节，稳扎稳打、循序渐进，才能实现品牌发展的目标。

此外，对于暴力、黑哨与假球这些严重影响世界杯品牌形象的负面新闻，国际足联又是如何应对的？在危机防不胜防的今天，我们又该如何预防和应对危机？在本书中你也将找到答案。

要想基业长青，当学世界杯。

中国国际公关协会常务理事、迪思传媒集团总裁 黄小川

前言

死了都要看

这不是一本研究如何借势世界杯进行“擦边球营销”的书，也不是一本介绍历届世界杯趣闻轶事的书。如果你是冲着这两点来的，那对不起，你可能要失望了。

唐代陈黯《言风》云：“扬雄亦慕仲尼之教者，以著书立言为事，得自易哉。”在营销、广告、公关一线奋战十余年，个中酸楚，五味杂陈。一直想盘点总结一下多年来的工作心得，以便给自己以警示，给后来者以启迪。然而，忙碌的工作却让我无法停下匆匆的脚步，静下心来进行系统的梳理。

2006年以来，易中天《品三国》火爆全国，我既为之高兴，又感到些许的失落。同为武汉大学校友，这位“学术超男”以独特的白话式幽默将尘封的历史演绎得妙趣横生，无疑是我的榜样和偶像。虽然我永远无法望其项背，但亦不能裹足不前。

2013年，幸得中国发展出版社抬爱，使我终于能够圆梦。基于对春秋战国和秦汉历史的兴趣，我将选题锁定在秦。之所以选择秦，一方面是受到《大秦帝国》的影响，早在2009年我便有幸欣赏了一度被封杀的《大秦帝国》电视剧第一部《裂变》，随后便买到孙皓晖的六部原著如饥似渴地阅读；另一方面也是考虑到当时图书市场还没有一本系统解读秦国商战谋略的书，而很多人已经开始迷恋大秦，于是心存侥幸地想，如果能够完成《商解大秦》，或许能像《水煮三国》、《商解红楼梦》一样受到读者欢迎呢。

真要解读秦国的商战谋略，绝非易事。虽然秦朝只有短短的14年，然而从秦建立诸侯国到统一中国却足足用了549年，要走进这560多年的历史，归纳提炼其商战智慧，非三年精耕难以完成，我又不可能辞工专职研究。为了不辜负出版社的信任，我决定换一个选题。经过两次深入的沟通，我们将选题确定为2014年的头号大事件——世界杯。

一般大家谈世界杯，最关注的就是冠军归属、球队输赢情况，这方面的体育专家也很多，如黄健翔、张斌、李承鹏等，我也不可能超越他们。但是如果换一个角度，把“世界杯”作为一个品牌，把“国际足联”作为一个企业，去解读这个企业运作“世界杯”品牌的成功秘诀，相信能带给大家不一样的启示。看世界杯，不谈输赢谈经营，目前还没有这样的书籍，我愿做第一个吃螃蟹的。

1998年法国世界杯，我还是一名在校大学生，很多场比赛我是和同学围在食堂、宿舍门卫房的电视机旁度过的，虽然正值期末考试，依然难以阻挡同学们的激情。也正是那个时候，我才开始知道世界杯为何物。法国与巴西打决赛的时候学校已经放假了，我去表弟家投宿，我们定了闹钟半夜3点爬起来看决赛。虽然我看好的巴西队输了，但是这种熬夜看球的经历却永生难忘。

2002年韩日世界杯，我在政府机关工作，看球比较方便，除了同时间比赛的场次外，大部分场次我几乎都看了直播。由于很多比赛都是下午进行的，单位的男同事几乎是集体收看。加上有中国队第一次进军世界杯的因素，单位领导也基本上不怎么干涉。可惜中国队太臭，枉费了大家多少感情；可惜韩国人太生猛，扼杀了多少好球队。2006年德国世界杯和2010年南非世界杯，由于工作关系，我只能有选择地看一些重点比赛。不过，黄健翔灵魂附体式的激情解说，荷兰队的全攻全守，令人窒息的点球大战，都给我留下了深刻的印象。

凭心而论，我不是一个标准的球迷，充其量只能算是伪球迷。除了世界杯，虽然偶尔也会关注意甲、英超、西甲和欧冠，但是对于铁杆球迷如数家珍的球员转会、精彩进球、交战纪录等，我却知之甚少。不过，基于自己对足球的一知半解，我可以强烈地感受到足球的狂热，感受到世界杯的疯狂。

成者王侯败者寇。世界杯夺冠球队与表现出色的球员经常都会被各国视为民族英雄，1998年法国队在本土勇夺冠军，法国总统希拉克甚至在颁奖时让队长迪迪埃·德尚背对自己站在长桌上高举大力神杯。2006年德国世界杯，东道主德国队即使没能夺取最后的冠军，德国总统科勒尔仍然在总统府接见了季军球队，球队英雄世界杯金靴奖得主克洛泽则被总统亲自受勋。1994年美国世界杯，哥伦比亚队27岁的埃斯科巴在小组赛同美国队一战中不慎将球捅入自家大门，导致哥伦比亚被淘汰。在回国的路上，可怜的埃斯科巴被球迷枪杀。

“世界杯”这三个字本身并不是专指足球，每年各种各样的世界级赛事很多，而且许多冠以“××世界杯比赛”，为什么“世界杯”这三个字就能与“世界杯男子足球赛”划等号？1896年，奥林匹克运动会在希腊雅典拉开帷幕，1930年世界杯才正式亮相，世界杯的诞生比奥运会晚了整整34年。能够将世界杯发展成为唯一可以与奥运会媲美的体育赛事、全世界知名度最高和最受欢迎的足球比赛，国际足联是如何做到的？2010年南非世界杯，一只小小的章鱼风头甚至要盖过齐达内、梅西，成功预测了多场比赛的结果。章鱼哥真能预测比赛结果吗？为什么德国总理默克尔、意大利总统纳波利塔诺、法国总统希拉克、联合国秘书长安南等多名政要以及各国皇室成员都要亲临世界杯赛场观看比赛？中国足球屡战屡败，然而从阿维兰热到布拉特，历任国际足联主席都不遗余力地在任职期间极力推动中国申办、举办世界杯。这是为什么呢？

这些问题无一不困扰着我，牵引着我，刺激着我。它丝毫不亚于一个球迷对世界杯比赛的期待与好奇。正是这种期待与好奇，促使我走进世界杯的殿堂，去了解、发现、解读以前所不知道的世界杯故事，去归纳、提炼、总结国际足联的营销之道。基于这些经验的总结，再将我工作中实际操作过的案例和关注的精彩案例有选择性地拿来予以佐证，如果能对各位读者有所启发，便是我最大的欣慰。

别人看输赢，我们看经营。《营球世界杯》一共16章分为两大板块，上半场8章讲述“改变世界的世界杯”，从大力神杯的诱惑、电视转播、参赛队伍数量变化、赞助商、PK奥运会、走出欧洲和南美、世界杯球星、中国举办世界杯八个方面系统解读世界杯的营销策略，下半场8章讲述“世界杯赛场那些事”，从米卢、章鱼哥、世界杯之最、世界杯黑马、快速反击战、世界杯离不开女人、中国队的短命世界杯、暴力黑哨假球八个方面分享世界杯赛场内外的故事与营销启示。

每个人心中都有一个哈姆雷特，每个人心中也都有一个世界杯。因时间和精力有限，或许我只看到了世界杯的冰山一角，或许我的分析只是管中窥豹，但是希望这样的一次尝试能够展现给大家一个不一样的世界杯，能够打开大家的营销思路。

2013年10月28日，据《路透社》报道，欧足联主席普拉蒂尼提议从2018年俄罗斯世界杯起，决赛圈球队的数量从32支提升至40支，多出的8个名额将主要分配给亚洲和非洲的球队，欧洲的名额将不再削减。想象一下，40支队伍角逐的世界杯会是什么样子？

巴西世界杯即将打响，上一次巴西举办世界杯还是在1950年，半个多世纪后足球再次回到了它的精神王国，这将是一场史无前例的球迷狂欢。亲，不管你是为了看输赢，还是为了看经营，如果你能读到这里，下面这首歌送给你，歌词改编自《死了都要爱》。

死了都要看
不淋漓尽致不解馋
愿望多强只有这样
才足够表现
死了都要看
不哭到微笑不解馋
别人出局我还战
把每天当成是今天来习惯
一分一秒都美到泪水掉下脸
不理会别人是看亲或看贱
只要我勇敢往下看
死 不用刻意心烦
凭感觉去关注看球就会乐万千
享受现在 别一输球就退缩打颤
许多奇迹我们相信才会如愿

目录
CONTENTS

引　子　联合国秘书长安南居然羡慕世界杯　3

上半场　改变世界的世界杯

第一章　大力神杯的诱惑——品牌亦宗教　11

揭秘大力神杯　12

信仰是百年世界杯的生命之源　13

品牌宗教是如何炼成的　15

第二章　电视转播开创新时代——好球也怕巷子深　23

无观众不足球　24

有“品”才有“牌”　27

工业品爱上CCTV　29

“互联网总统”奥巴马　32

春节流行微信拜年　38

移动互联时代的品牌传播法则　41

第三章　从16支到32支的跨越——要精品还是要市场　51

决赛圈队伍三级跳：16、24、32　51

乒乓球变大与《江南Style》放弃版权 53
市场是达尔文说了算而不是爱因斯坦 56
品牌化与B2B企业无关? 59
至少拿出销售额的2%做品牌 62
英特尔的品牌化之路 63

第四章 FIFA与赞助商的双赢——产品创新打假两不误 71
谁是世界杯的财神爷 71
舍不得孩子套不着狼 75
人不如故衣不如新 77
吃香蕉不吐香蕉皮 79
国际足联打击偷袭营销 81
棒打山寨 84
面对3·15如何不再忐忑 87

第五章 世界杯PK奥运会——"竞合"之道 93
奥运会亦敌亦友 93
从竞争营销到竞合营销 98
以敌为友当学康熙大帝 101
百事可乐与可口可乐双雄对决 103
加多宝与王老吉的正宗之争 105

第六章 走出欧洲和南美——唤醒沉睡的客户 113
走向世界才是世界杯 113
把梳子卖给和尚 117
千年《论语》再复活 119

"90后李宁"错哪儿了 121
"三无"葛优何以征服舒淇 123

第七章 球星云集的世界杯——要出名先造星 131
那些身价过亿的世界杯球星 131
造星营销四大手段 144
"虚拟明星"世界杯吉祥物 148
罗永浩和他的锤子手机 150
吴小莉带火凤凰卫视 153
比尔·盖茨一不小心被忽悠了 154

第八章 中国举办世界杯——"画饼式"营销 159
世界杯需要中国 159
曹操"望梅止渴"打胜仗 162
"画饼"的分寸 163
买房送老婆与肯德基半价桶 164
乔丹体育"画饼"的代价 165

下半场 世界杯赛场那些事

第九章 神奇教练米卢的"快乐足球"——"正本清源"做品牌 173
中国队冲击世界杯九战八败 173
神奇的"快乐足球" 177
品牌长青始于定位 180
习大大萌翻了 184

海底捞为什么学不会 186
巧乐兹神奇棒签玩转浪漫 188
快乐营销"有种你吻我" 191
邓亚萍兵败即刻搜索 193

第十章 造势当学"章鱼哥"——营销就要"没事找事" 197

章鱼哥真能猜胜负吗 197
没有故事的品牌注定短命 199
没事找事的方法 202
借热点：杜蕾斯五环和鞋套 203
造概念：1+1哥德巴赫猜想 206
绑名人：克林顿夫人的内裤 207
反潮流：星巴克抬头行动 209
随机变：不约而至的鸽子 210

第十一章 津津乐道的世界杯之最——做细分市场领导者 215

你知道多少"世界杯之最" 215
第一是怎样炼成的 219
C-RV持续领先的秘诀 222
蓝月亮开创洗衣新时代 224
苹果偷袭诺基亚 225

第十二章 世界杯"黑马"频现——差异化营销赢市场 231

818世界杯赛场的黑马 231
打破思维定势 235
奥巴马邻居的房子为何没人买 237

在书店里卖榨汁机的勇气 240

轮胎能当月饼卖吗 243

情人节玩“嘿咻”公关 245

第十三章 世界杯赛场的闪转腾挪——打好营销“运动战” 251

快速反击的经典比赛 251

营销运动战的招式 254

赶集网与赶驴网 256

加多宝挑战王老吉后来居上 258

第十四章 纯爷们的球赛为啥拉女人入伙——得女人者得天下 265

世界杯离不开女人 265

拜金女马诺看好中国队 266

足球寡妇的另类营销 267

“她时代”的营销策略 267

朵唯手机与“他她水” 269

第十五章 中国队的短命世界杯——放长线才能钓大鱼 275

恒大夺冠勾引世界杯中国梦 275

2000年的足球史浪费了 276

中国品牌与世界百年品牌的差距 278

长城润滑油十年航天营销路 279

“诸葛亮”缘何败给“襄阳” 282

第十六章 暴力、黑哨与假球——莫让负面把品牌拖下水 287

世界杯的那些丑闻 287

危机公关当学麦当劳 291
"救火"三步曲 294
加多宝"对不起"催泪弹 296
天猫1.5米内裤"自黑式公关" 297
双汇"万人危机公关秀"很愚人很失败 301
鲁莽的农夫山泉 303

后　记 304

参考文献 305

世界杯让我们
羡慕不已

“足球无国界，营销无国界。可以毫不夸张地说，安南对于世界杯的羡慕，丝毫不亚于全球企业对苹果的羡慕，不亚于中国企业对腾讯的羡慕。世界杯给全世界足球工作者、足球迷、准足球迷创造了一个节日、一种疯狂、一种生活习惯。每到世界杯决赛的那一个月，无论你以前是不是球迷，懂不懂足球，你都可以堂而皇之地看球、侃球，可以与你的领导平起平坐点评每一场球赛。”

引　子
联合国秘书长安南居然羡慕世界杯

世界杯（FIFA World Cup）即国际足联世界杯，是世界上最高荣誉、最高规格、最高水平、最高含金量、最高知名度的足球比赛，与奥运会并称为全球体育两大最顶级赛事。世界杯每四年举办一次，任何国际足联会员国（地区）都可以派出代表队报名参加这项赛事。

1904年5月21日，国际足联的第一任主席法国人罗贝尔·盖兰第一次向各国足坛领导人提出了这种想法，并责成其秘书长荷兰人希尔施曼为此起草一份文件。但由于表示愿意参加的国家不多，而且由于政治体育的不和，这项计划流产了。

第一次世界大战结束后，巴黎红星队的创始人于勒·雷米特先生当选为国际足联主席，他又重新操起了这项搁浅的计划。他向各国足球界领导人作了大量的说服工作，竭力证明：一项世界性的足球比赛完全可以同顾拜旦男爵创立的奥运会比赛并行不悖，并且能够兴旺发达。1925年，在布鲁塞尔的一家饭店内，乌拉圭外交官布埃罗代表两届奥运会足球冠军得主乌拉圭队，正式对雷米特表示支持，这在当时起了不小的作用。

1926年12月10日，国际足联在巴黎召开了一次工作会议，瑞士、匈牙利、法国、奥地利、德国等许多国家都派代表参加了这次会议。4个月后，会议的草案被提交给各国足协。1927年6月5日，在国际足联召开的赫尔辛基会议上，以23票赞成、5票反对（北欧国家表示反对）、1票弃权（德国）通过了巴黎工作会议议案。1930年7月，第一届世界杯在乌拉圭举行，共有13个国家参加了比赛，54万人进场观看比赛。

1956年，国际足联卢森堡会议上，把锦标赛的名称改为“雷米特杯赛”，以表彰前国际足联主席法国人雷米特为足球事业所做出的巨大贡献。后来，有人建议把两个名字连在一起，称为“世界足球锦标赛——雷米特杯”，最后在赫尔辛基的代表会议上，又一次改名为“世界足球冠军杯——雷米特杯”，简称“世界杯”。

联合国秘书长羡慕世界杯

2006年德国世界杯足球赛开赛前夕，联合国秘书长科菲·安南特地撰写了《我们多么羡慕世界杯》一文，表达联合国对世界杯的羡慕和祝福。现将全文摘录如下：

各位可能很想了解评述足球与联合国秘书长何干。但实际上，世界杯令我们联合国羡慕不已。世界杯作为在各个国家、由各个种族和宗教参与其事的唯一真正具有全球性的巅峰赛事，已成为同联合国一样为数不多的具有普遍参与的现象之一。各位甚至可以说世界杯更具有普遍性。国际足联有207个成员，而我们只有191个会员国（注：截至2014年2月，国际足联成员为209个，联合国会员国为193个）。

然而，羡慕的理由绝非仅止于此。

第一，世界杯是让大家了解其球队情况以及该球队如何设法参与赛事的一项活动。大家由此了解谁得了分、怎样得分和在比赛的哪一分钟得分；大家由此了解谁空门射球不进；大家由此了解谁救了罚点球。我希望我们国际大家庭中也有这类竞争。各国在尊重人权的竞技场上公开争取最佳表现，并争先恐后地提高儿童存活率或中等教育入学率。各国在全世界众目睽睽之下公开展示它们的业绩。各国政府对采取何种行动取得这一成果接受问责。

第二，世界杯是全球每个人都喜欢谈论的一项活动。人们分析本国球队哪些动作得当，哪些情况本来会有所不同——更不用说对方球队了。从布宜诺斯艾利斯到北京，任何地方的人们都可坐在咖啡馆，喋喋不休地争论球赛的细节，不仅探究本国球队的详尽情况，而且还探究许多其他球队的情况，并就这个问题清晰无误而又情绪激昂地表达自己的意见。通常言语羞涩的青少年突然成了侃侃而谈、充满信心和思辩敏锐的专家。我希望我们全世界有更多的这类交谈。希望公民们沉浸于探索其国家如何能在人类发展指数方面，或在减少碳排放量数值或艾滋病毒感染人数方面取得更好的业绩。

第三，世界杯是在公平竞技场从事的一项活动，每个国家都有平等参与的机会。比赛中只有两件事至关重要，即智慧和团队协作。我希望我们全球舞台上有更多的公平竞争者。有自由而公平的交流，但没有补贴、壁垒或关税的干扰。各国都真正有机会在此世界舞台上一显身手。

第四，世界杯这项活动体现出人民和国家之间相互交流的益处。现在越来越多的国家队欢迎来自他国的教练，他们带来了新思维和新踢法，同样地，越来越多的球员在各届世界杯之间代表外国球队，他们将新素质注入其新球队，他们总结经验不断成长，因而能够在回到国家队的时候做出更大的贡献。在这一过程中，他们往往在他们效力的国家成为英雄人物——促进开阔心胸。我希望人们也同样显而易见地认识到人类移徙通常是三赢局面——移徙者、其原籍国和收容他们的社会全都获益。移徙者不但改善了本身及其家庭的生活而且还促进了他们前往工作的国家的经济、社会和文化发展，而当他们回返家园时则会利用新思想和专门技能发挥启发作用。

对任何国家而言，参加世界杯比赛是深刻体现国家骄傲的大事。对首次取得参赛资格的国家，例如我的祖国加纳而言，这是荣誉的象征。对多年处于逆境后有机会参赛的国家，例如安哥拉而言，这给予它们一种更新的感觉。而对目前正因冲突而分裂，但其参赛球队又成为国家统一的独特而强有力象征的国家，例如科特迪瓦而言，这又简直是国家重生的希望。

我现在要谈到的或许是我们所有联合国人员最羡慕的事：我们在世界杯这项活动中确实看到各项目标获得实现，我说的不仅是某一国家的得分和进球；我说的还有最重要的目标——参与其事，成为国家和人民大家庭的成员，赞美我们的共同的人道精神。6月12日加纳与意大利在汉诺威比赛时我将设法记住这一点。当然，我不能承诺我一定做得到。

引领习惯创造疯狂

联合国与国际足联同样是国际组织，堂堂的联合国秘书长却为何对世界杯羡慕不已？从安南的讲话中，我们可以看到四个关键词：竞争、自由、平等、融合，这也正是联合国一直所追求的目标。

世界杯史无前例地创造了在全世界范围内公平竞争的机制、自由互动的契机、平等参赛的舞台、融合创新的土壤。正是这种创造力和凝聚力，打破了不同肤色的界限，打破了不同语言的障碍，打破了强权与弱旅的等级。绿茵场上，一个足球可以沟通一切。

足球无国界，营销无国界。可以毫不夸张地说，安南对于世界杯的羡慕，丝毫不亚于全球企业对苹果的羡慕，不亚于中国企业对腾讯的羡慕。世界杯给全世界足球工作者、足球迷、准足球迷创造了一个节日、一种疯狂、一种生活习惯。每到世界杯决赛的那一个月，无论你以前是不是球迷，懂不懂足球，你都可以堂而皇之地看球、侃球，可以与你的领导平起平坐点评每一场球赛。正如我们的生活已经被苹果包围，被腾讯捆绑，四年一届的世界杯，也已经成为我们生活中不可或缺的一部分。

世界杯改变了世界，并正在继续改变着世界。

上半场

改变世界的世界杯

“世界杯的诞生比奥运会晚了整整34年。能够将世界杯发展成为唯一可以与奥运会媲美的体育赛事、全世界知名度最高和最受欢迎的足球比赛，支撑国际足联的动力是什么？是对普及、发展足球运动的信仰！如果要问品牌宗教是如何炼成的，看看国际足联的世界杯环球之旅就能明白一二，信仰需要贩卖！这种“贩卖”表面上看没有任何收益与回报，然而从长远来看却威力无穷。”

第一章
大力神杯的诱惑——品牌亦宗教

正如一句广告语所言——“你的能量超乎你想象”，激发、释放出品牌所蕴藏的巨大能量，将是你无法想象的。

四年一届的世界杯比赛已经超出了普通足球比赛的范畴，参赛球队是为荣誉而战，为大力神杯而战！全世界球员、教练、球迷对于大力神杯的狂热，是令人难以置信的。无论哪一支国家足球队，如果能得到世界杯冠军，捧起大力神杯，就是名正言顺的世界第一，整个世界都会为之疯狂沸腾。

1974年大力神杯在德国横空出世，金光烁烁辉映全球，成为世界足球最高水平的象征，足球皇帝贝肯鲍尔第一次在全世界面前举起它，永载史册；1986年，马拉多纳用“上帝之手”和那个经典的“世纪入球”终于换得与它深情一吻；1994年，巴西队举着它大跳桑巴，留下射失点球的巴乔黯然用泪水感动世界；1998年法国队在本土勇夺冠军，法国总统希拉克甚至在颁奖时让队长迪迪埃·德尚背对自己站在长桌上高举大力神杯，堪比民族英雄。

“大力神杯”由纯金制成，它独一无二的特点和全世界球迷对它的崇拜，使其成为无价之宝。“大力神杯”象征着足球世界至高无上的荣耀，代表了足球运动员在足球生涯中最有意义的成就，是所有球员的终极梦想。同样，它也为全世界的球迷提供了无限的遐想，并激发心中对足球的热爱。

这是一种信念、一种信仰，一种无以复加的顶礼膜拜。

揭秘大力神杯

在世界杯历史上，曾出现过两个世界杯奖杯，第一个奖杯历经磨难。

国际足联决定在1930年举办首届世界杯赛之后，由法国雕塑家亚伯LaFleur制作了向优胜队颁发的纯金奖杯，该奖杯是在镶嵌着宝石的底座上胜利女神伸展双臂托着八角形奖杯的雕塑品。为了纪念世界杯的创始人雷米特会长，国际足联把该奖杯命名为“雷米特杯"。但在“二战”爆发前的三届世界杯上（1930年，1934年，1938年），只称其为“世界杯”。媒体和各国教练、球员有时候也称之为“金女神杯”。

此杯为流动奖品，谁得了冠军，可把金杯保存4年，到下一界杯赛前交还给国际足联，以便发给新的世界冠军。此外有一个附加规定是：谁三次获得世界冠军，谁将永远得到此杯。1970年第九界世界杯赛巴西获得冠军后，作为唯一取得三次冠军的国家永远占有了这只奖杯。

“二战”期间，为避开侵略军，该奖杯曾藏于意大利一房屋的床底下。1966年，在英国举办世界杯之前，面向大众开放展览的过程中被盗，虽经英国警方多方查找，但均以失败告终。最终，该奖杯被称为“皮克勒斯”的杂种狗在郊外的矮树丛中找回。1983年，该奖杯在巴西再次被盗，奖杯在当时被盗贼溶化。巴西足球协会制作了复制品保存至今。

巴西永久占有“雷米特杯”之后，国际足联还得准备一个新奖杯，以发给下届冠军。1971年5月，国际足联举行新杯审议会，通过对53种方案评议后，决定采用意大利雕刻家撒尔维奥·加泽尼（Silvio Gazazniga）的设计方案——两个力士双手举起地球的设计方案。该奖杯的形象蕴含着“从地面上升起的螺旋型线在支撑着地球，有力地表现了取得胜利的那一瞬间的激情”。

这座奖杯高36cm（14英寸），重6.175公斤，其中包括4.97kg（11英镑）的18K黄金，被命名为“大力神杯”，归国际足联所有。大力神杯是现今足球世界杯的奖杯，是足球界的最高荣誉的象征，无论从构造、价值、珍贵度等方面来看，都绝非世界上其他任何奖杯可比。

国际足联规定新奖杯为流动奖品，不论哪个队获得多少冠军也不能永久占有此杯。每届冠军队可以保留“大力神杯”直到下一届世界杯决赛，并可获得镀金的复制品。另外，在大力神杯的底座下面有能容纳镌刻17个冠军队名字的铭牌——可以持续使用到2038年。

信仰是百年世界杯的生命之源

2030年，世界杯将迎来百年诞辰。2013年7月，国际足联副主席、阿根廷足协主席格隆多纳表示：“国际足联希望在阿根廷和乌拉圭合办世界杯以纪念其诞辰100周年，阿根廷足协和乌拉圭足协已经签订了一份协议。”1930年第一届世界杯就是在乌拉圭举行的，有意思的是，最终乌拉圭和阿根廷携手进入决赛。

作为全球体育界最顶级的赛事，世界杯的诞生、发展和壮大，经历了无数的艰难曲折、风雨坎坷。20世纪初，全世界局部战争冲突十分频繁，国际足联正是诞生于战火纷飞的1904年。从1904年首次提出世界杯这一形式的赛事，到1927年最终获得各国足协的认可，经历了整整23年。期间，第一次世界大战正式爆发。成功举办三届世界杯之后，第二次世界大战爆发，12年之后才迎来第四届世界杯。从此，世界杯比赛才正式驶入四年一届的正常发展轨道。

值得注意的是，世界杯的诞生比奥运会晚了整整34年。能够将世界杯发展成为唯一可以与奥运会媲美的体育赛事、全世界知名度最高和最受欢迎的足球比赛，支撑国际足联的动力是什么？是对普及、发展足球运动的信仰！世界杯作为在各个国家、由各个种族和宗教参与的一次真正具有全球性的赛事，它展现的将是人类文明的和谐交融。

何谓信仰？信，信奉。仰，仰慕。信仰，是指对人们对某种理论、学说、主义的信服和尊崇，并把它奉为自己的行为准则和活动指南，它是一个人做什么和不做什么的根本准则和态度。佛教经典著作《法苑珠林》卷九四有言："生无信仰心，恒被他笑具。"意思是说，如果人没有信仰之心，就会成为被取笑的对象。

如果没有信仰，或许世界杯早在"一战"之后就夭折了；如果没有信仰，或许世界杯决赛的名额还是16个，或许世界杯仍然是欧洲和南美洲的双雄对话。同理，如果品牌没有信仰之心，就会遭遇被市场淘汰的命运。没有信仰，就没有品牌。

太阳神、爱多、巨人、三株、秦池、飞龙、大宝、欧典……你还记得这些品牌的名字吗？虽然"巨人"今天"复活"了，但网游"巨人"已非昔日"巨人"。当年史玉柱耐不住寂寞，将保健品品牌"巨人"延伸到房地产领域，导致最后资金链断裂、品牌"归天"。而太阳神、三株、秦池、飞龙这些当年的"武林高手"，一朝得势，以为从此就"天下无敌"了，便颐指气使、便"指点江山"、便"攻城略地"，而不思产品创新、不思深耕渠道、不思用户价值，最终只能眼睁睁地看着自己含辛茹苦、一手培育的品牌"入土"。一言以蔽之，这些品牌的拥有者没有信仰。

如果要问，到目前为止全球化程度最高、生命力最顽强的组织是什么？答案是基督教、佛教、伊斯兰教这三大宗教。为什么这三大宗教作为一个品牌化组织能有如此的生命力呢？因为他们传播的是信仰！

信仰是品牌的灵魂，企业领导者要像教徒每周都去教堂礼拜一样，保持一种经常性的内省和思考，才能守住自己的灵魂。

为什么苹果手机可以一次又一次掀起人们的购买热潮？为什么无论苹果更新有多快、价格多昂贵，都不会影响其神话级的销量？为什么即使iPhone4出现了信号问题后，消费者依然不减对苹果的信心？原因很简单，企业把品牌做成了一份信仰。

品牌宗教是如何炼成的

宗教，为人们带来精神寄托和解除困惑的超脱方法。品牌亦有共通之处，即为满足用户需求的同时施展俘获人心的魔法。

2014年4月，大力神杯来到中国。这并非大力神杯第一次来华，早在2006年3月14日大力神杯便第一次抵达中国。2006年1月国际足联联合赞助商可口可乐公司启动了前所未有的“FIFA世界杯环球之旅”，此后持续在每届世界杯比赛之前举办。2014年的环球之旅活动已由最初的28个国家扩展为89个国家，全球超过100万球迷亲眼目睹了这一全球最令人梦寐以求的奖杯——大力神金杯真身的风采。在所经过的国家，球迷可以有幸近距离观看这樽曾被那些足球史上传奇人物亲手举起的金杯，并与金杯合影。

国际足联主席约瑟夫·布拉特表示：“随着许多国家开始角逐2014年世界杯参赛资格，我们也得以通过此次巡展与世界各地的球迷分享足球运动的美妙。球迷们能够在自己的国家亲眼目睹传奇金杯的风采，这样的机会可谓千载难逢。”

如果要问品牌宗教是如何炼成的，看看国际足联的世界杯环球之旅就能明白一二，信仰需要贩卖！这种“贩卖”表面上看没有任何收益与回报，然而从长远来看却威力无穷。

第一步，构筑品牌DNA。

美国著名管理学者托马斯·彼得曾说：“一个伟大的组织能够长期生存下来，最主要的条件并非结构、形式和管理技能，而是我们称之为信念的那种精神力量以及信念对组织全体成员所具有的感召力。”

让品牌拥有宗教般的DNA，首先要解决品牌价值观的问题。当品牌成为一个消费者所信仰的图腾时，消费者所购买的已经不是产品本身，而是这个品牌所特有的一种价值观。这种价值观可能是一种生活方式、一种生活态度、一种人生追求，当这种价值观通过合适的载体与消费者实现了深度沟通，并同消费者引起心理共鸣、得到消费者的追捧时，品牌就已经超越产品实体本身，拥有了生命力。就像世界杯对于全世界球迷和伪球迷的吸引力一样，“世界杯”三个字已经完全超出了足球比赛本身的范畴，它是一种信念、一种梦想、一种竞争机制、一种机会。

有段时间网络上流行一句话“为了你的迪奥，我的奥迪，加油”，可以看出有信仰的品牌往往会成为消费者内心的信仰。品牌本身其实就是一种情感诉求的结果，而品牌的建设过程其实也就是一种情感建立的过程，这种情感包含了信任、欲望、喜爱甚至崇拜、依赖。苹果品牌的价值观理念“独立、自由、时尚”迅速在全球市场受到新一代年轻人的崇拜，甚至连美国总统奥巴马手中的ipod也被媒体誉为“当代美国文化的标志”。青少年卖肾只为买到苹果手机，女人们为了买只LV手包可以省吃俭用大半年，可口可乐卖遍了世界上的任何一个地方就那么一种口味却魅力百年不减，一条价值10元的领带贴上皮尔卡丹的标签可以卖到上千元。这一切都是它们的品牌DNA、品牌信仰在起作用。

同仁堂是300多年的品牌，经历了清王朝由强盛到衰退，几经外敌入侵、军阀混战战火的洗礼，其所有制形式、企业性质、管理方式也都发生了根本性的变化。但同仁堂长兴不衰，其金字招牌能竖立300年不倒，原因就是同仁堂有自己的信仰——同修仕德，济世养生。为了这种信仰，300年来同仁堂坚守“炮制虽繁必不敢省人工，品味虽贵必不敢减物力”的堂训，一丝不苟地同修仁德。在2003年“非典”期间，同仁堂秉承品牌信仰，一共卖出了抗非典中药300万服，满足了100万余人次的用药需求，赢得了消费者的尊敬。

没有信仰，品牌就没有持续的核心竞争力。太阳神、爱多、巨人、三株、秦池、飞龙……曾经风光无限红极一时，但后来一个个都灰飞烟灭。何故？因为这6个品牌都是产品化品牌而非信仰化品牌，也就是说这些品牌的生命只与产品的生命周期息息相关，而与企业的使命并无必然的关联，所以缺乏持续的核心竞争力。

第二步，贩卖品牌信仰。

“FIFA世界杯环球之旅”贩卖大力神杯吸引球迷，奥巴马“Change”

贩卖“梦想”笼络选民，苹果贩卖“时尚”勾引年轻一代，不一而足。

北京时间2008年11月5日12点，巴拉克·奥巴马当选第56届美国总统，同时成为美国历史上第一位黑人总统。奥巴马逆袭白宫，不仅缔造了美国新的历史，更以他坎坷的身世向人们诠释了何谓“美国梦”。

就在40年前，黑皮肤的马丁·路德·金还只是呢喃着一个简单的梦想——和白人一样乘公交车找工作，但是他最朴素的权利抗争就引来了杀生之祸。马丁·路德·金曾在1968年的一次演讲中说道：“所有的人生而平等，具有不可剥夺的权利，这些权利不是政府赋予的，而是上帝赋予的，在上帝面前人人平等。”

Change（改变）是奥巴马竞选美国总统时的口号，这个简单的单词是奥巴马给出的承诺，给美国选民带来了期待，对“美国梦”的期待。凭着年轻干劲、勇于求变的形象，奥巴马打败72岁的越战英雄麦凯恩，结束了过去20年来由克林顿和布什家族主导美国政治的时代，谱写了美国历史新一页。马丁·路德·金半世纪追求平等的梦想终于达成。

奥巴马所营造的宗教般的信念，无疑对于美国选民具有强大的吸引力。宗教力量的强大，在于它能够以自己的价值观去影响无数世人的生活理念和行为准则。伟大的品牌，也同样能够使消费者在品牌核心价值观的感召下集结起来，对品牌的价值观形成认同和归属感。

持续性地“贩卖”品牌信仰，才能使更多的人了解品牌的核心价值。小米手机是国产手机的后来者，却用了短短几年时间成为领先者。很重要的一个原因，就是雷军团队坚持“为发烧而生”的设计理念，从一开始就希望能够造出一部真正满足中国发烧友需求的手机。iPhone和Android的发展改变了手机行业的厂商座次和游戏规则，雷军深知国产手机技术之殇，从微软和谷歌挖来大批技术人员，从操作系统入手，从用户体验入手，研发出中国人自己的智能手机。正是在这种信念的支撑下，坚持技术创新，突破传统渠道的短板，依托于互联网阵地开发建立了一个粉丝体验交流的阵地——MIUI论坛，从而得到了用户的认可，实现了快速崛起。

“贩卖”品牌信仰，就是要将品牌理念转为化消费者看得见、摸得着的实实在在的东西，并让消费者能够进行切身体验，才能与品牌融为一体，才能对品牌形成深刻感知，与品牌共成长共发展，才能像信仰宗教一样对品牌形成依赖，最终达到顶礼膜拜的程度。

“每四年举办一届的FIFA世界杯是世界上最高水平的足球比赛，与奥运会、F1并称为全球三大顶级赛事。中央电视台体育中心的一位负责人对记者说：“很难估计有多少中国人在收看世界杯。但是，从我的经验来看，64场比赛的观众累计数字将超过100亿。”2014年巴西世界杯的时差虽然不利于中国观众，但相信仍然有数以亿计的观众将坚持第一时间收看。”

第二章
电视转播开创新时代
——好球也怕巷子深

每四年举办一届的FIFA世界杯是世界上最高水平的足球比赛，与奥运会、F1并称为全球三大顶级赛事。考虑到奥运会是一项综合赛事无可比拟，排在第二的足球世界杯可谓真正的世界第一运动。世界杯全球化热潮已成为不可逆转的潮流，也许其他赛事还要为观众的流失而忧心忡忡，可是世界杯从来就不担心这个问题。

据权威机构估算，1998年法国世界杯全世界范围的电视观众总数接近400亿人次，决赛的全球电视观众的数目有17亿。2002年韩日世界杯，德国和巴西的世界杯决赛观众人数达到15亿，而总共64场比赛的电视观众超过400亿。2006年德国世界杯、2010年南非世界杯，全球观众人数再创新高。

中央电视台体育中心的一位负责人对记者说：“很难估计有多少中国人在收看世界杯。但是，从我的经验来看，64场比赛的观众累计数字将超过100亿。”据估算，2002年有中国队参赛的3场小组赛，每场比赛的收看人数都超过了1亿6千万。特别是中国队和世界冠军巴西队的较量，整个中国有将近2亿观众收看了这场比赛。2014年巴西世界杯的时差虽然不利于中国观众，但相信仍然有数以亿计的观众将坚持第一时间收看。

无观众不足球

皇帝的女儿真的不愁嫁吗?

如果没有电视，你能知道世界杯吗？如果没有电视，世界杯能像今天这样疯狂吗?

1934年意大利世界杯（第2届），第一次进行了电台的实况转播。1954年瑞士世界杯（第5届），电视第一次运用于世界杯赛的转播。1958年瑞典世界杯（第6届），许多国家首次对比赛进行了全面直播。人们带着新奇感在黑白银屏上目睹了方丹、雅辛、加林查，以及球王贝利的炫目表演。自从电视转播出现后，世界杯已经成为这个星球上最受欢迎的体育运动。

国际足联主席布拉特说：“我们将通过最好的电视传媒来转播世界杯赛，让足球能够贴近所有的人，无论是在非洲的马里还是在海拔3600米的玻利维亚，都能够看到精彩的比赛。”他还主张世界杯赛转播应当尽量少占用电视卫星频道。国际足联将全部场次的转播权卖给有线电视系统，而无线电视台只能转播揭幕战和半决赛以后的比赛，因为付费接收的观众应当比不花钱的观众看到的比赛更多。

由于历史的原因，中国观众通过电视看到世界杯的时间相对较晚。1978年6月，中央电视台转播了阿根廷世界杯（第11届）的三四名和冠亚军决赛共两场比赛。当时中国还没有恢复在国际奥委会的合法席位（1979年名古屋决议才恢复），那个时候的电视节目每天播出的时间不长、结束很早，因此晚上转播这两场世界杯比赛是破天荒的大事，具有里程碑式的意义。

1982年，中央电视台通过亚洲及太平洋地区广播联盟，与亚洲10多个国家和地区一起购买了西班牙世界杯（第12届）的转播权。由于频道资源紧张（当时中央电视台只有一个频道）以及部分比赛时间冲突，中央电视台进行了22场比赛的转播。当时香港无线电视台派转播小组远赴西班牙，世界杯卫星信号从西班牙发回香港，再由香港向亚洲的10多个国家和地区传送。中央电视台派出了4人小组奔赴香港，在香港收看比赛实况然后进行解说，用定期的民航班机把录像从香港送回北京播出。尽管转播和报道的时效性还有待改进，但相比于4年前的阿根廷世界杯，这次世界杯的转播数量和报道方式已经有了很大的改观。

1985年，中央电视台成立体育部，虽然体育节目每周播出时间总共不过两小时。然而，这却是一次重大的转变，没过多久，体育部决定转播或录播1986年墨西哥世界杯的全部比赛。中央电视台会同上海电视台、天津电视台、大连电视台，面向国内现场直播比赛10场，通过太平洋、印度洋卫星向阿根廷、墨西哥、哥斯达黎加、尼日利亚等国传送比赛实况和录像42场次。如此史无前例的播出规模引发了强烈的社会反响，也培养了大批世界杯球迷。

1990年意大利世界杯（第14届），中央电视台第一次派出6人报道小组奔赴罗马进行报道，转播了全部52场比赛。韩乔生独具特色的解说方式，给许多球迷留下了深刻的印象。1994年美国世界杯（第15届），中央电视台仍派出6人报道小组，在位于达拉斯的IBC转播了全部52场比赛，并推出了“绿茵金辉”世界杯特别节目，涵盖了整个世界杯的转播和赛前赛后的包装，拉长了直播时间。当年开始的中国足球甲A联赛，也在客观上推动了世界杯的观众数量持续增长。

1995年中央电视台体育频道正式成立，以此为契机，中国体育报道进入新的时期。1998年法国世界杯（第16届）的电视转播相对于往届又有了重大突破：一是足球评论员黄健翔第一次到比赛现场进行解说，共解说了全部64场比赛中的31场；二是对64场比赛全部进行现场直播，在小组赛最后一轮比赛，通过两个频道同时进行不同场次的直播。上海、广东、江苏等地方电视台，也加入到直播的队伍中，并呈现出各自的报道风格。从2002年世界杯开始，中央电视台和地方电视台对世界杯的报道形成了一个成熟、规范的报道模式。

无论你今年是多大年龄，作为一名中国球迷，能够有幸通过电视看到精彩的世界杯赛事，不得不感谢一个人——阿维兰热。他上台之后就努力将足球与当时尚未很普及但技术已经成熟的电视转播对接起来。正是他积极推动与电视机构的合作，才使足球比赛发生了质的变化。世界杯因电视转播吸引了无数的球迷，扩大了影响，而电视台通过转播足球比赛吸引了观众，吸引了广告，创造了巨大的商业利益。这可以说是一次完美的双赢抉择。

阿维兰热曾经说过一句话：国际足联是一个企业，它经营的产品是足球。为了赢得更大的国际市场，国际足联对世界杯本身的产品营销可称得上是煞费苦心。2006年德国世界杯小组赛分别安排在当地时间下午3点、6点和晚上9点进行，2010年南非世界杯的比赛时间是当地1点半、4点和晚上8点半，而2014年巴西世界杯的比赛时间则是当地下午1点、3点、4点和晚上7点、9点。众所周知，一般高水平的足球赛事通常都是在晚上七八点进行，如此独特的比赛时间安排显然是为了吸引全球的收视率，充分考虑其他各大洲球迷的收看时间。

随着世界杯的日趋火热，世界杯电视转播权的销售价格不断上涨。2002年韩日世界杯的电视转播费用约9亿美元，比1998年法国世界杯9000多万美元高出近10倍。2006年德国世界杯电视转播权卖了12.2亿美元，比韩日世界杯增长35%。2010年南非世界杯全球电视转播权卖出27亿美元，在德国世界杯的基础上翻番。2014年巴西世界杯的电视转播费用，又将是一个天文级的数字。

随着网络的飞速发展，除了电视转播权外，国际足联2006年还首次向互联网出售世界杯视频版权。国际足联主席布拉特把第18届世界杯报道的媒体分成了四种：电视、广播、新媒体和印刷媒体。上海文广新闻传媒集团便以千万元拿下了世界杯网络视频在中国内地的版权。

网络直播在2010年世界杯时就已成为球迷的一种选择。南非世界杯前，中央电视台花费1亿美元买断了2010年与2014年两届世界杯大赛转播权。随后，中国国家网络电视台（CNTV）又将南非世界杯的视频播放权分售给新浪、腾讯、搜狐等三家门户网站和优酷、土豆、酷六三家视频网站。球迷观看世界杯的模式有了新的体验，除了以传统的方式守候在电视机前观看直播，也可通过上述网站观看赛事。结果，南非世界杯期间这几家网站的访问量暴增。

艾瑞咨询《2010年世界杯营销研究报告》显示，选择电视收看世界杯的球迷仍然最多，其次是网络媒体，而在了解世界杯资讯方面，球迷则更偏好更新更快的网络媒体。经过近三、四年的发展，互联网具备了更大的技术革命的条件。虽然2014年各大网站首先需要向央视购买巴西世界杯网络转播权的大模式依然未变，但随着以平板电脑、智能手机为代表的移动终端和互联网电视的逐步兴起，普通球迷将会有更多的观赛模式的选择权。由于巴西世界杯的比赛时间都在北京时间半夜和清晨，为了不打扰家人休息、不影响正常上班，通过平板电脑、智能手机在床上、上班路上观看世界杯的球迷可能会越来越多。

有“品”才有“牌”

什么是“品牌”？要回答这个问题，首先就要弄清楚何谓“品”？一曰“三口”，即口口相传，二曰“尝”，即体验。可见“品牌”之所以能成为“品牌”，必须要有用户体验，要有口碑相传，否则它只是一个牌子而已，与马路上毫不起眼的路标指示牌并无本质差别。

品牌，能够被人记住和认同，才是王道。世界杯，从30多年前欧洲球迷和南美球迷的盛宴，变成了如今全世界球迷和伪球迷的集体狂欢，虽然被少数人质疑决赛的含金量，但是“世界杯”三个字的吸引力和威力已无可限量。脑白金的广告虽然够恶俗，但是市场愿意埋单。“今年过年不收礼，收礼只收脑白金。今年过年不送礼，送礼只送脑白金。”这两句广告文案将中国过年的送礼文化刻画得淋漓尽致。消费者自愿去体验购买，自愿口口相传，脑白金不卖火才怪。加多宝的广告“全国销量领先的红罐凉茶改名加多宝”虽然惹上官司，但能够被人记住才是真理。

酒香也怕巷子深。1915年巴拿马万国博览会上，中国的贵州茅台酒由于包装简陋，备受冷遇，眼看就要无功而返。情急之中，参展人员在展览大厅里故作失手，将一瓶上好的茅台酒掉在地上。随着酒瓶砰然碎裂，酒香也散溢出来，引来一群外商的叫好声。这一记奇招征服了外商，也征服了巴拿马万国博览会，荣获了大奖，从此中国茅台走向了国际市场。

“世界杯”的品牌效应是如何打造出来的？巴西人阿维兰热促成国际足联与电视机构的合作使足球比赛发生了质的变化，世界杯决赛因电视转播而吸引了无数球迷，而电视机构通过转播足球比赛吸引了大量的广告，创造了巨大的商业利益。国际足联将从中分得的一部分收入用于发展第三世界国家的足球事业，进而提高其参加世界杯的作战水平，形成了一个良性循环。

品牌，被谁“品”才是成功？世界杯被广大球迷品、被媒体品、被政府官员品、被赞助商品、被球迷家属品，无数陌生人因为世界杯而结缘，无数人因为世界杯而成就荣耀。在企业的品牌营销工作中，不少人错误地认为，搞定了媒体就做好了品牌建设一大半的工作。其实不然，因为媒体不是企业的媒体，而是某政府主管部门的媒体，而且媒体记者对企业的了解不如公司内部中层和高管深刻。此外，随着Web2.0的飞速发展和微博、微信的普及应用，目前整个媒体环境与五年前已经是天壤之别，进入了“自媒体时代”，因此成千上万的网民都是品牌推广的沟通对象，这就为品牌推广工作提出了新课题。

此外，品牌沟通的对象还包括经销商、政府官员、合作伙伴、公司内部员工。经销商、合作伙伴的重要性不再赘述。而公司内部员工也是品牌推广的重要部分，殊不知，有很多公司的品牌塑建虽然做得很好，然而其公司内部却对品牌定位、品牌内涵一知半解，当然可能主要是来自于技术部的相关同事，对品牌相关信息不甚关心，即便如此，亦很有强行沟通的必要。试问，如果一个品牌都不能在公司内部得到成功的推广，又如何能在公司外部做大做强？

需要强调的是，品牌不是虚无飘渺的，是建立于企业诚信、社会责任基础上的，要追求被记住和认同，是有底线的。世界杯赛场拒绝兴奋剂、拒绝黑哨、拒绝假球，这也正是其多年来魅力不减的原因之一。同样，如果一个企业只做品牌而不讲责任，品牌叫得再响也会有问题。如在消费者的眼中，三鹿=有毒，欧典=欺骗，而在东窗事发前，它们都是响当当的品牌。

工业品爱上CCTV

2003年，中央电视台的一则广告“多一些润滑，少一些摩擦”让很多人第一次知道了润滑油产品。同时，更多的人是在纳闷并非大众消费品的润滑油为何要花巨资在中央电视台做广告。

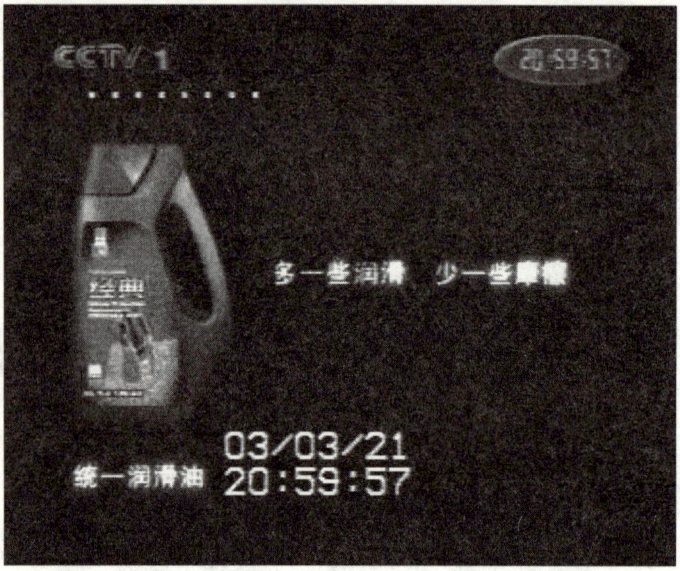

中国的润滑油市场一直被国字号的中国石化和中国石油两家公司把持着，由于当时家用轿车并没有现在普及，国字号的产品也不愁销售渠道，两大集团似乎并没有将润滑油市场放在眼里，在广告上几乎没有投入。作为润滑油领域的后来者和民营身份，统一润滑油的劣势非常明显。如何找到突破机会，是以总经理李嘉为首的统一润滑油团队每天都在思考的重要问题。

润滑油的目标消费群主要是司机和汽车维修人员，按照经典营销理论，营销这类分众产品并不需要在大众媒体上投放广告，只要能够让目标消费群体知道产品品牌和性能就足够了。2003年以前，统一润滑油就是按照这种思路通过专业媒体、行业展会进行营销传播，每年投入的广告宣传费用有三四千万，然而收效甚微。2003年，统一润滑油大胆尝试，斥资7000万元获得中央电视台广告竞标第二十名，被业内人士认为是在孤注一掷。

正是这样的孤注一掷，让统一润滑油的知名度得到了迅速提升。在电视广告播出两个月之后，其市场销量翻了一倍。原来的市场空白地区也有大量的新经销商加盟，从而完善了渠道覆盖范围。

统一润滑油“豪赌”成功，中央电视台无疑是最大的功臣。此外，2003年3月20日爆发的伊拉克战争，客观上也促成了“多一些润滑油，少一些摩擦”这句广告词的迅速传播。这句广告文案用词巧妙，耐人寻味，表达了统一润滑油甚至是全体中国人反对战争、祈求和平的心声，不仅提升了统一润滑油的品牌知名度，也提升了品牌美誉度。

统一火了，长城、昆仑两大国产润滑油也坐不住了，纷纷出击，参加中央电视台广告招标。2004年，长城润滑油的广告在中央电视台播出，随后昆仑润滑油也跟进。原来安静无比的润滑油产品，一跃而成中央电视台的广告大户。

无独有偶。2014年新年伊始，中央电视台的一则广告颇为引人瞩目，晨阳水漆以“让家人放心”为诉求主题，演绎了一个温馨的故事——在外打工的儿子告诉家人：“我们施工用的水性漆没有毒副作用，连口罩都不用戴，不用担心我的健康。”

相信很多人都有这样的经历，刚刷过油漆的新家具、新墙壁，散发出刺鼻的气味，大家可能并不知道的是，这些散发出来的“气味”，其实是从石油或煤炭中提炼出来的有机溶剂，它们不仅造成资源浪费，更污染了环境，危害了人们的健康。

相比于油漆对人和环境的危害，“水漆”则是一种更环保、更让人放心的涂料选择。水漆已俨然成为油漆的替代品，然而普通消费者在购买油漆时根本不会在意产品的品牌，知道水漆与油漆区别的消费者则更少，代理商和经销商也没有动力去销售这款环保产品。借助中央电视台的力量，向经销商、代理商、直接消费者传播水漆的环保、健康理念，就像当年统一润滑油开行业之先河“押宝”央视一样，既是一次博弈，也是一次有益的探索。随着新型城镇化的发展和大家健康意识的日渐加强，相信晨阳水漆的这次“豪赌”一定能收获回报。

同样“豪赌”央视的还有一个木门企业。木门属于家装耐用品，一直以来整个行业受到的关注度较低。同时，因其定制化的特性，极易出现质量不稳定、供货周期延迟的情况。因此，木门行业在品牌营销建设方面一直比较保守，主要依托于营销渠道和行业媒体来推广市场。令人意外的是，2014年“中央电视台黄金资源广告招标大会”，梦天木门作为中国门业唯一登榜企业，成为业内第一个敢于吃螃蟹的标王品牌，彻底改变了央视广告快销品天下的格局。这种大手笔的投放，对于企业的奖金周转、生产能力、技术水平都是一次重大的挑战和考验，不过毫无疑问的是，梦天木门在行业的知名度得到迅速提升。老百姓对于中央电视台与生俱来的信任感，必将反哺梦天木门产品在终端销量的上涨。

油漆、木门、润滑油，这些非消费品却纷纷登录中央电视台，除了各位老板们的勇气令人钦佩之外，不难看出市场经济深入发展之下的变化趋势：在消费品告别过剩时代之后，工业品也进入了相对过剩、品牌竞争时代，以前完全依靠经销商激励政策的那种观点已经过时了。在这个信息爆炸、稍纵即逝的新时代，无论是消费品还是工业品，要想赢得消费者的芳心，必须研究媒体，借助媒介工具传播品牌的核心信息。就像国际足联通过电视、广播、印刷媒体、新媒体等介质组合传播世界杯一样，品牌的传播也必须学会打“组合拳”。

“互联网总统”奥巴马

如果说罗斯福是第一个广播电台总统，肯尼迪是第一个电视总统的话，奥巴马则成为了第一个互联网总统。

2007年，比尔.盖茨曾预言五年内互联网将“颠覆”电视的地位。而

Google公司CEO埃里克则预言："能够发挥互联网全部潜力的候选人，将会在下一次总统大选中脱颖而出。"没想到两位IT巨匠的话都被应验了。2008年11月，名不见经传的黑人贝拉克.侯赛因.奥巴马斜刺里杀出，一路过关斩将，成功当选美国第56届（第44任）总统，并成为美国历史上首位非洲裔总统。

毫不夸张地说，奥巴马得以击败希拉里、麦凯恩，网络营销立下了汗马功劳，他也因此被称为"首位互联网总统"、"Web2.0时代的营销大师"。奥巴马是如何将原本默默无闻的"个人品牌"做成一个"世界知名品牌"的？

1. 招招不离互联网，以"花样游泳"勾引观众

"我等不及2008年大选，宝贝，你是最好的候选人！你采取了边境安全措施，打破你我之间的界限。全民医疗保险，嗯，这使我感到温暖……"这是视频网站Youtube上《奥巴马令我神魂颠倒》的一段歌词。在视频中，身着比基尼的演唱者埃廷格搔首弄姿，在奥巴马照片旁大摆性感热辣造型，毫不掩饰地表达着自己对奥巴马的倾慕之情。据统计，这段视频在Youtube已被点击超过900万次，并且被无数的网站和传统媒体转载。

一个不容争辩事实的是，互联网成了本次美国大选影响民意的重要手段，那些数年前还不存在的传播渠道如博客、Myspace社区、Youtube视

频，显示出巨大影响力，就连肯尼迪、尼克松引以为豪的电视辩论都相形见绌。

网络营销是什么？网络营销就是能让人目不暇接、能让人流连忘返、能让人意乱情迷、能让人改变初衷的在线营销与品牌推广。

奥巴马击败希拉里，招招不离互联网。奥巴马对麦凯恩出招，又是招招不离互联网。电子邮件、手机短信、视频网站，不一而足。在奥巴马的竞选网站上，可以直接点击观看奥巴马视频，在线购买奥巴马标记的产品，下载奥巴马的演讲作为手机铃声。奥巴马玩转互联网，像表演“花样游泳”一样牵引着网民手中的鼠标。

网络营销一定不是“百度+阿里巴巴”，不是几个弹出的广告，不是“BBS炒作”，而是一系列网络推广手段的整合。网络营销是组合拳，是花样游泳，得有一双双修长的美腿、一套漂亮的动作来“勾引”观众。

组合投资可以分散风险，就要注重“二八原则”，但同时也不能忽视“长尾效应”。搜索引擎、BBS、视频、电子杂志就是发挥着“八”作用的“二”，但是还有更多的“长尾”不容忽视，如博客、SNS、百度贴吧等。

搜索引擎一度在网络推广中发挥了显赫作用，而随着竞价排名的透明化，用户也开始擦亮眼睛。相比之下网络BBS营销则更加隐蔽而不至于让人生厌，有“两个一亿元”不得不提。王老吉亿元捐款“遭封杀”是比较成功的BBS营销案例，而盘古大观编造“盖茨亿元租楼看奥运”的假新闻在各大论坛进行炒作，虽然知名度上去了，但是美誉度却堪比脑白金。

《一个馒头引发的血案》最大限度地为《无极》做了推广。太平洋汽车网上一个视频《希特勒怒骂迈腾上市》，利用名人希特勒正话反说，实属一绝，点击量超过20万。七星购物在B2C领域知名度远不及当当和卓越，甚至略逊于京东商城、红孩子，通过商品视频化的销售方式大幅提高了商品的关注度。一度被视作有“黄色嫌疑”的“美女视频聊天”也得以成功应用，由美女导购员使用视频聊天室的方式，直接向用户展示商品或提供视频导购服务，受到了空前的欢迎。正所谓“得终端者得天下”，有研究表明，导购员在终端的诱导购买，经常使顾客改变购买初衷。“视频营销”就宛如网络终端的商品导购员，通过直接介绍、间接诱导等形式，巧妙嵌入品牌和产品信息。一段生动形象的视频，可以使需求犹豫者更加坚定，使无需求者产生需求。

此外，像微博、博客、圈子、SNS、百度知道、贴吧等这些“长尾”，在网络营销中正在爆发出惊人的能量。只有用好了这些长尾，才能玩转“花样游泳”。特别是意见领袖的微博、博客和个人空间，几乎成了“个人媒体”，在影响着其周围的一群人。百度知道、新浪爱问和天涯问答这些社区提供了在西方从未真正出现过的服务。

2. 坚持互动，就是交41.5万个朋友也不嫌多

web2.0最大的贡献就在于互动，这也是它与传统媒体最大的差别。它通过关系把人们联系在一起分享观点、价值，并进行交流和沟通，形成“让大家告诉大家”、“一传十十传百”的口碑传播。

有人戏言希拉里败在她“很IBM”——虽然可靠耐用，却不招年轻人喜欢，而奥巴马则是“苹果iPod”——造型时尚，互动性强。说这话绝非无稽之谈。奥巴马在Myspacc空间上有41.5万个朋友。在奥巴马的竞选网站上，网民注册后立即就会收到奥巴马团队热情洋溢的电子邮件。网民不但可以加入社群，还可以在线购买奥巴马标记的产品，甚至下载奥巴马的演讲作为手机铃声。

奥巴马成功互动的背后，是美国突破商业领域的Web2.0的广泛应用。事实上，2007年3月，YouTube专门为总统候选人设立了视频专题“2008你做主”，网友们既可以发布自己的视频，表示支持或是提问，也可以在已

有的视频下留言讨论。2007年7月，Youtube干脆与CNN合作直播民主党候选人辩论，收到了超过2000个关心政治的民众发来的视频提问，使这种辩论的互动性前所未有地增强。

在美国国防部内部网中，由空军知识（Air Force Knowledge Now AFKN）提供的Web2.0技术服务，包括博客、Wiki以及个人Profile等，在空军内部广泛流行，这些技术旨在让内部用户更快地找到想要的信息。据空军知识管理中心主任Randy Adkins透露，AFKN还和美国陆军、海军以及海军陆战队进行共享。例如，一个安全专家在伊拉克接到命令要在巴格达建军火库，他登录安全部队实践的社区留言板，发帖子问如何去完成这样的任务，而如果一个美军基地的官员最近正好做过这样的事情，他就可以将官方的指示贴上去，并且还可以附上他自己的经验。

毋庸置疑，互联网技术为企业与消费者沟通提供了新的形式，电子期刊、博客、RSS等日益被广泛应用，这些渠道非常有效地传递了企业希望传播的信息。然而，大多数企业忽视了与消费者的互动，只停留于“单边对话”，而没有发展为“双边谈判”。

在Web2.0的网络时代，人人都成了信息源的传播者、制造者，比传销更公开、更迅猛、更可信的病毒式营销，正在悄悄地“侵蚀”每一个网民。一不留神，人人都成了“病毒携带者”。在网络这个言论自由的空间，每个人都可以找到志同道合的战友，大家乐此不疲地讨论着关心的话题。这就延伸出一个问题：如何引导网民向着有利于品牌方向的话题进行讨论？

当你第一次看到“盖茨亿元租楼”的新闻，你也许会权当一乐，心想可能是网友恶搞。而当各大网站铺天盖地的新闻和BBS帖子拨动着你的神经时，你的心理防线早已被击垮。而在康师傅“水源门”事件中，企业方的反应迟钝给了竞争对手以可乘之机。关于康师傅的质疑声充斥着各大论坛，要不是刘翔退赛事件抢了网络眼球，康师傅的处境或许会更遭。

2007年年底以来一度闹得沸沸扬扬的“华南虎”事件，疑似“城市公关”。它虽然不像是一个策划缜密的城市推广案例，但是依靠网络的力量，陕西镇坪县一时声名鹊起却是不争的事实。随着“虎照”传播面的越来越广，镇坪县那句“游自然国心，闻华南虎啸，品镇坪腊肉”的广告语也真成了镇坪的“旅游名片”。

无独有偶，2008年7月28日，马云的头像雕塑成为杭州特色雕塑展的参赛作品之一。一夜之间，这一事件也迅速成为网络热点话题。而事实上，这个被取名为《偶像——马云》的作品并没有得到马云的同意。杭州市却借此露足了脸，进行了一次成功的“城市公关”。

3. 四两拨千斤，能省一元是一元

有人说，人的大脑上存储记忆的地方只有6英寸宽，就像汉堡那么宽。网络空间虽然巨大，网络资源虽然取之不尽，但实际上网络营销是在占领网民“6英寸”的地盘。

一代伟人毛泽东说，“在意识形态领域，如果马克思主义的东西不去占领，那么非马克思主义的东西就要去占领。”在网络营销领域其实也是一样的，人的大脑空间是有限的，所以，在网络六英寸的战场，如何迅速“占位”是很重要的，也是很需要技巧的。

公司的财务部不是印钞机，做品牌不是花钱玩。更多的时候要用巧劲，做到“四两拨千斤”，能省一元是一元。试想，“王老吉遭封杀”的网络营销花了多少钱？编制一个有趣的视频在网络上不停地投放能花费多少钱？网络营销不是砸广告，所以还得精打细算，让每一分钱都能产生两分钱甚至一毛钱的效益。

据悉，奥巴马在总统竞选中累计筹款超过2.33亿美元，而这其中大量

款额是来自互联网中200美元以下的小额捐款。网民在奥巴马的竞选网站注册后，就会收到邮件请求“在下周一前捐款15美元或更多”，因为“周一将看到我们的捐款总数，看我们能否与麦凯恩的竞选活动相竞争”。捐款链接也附在邮件里，点击即可进入。就算没有大财团的支持，黑人奥巴马一样也能筹到竞选需要的巨额资金。

随着MICROBLOG、BLOG、BBS、SNS、IM、RSS、SEO技术的快速发展，用户的体验方式正在发生着巨大的变化。面对多样化的网络营销手段，优秀的企业需要做的不是等待与观望，而是大胆决策，果断进入，快速实现低成本高收益的网络营销回报。快如闪电、敢为人先，是众多品牌网络营销的成功心得。

当然，Web2.0也是一柄双刃剑，成功和失败也许就在一瞬间。在美国总统初选中，民主党候选人霍华德·迪安、共和党议员伯恩斯就是因为偶然失误，结果在网络上被人夸张放大而被淘汰出局。是剑指天下还是挥剑自刎？或许就在一念之间。

春节流行微信拜年

你是否有这样的同感？聚会时，大家不再互相寒暄，而是埋头看着自己的手机；聚餐时，菜一端上来大家不再互相谦让，而是争着先拍照，发微信发微博。

2014年1月20日，海尔宣布停掉纸媒广告，张瑞敏说，硬广的投放对象如报纸、杂志等，现在都已经被海尔列入“无价值交互平台”，海尔应该善于运用互联网思维来武装自己。

什么是互联网思维？美国管理大师德鲁克说，互联网消除了距离，这是它最大的影响。张瑞敏说，互联网思维和传统思维最大的不同主要有两点：一是零距离，二是网络化。

说得更直白一点，在互联网时代，世界是平的，不再有等级，不再有信息隔阂。过去企业和用户之间的信息是不对称的，而且主动权在企业手里。企业千方百计想要让用户了解产品、购买产品，最好的手段是广告和宣传。而现在，用户知道的信息可能比企业还多，用户知道的信息企业未必知道，因此也就没法通过广告让用户相信。

手机、汽车、互联网，曾经一度改变了我们的生活方式。2009年8月28日，新浪微博上线。2011年4月6日，新浪微博正式启用独立域名weibo.com，微博的兴起再次改变了我们的生活。在新浪微博的影响下，其他网站纷纷涉足微博业务，与此同时，以“微”为主题的各种新概念喷薄而出，微电影、微访谈、微小说、微营销、微情书、微旅行……而一些比较大的社会事件，如温州动车事件、郭美美事件等等，都是第一时间通过微博获得了大面积的快速传播。部分对市场较为敏感的企业，率先启动官方微博，通过这一全新的平台发布企业和产品信息。

2014年马年春节，我的手机微信收到了许多朋友送来的拜年祝福。相信很多读者像我一样，也收到了许多拜年的微信。记得2013年有一部电影《小时代》很火，我们面对的已经不仅仅是一个小时代，而是一个微时代。

你有微信吗？发微信给我吧！——2014年，如果你还没有开通微信，那就彻底OUT了。微信是一个可以对讲、可以晒图、可以摇出朋友、可以扫出二维码信息、可以看新闻、可以买东西打折扣的智能手机APP，微信更是一个全新的生活方式。

2011年1月21日，微信1.0正式上线。2012年3月29日凌晨4点，腾讯“小马哥”（马化腾）在自己的腾讯微博上发布了一句话：终于突破1亿！2013年1月15日，微信用户数突破3亿，2013年底突破6亿。根据腾讯发布的财报显示，截至2013年底腾讯微信月活跃用户达3.55亿。

微信是一种更快捷的跨平台即时移动通信工具，与传统的短信沟通方式相比，微信更灵活、更智能，且节省资费。微信主要在手机上使用，也可以在电脑网页上登录，可以通过插件把网页上的图片摇到手机里。可以通过“摇一摇”功能了解附近有谁在同时使用微信找陌生朋友，还可以通过微信扫描二维码获得商家的优惠政策。

微信包括两种形式：个人微信和公众平台。个人微信可以和你的手机通讯录、QQ通讯录绑定，邀请你的朋友们用微信进行交流。微信公众平台是腾讯公司在微信的基础上新增的功能模块，通过这一平台，个人和企业都可以打造一个微信的公众号，可以群发文字、图片、语音、视频、图文消息。目前微信公众平台支持PC端网页、移动互联网客户端登录，并可以绑定私人账号进行群发信息。微信公众账号分为订阅号和服务号，运营主体是组织（比如企业、媒体、公益组织）的可以申请服务号，运营主体是组织和个人的可以申请订阅号，但是个人不能申请服务号。

智能手机的普及、移动互联的发展，不仅改变了大家的生活方式，也正在变革传统的营销模式。在移动互联时代，用户的生活方式及获取信息资讯的方式都发生了改变，不再是通过PC端被动接受，而是随时随地与商家互动，与朋友分享。微博、微信（特别是微信）等社交媒体因其独特的传播性，被誉为“秒传播”的“快媒体”，已成为移动互联网的新入口。2014巴西世界杯及以后的世界杯，球迷通过微信平台为喜爱的球队加油、对比赛过程和结果进行吐槽，将成为一种常态。

尽管，微信营销目前还没有形成一个固定的模式，需要进一步探索；尽管，在微时代人人都是自媒体，企业信息的管控变得更加艰难。然而，如果不正视微信的存在，不善用微信进行品牌、产品的营销，再强大的品牌也必然在移动互联时代遭遇滑铁卢。

移动互联时代的品牌传播法则

这是一个最好的时代，也是一个最坏的时代。人人都可以成为自媒体，传播与品牌相关的信息。同样，信息很难再像以前一样被控制。移动互联网时代，传播的底层架构已发生巨大改变。高度的多元化和碎片化导致品牌传播缺乏聚焦点，难以形成强大的到达率和影响力。

与传统媒体内容及传播途径相比，移动互联时代的“微传播”突出的是一个“微”字，传播者和受众不再局限于从事媒体行业的人，最普通的个人也作为信息的制造者与传播者参与到各种信息的传播过程中来。

微信流行之前，许多网友以写微博、刷微博为时髦，企业官方微博也被很多公司作为重点平台进行重点运营。随着微信的兴起与快速普及，微博的整体关注度日益下降，对于微博互动性不足的质疑声音也越来越多。于是乎，我们有时候可能会冒出一个念头：微博还有存在的必要吗？是不是该关掉了？

任何新生事物想要彻底取代旧事物不是一朝一夕能够完成的，尽管微信吸走了大批微博粉丝，但在中长期来看微信不可能完全取代微博，就像报纸、电视、BBS、SNS依然活着一样，只不过微信的到来打破了原有的媒介平衡，需要大家对微博的定位有一个全新的思考。

微信与微博的区别主要体现在以下几点：

（1）微博的属性是媒体，微信的属性是朋友。微博和微信是典型的基于弱关系和强关系的互联网产品，微博是由信息关系构建的社会化信息网络，媒体属性很强。自2009年新浪微博推出以来，新闻的爆破源头就已脱离传统媒体，越来越多的媒体、品牌选择微博作为信息首发渠道，并热衷于将发布会以“微直播”的形式搬到网络平台上进行扩散。微信是由用户关系构建的社会化关系网络，尤其是打通了PC用户与手机用户的跨平台强关系链，并且整合了QQ关系链及通讯录，属于强关系。对于自己生活圈之外的人，很多人不会逐条都看他们的微博，因刷屏而漏掉信息的概率很大，但对微信逐条看的可能性更大。

（2）微博是开放平台，微信更私密。无论你是否关注某个微博账号，该账号发布的信息、粉丝评论，你都能看到。无论认识不认识，任何人都可以关注，都可以评论和转发，除非被别人主动拉黑或屏蔽。而微信账号与粉丝之间的对话是私密性的，不需要公之于众，所以对话的亲密度更高。

（3）微博的曝光率较低，微信的曝光率较高。我们经常说“刷”微博，可见粉丝在看微博时是在海量信息中搜索自己感兴趣的内容，而不是逐一收看。而关注官方微信的主要是企业的员工、产品的用户、品牌的粉丝，微信信息提取式的阅读，对用户来说需要更具实用价值，因此也更易实现精准推送。

（4）微博是信息平台，微信是CRM工具。品牌可以利用微信进行客服，甚至代替传统客服中心的职能，同时可以构筑数据库对用户信息收集和分析。这一点微博是很难实现的。

第一，打造“双微联动”的组合效应。

研究发现，微信正在逐渐成为基本通信工具，而微博主要是打发碎片时间的工具。微信与微博，谁也取代不了谁，但谁也不会短期内消亡。因此需要综合运用好这两个微平台，打好组合拳，形成“双微联动”的组合效应，才能产生1+1>2的作用。微博可以定位为“信息发布平台”，微信可以定位为“粉丝互动交流平台”，对于重要的信息和市场活动，可以在两个平台同步推送，形成联动。

随着移动互联网的发展，用户通过移动终端在碎片化时间浏览将成为微博阅读的主流。微博也成为一个重要的新闻来源，通过微博了解各方信息正在逐渐成为用户首选。企业微博由于自身的身份限制或是其他原因，有时候微博的发布内容显得苦闷无聊，也使得一部分用户取消关注。新浪微博数据中心发布的《2013年微博用户发展报告》显示，打折促销、有奖转发评论等活动信息成为最大吸引力，可引起用户广泛关注；资讯动态、互动性强、有趣好玩的活动也会引起转发评论风潮；内容形式多样、不死板呆闷也会获得用户青睐。报告还显示，微博用户关注企业微博占比在30%左右，对于企业微博活动，就整体来看，网民的互动性较好，参与度较高的用户群占比近四成，从来都不参与互动用户微乎其微。在微博发展的这几年中，部分网友培养起微博上获取商品、行业信息，以及购物分享习惯，消费类的企业微博往往是用户最直接的信息来源。

基于相关的调研数据可以看出，消费者并非不看微博，而是在有选择地看，因此对于微博内容的策划显得尤为重要，根据粉丝的喜好策划、发布其关注的新闻资讯和趣味活动，就能有效增加其逗留时间。

有的企业往往把微信当微博来运营，包括一些个人每天也坚持在微信朋友圈里群发各种心灵鸡汤段子，以为这样就可以加粉，殊不知这种想法是完全错误的。由于微信与微博的不同属性，微信运营不能照搬微博维护的老思路。

以订阅号为例，微信运营主要包括微信站搭建及运维、智能应答系统建设、群发内容策划及运维、粉丝互动活动策划及管理等工作。

（1）微信站搭建及运维

企业申请公众账号经过认证后，可通过API接口开发自定义菜单实现更多功能，进而搭建微信站为粉丝提供更多服务和开展深度互动。微信站可实现3个主菜单，每个主菜单下最多5个子菜单，提供15项功能服务。

（2）智能应答系统建设

建设智能应答系统实现在线客服功能，通过关键字识别、语音交互等技术实现与用户的智能互动，为用户提供产品信息、行业信息、功能利益信息、情感交互、品牌个性化等服务功能。

（3）群发内容策划及运维

微信粉丝更多是品牌的忠诚顾客，更愿意收到来自于你的“广告”，官方微信保持合理的发送频次和优质的内容，不会对用户造成骚扰。策划优质群发内容精确推送给粉丝，从而最大化传播效果。群发内容策划遵循以下主要维度：

产品信息（功能性利益、生产工艺、品质保障等）。

品牌形象（品牌理念、品牌故事、品牌背书等）。

市场活动（促销活动、品牌活动、市场调查等）。

媒体热点（结合社会热点事件、网络传播热点、社交媒体热门策划创意内容）。

（4）粉丝互动活动策划及管理

定期策划粉丝活动，进行深度互动，培养粉丝对品牌的好感度，提升粉丝粘性和品牌忠诚度，进而有效传播市场活动，提升营销效率。例如招商银行的“爱心漂流瓶”互动活动。活动期间，微信用户用“漂流瓶”功能捡到招商银行漂流瓶，回复之后招商银行便会通过“小积分，微慈善”平台为自闭症儿童提供帮助。根据观察，在招行展开活动期间，每捡十次漂流瓶便基本上有一次会捡到招行的爱心漂流瓶。

第二，创造易分享的内容与话题。

移动互联网时代的传播如何变革，关键是洞察这个时代传播的架构：内容即是广告，广告即是内容；人人都是媒体，人人都在传播。用户愿意与朋友分享自己看到的有价值的东西，所以，当产品有价值的时候用户便愿意去分享。由于微信用户彼此间具有某种更加亲密的关系，所以当产品中的商品被某个用户分享给其他好友后，相当于就完成了一个有效到达的口碑营销。

2012年8月，星巴克微信账号推出“自然醒”微信活动。当用户通过搜索星巴克微信账号或者扫描二维码，添加“星巴克”为好友后，用户可以发送表情图片来表达此时的心情，星巴克就会根据用户发送的心情，用《自然醒》专辑中的相关音乐回应用户。通过一对一的推送，品牌可以与“粉丝”开展个性化的互动活动，提供更加直接的互动体验。这种新奇的方式一下子吸引了网民，通过粉丝之间的口口相传，星巴克微信账号短时间内迅速聚集了大量粉丝。

2014年春节前，“伊利好酸奶”微信订阅号策划发起了“伊利好酸奶为爱添福气”的主题活动，并在腊月廿九至正月初七期间发起“送祝福抢红包”活动，只要关注微信公众号，登陆活动页面输入好友名称便可自动生成微信拜年页面向好友进行拜年，根据拜年对象的不同，后台设置了父母、老人、领导、客户、同事、同学、朋友、晚辈8种祝福的模板供粉丝选择，收到拜年祝福的人抱着好奇的心思也加入到微信拜年抢红包的队伍中，从而促进了粉丝关注量飞速上升。

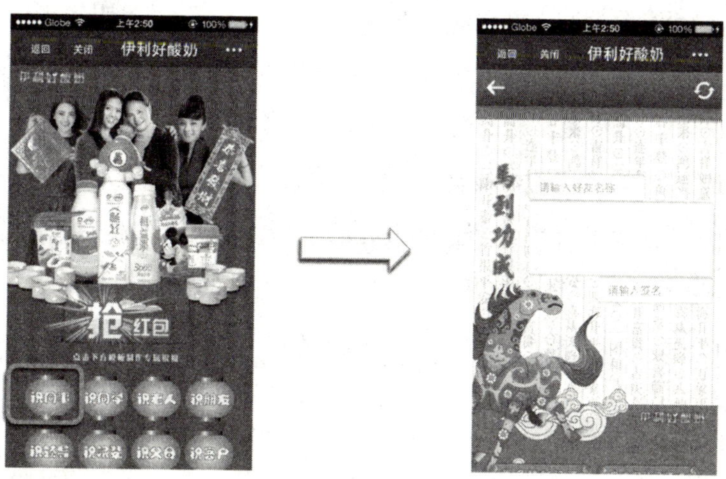

第三，利益诱导。

世界杯吸引球迷的是精彩的比赛，微信能够直接打动消费者的是什么？有人迷恋文字，有人迷恋图片，有人喜欢音乐，更多的人则是被奖品所勾引。有时候，一个实在的小奖品，胜过十句赞美的语言。这就是微信营销的“临门一脚”，通过利益诱导吸引更多潜在粉丝、留住现有粉丝。

2012年12月11日，杜蕾斯微信推送了这样一条微信活动音讯：“杜杜现已在后台随机抽中了10位幸运儿，每人将获得新上市的魔法装一份。今晚10点之前，还会送出10份魔法装！如果你是杜杜的老兄弟，请回复‘我要福利’，杜杜将会持续选出十位幸运儿，敬请等待明日的中奖名单！悄然通知你一声，假设世界末日没有到来，在接近圣诞和新年的时分，还会有更多的礼物等你来拿哦。”

活动一出，短短两个小时，杜杜就收到几万条“我要福利”，10盒套装换来几万粉丝，怎么算都划算。微信活动推广的魅力在杜蕾斯这里被演绎得酣畅淋漓，终究免费的福利谁都会不由得多看两眼。

2014年春节期间，微信支付推出“微信红包”，其抢眼表现让公众对微信支付在购物、缴费、理财等日常生活中的作用充满了期待。随着微信红包的推出，各种抢红包的活动也深受粉丝喜爱。

前面提到的“伊利好酸奶”微信活动，共投入携程礼品卡、手机充值卡、相关纪念品共计价值超过50万元的奖品，中奖人数高达6万多人。通过在终端卖场进行集中宣传，在短短一个多月的时间直接吸引了近100万人次参与活动，增长有效粉丝达18万人，也带动了终端产品销量大幅上升。

第四，不要忽视传统媒体的威力。

虽然移动互联发展迅猛，但是传统媒体的威力依然不减，依然具有不可替代性，在品牌营销工作中切不可轻视。需要结合品牌、产品的自身特点和费用预算，将需要传播的核心信息在电视、广播、报刊、杂志、网络（Web1.0）这几类介质的强势媒体进行重点覆盖，可以达到事半功倍的效果，比如中央电视台、新华社、三联生活周刊、四大门户网站等。

“1978年阿根廷世界杯以前，很多亚洲人、非洲人都不知道世界杯为何物，如今，地球上绝大多数人已离不开世界杯。在顶级球迷眼中，世界杯远没有欧洲杯精彩，但是对于全球几十亿半吊子球迷而言，四年一度的世界杯已经成为生活中不可或缺的一部分。世界杯为何能超越欧洲杯赢得更多观众？到底是产出精彩的足球比赛重要，还是发展更多的球迷重要？”

第三章
从16支到32支的跨越
——要精品还是要市场

2002年韩日世界杯，前往观看巴西VS中国比赛的国际足联前主席若奥·阿维兰热，却成为球迷们追逐的对象。很多韩国球迷纷纷抛下里瓦尔多、罗纳尔多等大牌球星，却把阿维兰热团团围住索取签名，更有人拼尽全力挤上来只为和他握手。那情境中的阿维兰热，就像一名阿根廷记者说的——“简直像教父。”

没有阿维兰热，就没有2002年韩国队的主场。没有阿维兰热，就没有世界杯今天的狂热。

1978年阿根廷世界杯以前，很多亚洲人、非洲人都不知道世界杯为何物，如今，地球上绝大多数人已离不开世界杯。在顶级球迷眼中，世界杯远没有欧洲杯精彩，但是对于全球几十亿半吊子球迷而言，四年一度的世界杯已经成为生活中不可或缺的一部分。世界杯为何能超越欧洲杯赢得更多观众？到底是产出精彩的足球比赛重要，还是发展更多的球迷重要？

决赛圈队伍三级跳：16、24、32

1930年第一届世界杯足球赛（乌拉圭）没有预选赛，只有13支国家队报名参赛。随后的三届世界杯由于受到第二次世界大战的影响，进入决赛圈队伍的数量一直不稳定，分别是16支（意大利世界杯）、15支（法国世界杯）、13支（巴西世界杯）。

从1954年瑞士世界杯（第5届）起，很长一段时间，进入世界杯决赛圈队伍的数量一直是16支。

历史性的改变发生在1974年6月11日，国际足联迎来了其历史上第7位主席——巴西人阿维兰热。上任之初，他就做出了一个历史性决定：从1982年世界杯（第12届）开始，决赛阶段球队增加到24支。在行将卸任之际，他再次决定从1998年世界杯起将参赛球队增加到32支，将足球相对落后的亚洲、非洲、拉丁美洲吸收到世界杯的大舞台中，打破了“欧洲独大”的格局。参与者的增加有效地扩大了世界杯的影响力，一方面，更多球队的参与使比赛更加激烈、精彩，更多球迷因此爱上了世界杯；另一方面，不仅球迷会更加关注比赛，同时，非球迷也可能因对本国球队的关注而去观看比赛，有一大批球迷正是在观看世界杯的过程中爱上了足球。

不可否认的是，四年一届的世界杯已经成为全世界球迷期待和享受的节日。正是这一丝丝期待，使得世界杯的点点滴滴都扣人心弦，比如南非世界杯分组抽签仪式吸引了200多个国家转播、2亿人收看。正是这一份份享受，使得世界杯的每一场比赛、每一个精彩瞬间都被球迷津津乐道、如数家珍。

正所谓“曲高和寡”，品牌营销就像世界杯一样，是要阳春白雪还是要下里巴人，将在某种程度上决定市场的未来走向。巴西人阿维兰热决定将世界杯“扩招”之初，曾经遭到了成员国的极力反对，有欧洲成员国认为“让亚非队伍进入世界杯会砸了世界杯的招牌”。而巴西人力排众议，坚定了推行了自己的计划。正是这种长远的市场眼光，才使得世界杯有如此的辉煌，成为世界第一大运动。是身份重要还是市场重要？世界杯在中国和全球的观众人数日益攀升，即是最好的回答。

无论多么高贵、奢华的品牌，如果凌驾于最广大的消费者之上，必然有轰然倒塌的那一天。品牌，唯有与最广大的受众打成一片，才能永远生机勃勃。无论是B2C品牌还是B2B品牌，必须走下神坛的光环，与粉丝保持亲民与互动，品牌才会更受尊敬。

2013年10月28日，据《路透社》报道，欧足联主席普拉蒂尼提议从2018年俄罗斯世界杯起，决赛圈球队的数量从32支提升至40支，多出的8个名额将主要分配给亚洲和非洲的球队。如果这一提议得以通过，世界杯的规模将空前盛大。

品牌，能否像世界杯一样赢得全球数十亿粉丝的追捧?

乒乓球变大与《江南Style》放弃版权

2000年2月23日，国际乒联通过决议，将38mm的小球改成40mm的大球，使球的速度和旋转降低了20%左右。随后十年间，国际乒联主席沙拉拉屡次进行改革，11分制、无遮挡发球、奥运会双打改团体等政策屡现。

乒乓球变大一度被中国球迷认为是对手的阴谋，他们嫌中国拿的冠军太多。但是，要在全世界发展壮大乒乓球这项运动，中国就不能老是搞包揽。把乒乓球变大点，表面上不利于中国，其实长远来看更有利于乒乓球运动在世界的发展，更有利于中国队。只有世界乒乓球运动整体水平提高了，中国乒乓球运动才能同步发展，因为没有对手的项目，生命力会逐渐枯竭。

乒乓球变大与世界杯队伍变大，有异曲同工之妙，世界杯不是欧洲和南美的世界杯，它必须成为全世界球迷的世界杯，才能增强生命力。

《江南Style》的走红，再次印证了生命力大于一切。无论你鸟不鸟鸟叔和他的骑马舞，《江南Style》已经让韩国成为2012～2013年度最受关注的国家之一。《新闻30分》、《焦点访谈》这样王牌的央视节目，居然也关注江南Style。各行各业各族人民，茶余饭后无不谈论、模仿江南Style，这支神曲、骑马舞也成为许多企事业单位年会的首选节目。江南Style为什么能全球爆红？

从2012年7月15日《江南Style》的MV被上传到全球最大视频分享网站YouTube开始，该“神曲”在全世界范围内掀起了一场江南Style风。截止到2012年12月22日，《江南Style》音乐视频在YouTube的点击量已突破10亿次，创下了单曲点击量的历史纪录。与此同时，《江南Style》荣膺美国、英国、巴西、比利时等35个国家iTunes单曲榜第一名。

《江南Style》作词、作曲、演唱都是由PSY朴载相完成，他是韩国著名艺人，毕业于美国伯克利大学音乐系，功底相当深厚。按理来说他的歌曲不缺粉丝，没必要为了迎合大众口味而冒险尝试全新风格的作品。

正所谓“曲高和寡”，是要阳春白雪还是要下里巴人，将在某种程度上决定市场的未来走向。可以说，《江南Style》与阿维兰热推广世界杯，有异曲同工之妙。《江南Style》在产品设计上正是通过屌丝的故事、屌丝的语言、屌丝的动作，为其赢得屌丝的认同打下了根基。《江南Style》讲述了主人公鸟叔窥探有钱人生活的搞笑故事，MV情节和歌词都非常简单，同时鸟叔的“骑马舞”动作和歌词“oppa gangnam style”一遍又一遍不断地重复，大大加深了其在观众脑海中的印象。越是简单易模仿的声音和动作，越容易得到歌迷的主动传播，《江南Style》以其易模仿的“骑马舞”和充满动感的音乐旋律淡化了语言障碍，用全球通用的肢体语言赢得了全世界观众的追捧。

旭日阳刚组合翻唱的《春天里》，让他们一举成名天下知，而原唱汪峰明确告知旭日阳刚今后不能以任何商业形式演唱《春天里》，让大家再也听不到旭日阳刚那熟悉的呐喊。无独有偶，《中国好声音》人气学员李代沫以一首翻唱的《我的歌声里》走红，马上被原唱曲婉婷起诉侵权。

要版权还是要知名度？汪峰选择了前者，于是我们再也听不到热血沸腾、苍劲有力的《春天里》；鸟叔选择了后者，于是我们可以随意地演唱、模仿、上传《江南Style》MV。版权问题是影视音乐作品的作者非常在意的问题，围绕版权问题的各种官司、口舌之争屡见不鲜，《江南Style》推出之初便一反常态放弃版权，令业界为之震动。放弃版权虽然损失了不菲的版权费，但全民模仿狂潮为《江南Style》带来了更大的知名度和美誉度，鸟叔及其经纪公司在出场费等方面所获收益远远超过了其放弃的版权收益，而且全世界各国的广告代言需求络绎不绝，一齐砸向鸟叔。由于没有版权限制，汤姆克鲁斯在自己的主页上竭力推荐《江南Style》，小甜甜布兰妮、罗宾威廉姆斯、亚洲神话组合、成龙、李东赫、张东健等明星，纷纷模仿鸟叔大跳骑马舞，让他们的粉丝疯狂不已。

在《江南Style》推广团队和网友的共同推动下，奥巴马竞选Style、美国海军Style、伦敦Style、印度Style以及魔兽版、植物大战僵尸版、各种类型电影版、红军版、母子版、萝莉版等多达上千个版本的《江南Style》，如病毒般蔓延到世界每个角落。无论是明星精英还是无名小卒，只要有想法都可以录一段属于自己的“江南Style”与别人分享，有的网友甚至将周星驰在电影著作中搞怪的表情和画面拼接形成了周星驰版的《江南Style》。大家纷纷模仿、上传、评论《江南Style》，展现自己的个性表达自己的观点，如果不知道不跟风《江南Style》就会感到自己很落伍。

据不完全统计，《江南Style》为鸟叔带来了至少100亿韩元（约5000万人民币）的收入。巨额收入主要来自下载、唱片、演唱会、广告这四大来源。其中下载收入约为3亿6000万韩元（约200万人民币），唱片收入在3亿韩元（约170万人民币）左右，个人演唱会的收入为30多亿韩元（约2000万人民币），鸟叔出演一部广告的酬劳大约是4~5亿韩元（240~300万人民币）。

我们经常说某某“捡了芝麻丢了西瓜”，指其因小失大、得不偿失，而《江南Style》主动放弃版权，表面上是丢了西瓜，却最终赢得了全世界。

市场是达尔文说了算而不是爱因斯坦

20世纪70年代以前，国际足联一直依靠四年一届的世界杯收入维持自身经营，经费问题难免捉襟见肘。1974年，当阿维兰热登上国际足联主席的宝座时，国际足联账户上只有24美元，但当1998年阿维兰热辞职时，这一数字已经暴涨到惊人的40亿美元。

阿维兰热上任后说过一句话：国际足联是一个企业，它经营的产品是足球。正是在这种信念的支撑下，国际足联成功地将“世界杯”这个濒临亏损的品牌经营成超级大品牌，从而创造了巨大的商业价值。阿维兰热在任的24年，世界杯的参赛队伍一再“扩招”，才会财源滚滚。

相信很多人都看过美剧《越狱》。跌宕起伏的故事情节，扣人心弦的逃亡之路，错综复杂的命案追踪，真是让人流连忘返，而且不乏犯人与美女医生间惊险浪漫的爱情故事，还有那令人回味的经典台词，如“早上还是白人下午就成了黑人”，如“在这里是达尔文说了算而不是爱因斯坦”。

研究发现，B2B企业在品牌化的过程中，有几大典型错误。

错误1：自我感觉良好，认为完全没必要

有的B2B企业领导认为，做好产品和服务就行了，没必要浪费钱做品牌，花钱做品牌不如进行技术创新、降低产品成本，殊不知B2B是一个与客户逐步建立信任的过程，这种信任源于客户对品牌印象点点滴滴的感知和积累。例如，国内的中央空调市场以前主要被四大欧美品牌（约克、特灵、开利、麦克维尔）、两大日系品牌（大金、日立）所占据，随着以格力、美的、海尔等国产品牌的持续发力，目前国产品牌的中央空调市场占有率已达40%，这期间究竟发生了什么？除了国产品牌在产品上的持续技术创新、努力与外资品牌缩小技术差距之外，三大阵营在品牌推广上的不同态度决定了市场走向。外资品牌除了大金之外，其他品牌鲜有市场动作，因此在面对国产品牌的促销战、概念战时败下阵来。而拥有90年历史的大金，虽然技术一直领先于同行，进入中国市场后却没有沉湎于技术，而是结合中国市场的实际情况，提炼出简洁易传播的“人与空气之间总有大金”的品牌口号，并开展了一系列面向直接客户和相关利益者的品牌推广活动，如2006年创办“大金内装设计大赛”并坚持每年举办、开展世界环境日宣传活动、冠名赞助“中国制冷空调行业大学生科技竞赛”、赞助中超杭州绿城足球队等等。

错误2：瞻前顾后，在犹豫不决中贻误契机

有的B2B企业领导，一方面在理论上认为B2B需要做品牌，但是一旦落实到实际行动，需要开展具体的品牌化工作时，又觉得B2B品牌化太前瞻太冒险，因此经常在要与不要之间进行摇摆，导致贻误品牌传播的契机。比较典型的如工程机械行业的中联重科。2006年，三一重工CEO向文

波通过个人博客“炮轰”凯雷并购徐工，可以说打响了三一重工品牌化的第一枪，也引起了公众对工程机械行业的关注，此后向文波通过个人博客平台持续发表前瞻性观点，使三一重工的品牌知名度迅速上升。虽然彼时三一重工无法与中联重科相抗衡，但三一重工对于时政热点的把握、出击的快速与敏捷，都是值得中联重科学习的，可惜国企背景的中联重科似乎不屑于三一重工的“小伎俩”，及至几年后三一重工已发展成为中联重科强劲的竞争对手，2012年中联重科不得不通过政治力量迫使三一重工从长沙迁至北京。

错误3：小打小闹，不愿做长远规划和投入

有的B2B企业领导，对于B2B品牌化有一定的认知，也愿意拿出预算去做品牌化方面的投入，但是对于品牌化带来的市场收入过分看重，以至于斤斤计较，走两步看一步裹足不前，给受众留下“小打小闹、小富即安”的印象，无法在直接客户和相关利益者心中留下深刻的差异化烙印。在国产服务器领域，浪潮、联想、曙光三个品牌的产品技术不相上下、各有千秋，甚至在个别产品上曙光的水平已无限接近IBM，然而在品牌知名度方面曙光却略逊于浪潮、联想。如果说联想因为有B2C的业务，其品牌知名度自然相对较高，那么曙光在受众心中的品牌印象落后于浪潮，则主要缘于其费用投入远低于后者。不温不火、蜻蜓点水式的品牌推广虽然比较稳健务实，然而在信息爆炸的21世纪，宛如滴水入大海，自然无法激起涟漪。

B2B为什么要做品牌、要持续品牌化？一句大白话可以解释：市场将随着人员的流动而流失，但品牌不会。

为什么市场由达尔文说了算？物竞天择，适者生存。

品牌化与B2B企业无关？

B2B要不要做品牌？看看最大代工厂富士康，每销售一台iPhone，富士康仅能分到0.5%的利润，iPad为2%，苹果却能收获58.5%和30%的利润。即便如此，苹果仍觉得利润低，经常宣布要增加新的OEM供应商。随着苹果产品在全球销量的与日俱增，这种不平等地位会日益加剧，富士康的利润只会越来越低。而富士康能做的仅仅就是继续“优化成本”，把人当机器使唤，引发跳楼事件频频发生。2013年以来富士康加速推动机器人工程，一方面降低人员成本，另一方面减少因跳楼引发的形象危机。

在市场营销方面，B2B企业具有不同于B2C企业的鲜明特点，具体如下：项目成长周期较长，需多次沟通才能解决问题；项目销售金额较大，客户选择供应商非常慎重；客户购货非常小心，由项目评估小组决策确定；人与产品缺一不可，甚至人比产品显得更重要；非常重视售后服务，同时列为项目评估的因素。

但这并不意味着B2B企业可以无视品牌，只注重产品功能、价格战和搞定核心决策人员，无视品牌的后果就是像富士康一样，在产业链中一直处于末端，永远缺乏议价权，在谈判中被动挨打。重视品牌者如IBM、英特尔、思科、甲骨文、西门子、波音、塔塔钢铁，都成为了世界上强有力的B2B品牌。通过持续多年的品牌经营，它们既获得了客户和用户的尊敬，而且逐渐成为其领域不可替代的顶级品牌。

“市场营销学之父”菲利普·科特勒指出：品牌的意义在于企业的骄傲与优势，当公司成立后，品牌力就因为服务或品质，形成无形的商业定位。无论什么产品，只要涉及销售和竞争，品牌化趋势就不可抵挡。

好产品是企业竞争力的基础，品牌力则是企业的灵魂。B2B企业必须品牌化，主要原因有两点。

其一，产品同质化日趋严重，品牌化催生差异化。随着机器大生产和市场经济的深入发展，每个行业都存活着很多B2B品牌，在B2B同一个行业里，不同企业所生产的产品，技术之间的差距微乎其微，如服务器、芯片、发动机、客车、润滑油等。几乎所有B2B产品的客户都面临着N多的供应商，多到没有办法一一认识他们并做出准确的选择，这就给采购人员出了一道难题。因此，B2B企业前期可以用产品打开市场，待市场成熟后就需要建立自己的品牌，从而建立自己的独特基因，在同质化的产品中形成差异化符号，加强与竞品的区隔，为溢价增加筹码。

“每天，我都在这里。向从不迟到的他说一声，早安！和刚刚踏上社会的她，讲一句，加油！或者跟离别的他们，道一句，珍重！这里只是大都市的平凡角落，人来人往中，我祝福所有的出发，也迎接所有的到达。我是谁，你看不见我。我是方正地铁售检票系统，方正IT，正在你身边。”这就是方正IT自2011年以来投放的《正在你身边》系列广告文案之一。

方正医疗信息管理系统、方正地铁售检票系统、方正智能电路板、方正跨媒体阅读解决方案……都是相当专业和艰深的B2B产品，如何使其与

同质化的竞争对手进行区隔？通过温暖、动人的广告文案，方正IT将冷冰冰的IT产品形象地进行演绎，不仅提升了品牌知名度，而且增强了品牌亲和力。

2005年6月底，宇通客车全面启动“耐用是金”活动，通过全国“耐用是金”万里巡面向全国近10万宇通客车用户寻找“耐用之星”。当时，其他的客车企业要么没有品牌意识，要么像乘用车企业一样给产品打造“安全”、“动力”、“环保”的形象，宇通为何要反其道而行之提出“耐用是金”的诉求？因为客车属于生产资料而非消费资料，客户购买目的在于经营，客运公司投资购买一辆客车，何时能收回成本、何时能开始赚钱、每年能赚多少钱，才是客运公司最为关心的。因此宇通围绕“耐用”这一核心进行品牌塑建，并通过寻找耐用之星、耐用性主题巡讲、售后服务等一系列耐用普及活动，并提出了“客户赢利方程”帮客户算账，使得其“耐用性”理念逐步被客运公司所接受、认同，也形成了与竞品区隔的差异化壁垒。

其二，品牌不仅仅只影响直接客户，而且会影响所有利益相关者，品牌化将加速采购决策。采购中心的成员角色包括：发起者、使用者、影响者、决策者、审批者和购买者，其中最关键的两个职能角色是购买者和决策者，但在大中型企业这两个角色掌握的信息经常会不对称。直接购买者会考虑产品性价比、性能稳定性，核心决策者并非产品使用者和直接购买者，对于产品的技术、性能没有直接感知，可能会更加关注公司实力和行业地位，这时候品牌的价值就会凸显出来。

IBM在IT界一向有着崇高的地位，在IT经理中流传着这样一句谚语：“没有人会因为购买了IBM的产品而被解雇。”购买知名品牌可以降低采购者的决策风险，选择名牌就相当于选择了安全。这种安全一方面源于产品质量和服务的保障，另一方面是避嫌（被公司内部怀疑吃回扣）。

轮胎是典型的B2B产品，普通车主一般不会自己去购买轮胎。米其林打破了轮胎在大家心中的固有印象——枯燥、无趣，通过塑造卡通造型的“米其林轮胎先生”，成为品牌的独特识别符号，使单调的轮胎变得生动活泼、有生命力，而且米其林轮胎在全世界的品牌知名度迅速提升。此外，米其林公司还精心策划、制作了《米其林指南》，潜移默化地影响车主和潜在车主。1900年，米其林推出第一本地图、旅游、美食指南，并将其作为一项常态工作坚持了下来。如今，米其林关于旅游、地图、美食方面的出版物已达到1700多万册。

至少拿出销售额的2%做品牌

如果没有巴西人阿维兰热在全世界范围内不遗余力地推广足球、世界杯，世界杯在第三世界国家也不可能有如此多的拥趸。

很多B2B企业老板认为：做销量是挣钱，做品牌是花钱。于是乎，有些老板整天忙于市场渠道、终端推广，却疏于品牌建设；于是乎，销售部老是在与市场部/企划部/品牌部吵架，因为前者总觉得后者乱花钱。

殊不知，做品牌并不是只花钱。当品牌建设累积到一定阶段，就会有“溢出效应”，从而为企业带来源源不断的市场销路和现金流。虽然业内有“做品牌找死，不做品牌等死”的笑谈，然而当产品同质化日益严重的今天，不做品牌的企业必定难以做大做强，遇到了金融危机必然是死路一条。

舍不得投资于品牌，会有什么后果？富士康1988年进入大陆以来，以苹果的代工厂而闻名，但时至今日却无法超越代工的标签和命运，永远要看苹果的脸色而生存。同样发端于为耐克、阿迪达斯代工的福建、广东制鞋厂，因为采用了不同的市场策略，导致了今天天壤之别的市场现状：福建晋江诞生了安踏、361度、匹克、特步等知名品牌，而广东却没有诞生一个全国叫得响的品牌，还在靠代工吃饭。

B2B企业到底需要拿出多少钱做品牌？中欧国际工商学院市场营销学教授弗沃德（Waldemar A. Pfoertsch）指出：B2B企业必须进行品牌管理，尤其是那些想扩展业务范围的公司。B2C企业通常用销售额的10%做市场营销，而B2B企业一般用销售额的2%～5%做市场营销、品牌建设是比较合适的。

英特尔的品牌化之路

20世纪80年代，个人电脑逐渐进入消费者家庭。当时，该行业中知名度高的品牌是IBM、苹果、惠普等电脑生产商。除了生产商，只有最精通电脑的使用者才知道自己的机器中使用了何种微处理芯片。1989年，当英特尔决定将其处理器品牌化之后，这一切发生了变化。今天，英特尔已经成为由强势品牌支持和推动的、半导体技术和生产的领导者，英特尔的一系列品牌化做法，成功地将一个B2B品牌塑造成全球十大最有价值品牌之一。

1. 营销活动就是在品牌银行里存款

美国可口可乐公司前任董事长罗伯特·士普·伍德鲁夫曾说：只要"可口可乐"这个品牌在，即使有一天公司在大火中化为灰烬，那么第二天早上新闻媒体的头条消息就是各大银行争着向可口可乐公司贷款。

董事长大人对可口可乐品牌的自信，缘于其品牌体系的成熟与消费者的高度认同。

英特尔中国有限公司互联网营销总监常越认为，把英特尔的品牌比作一个银行，每次营销活动都是一份品牌存款，这些存款的表现形式可以是各种各样的，可以是跨界的，可以是感情的，也可以是简单的赞助，但每一份都达到了给英特尔品牌增值的作用。“如果不这样做，只是提取，品牌银行总有消耗殆尽的一刻。”

2. 从自立山头到捆绑PC厂商

成立于1968年的英特尔一直是一个弱关注品牌，很少有消费者在购买电脑时会在意里面是否有Intel。与很多B2B品牌一样，英特尔专注于创造最好的技术，并且认为只要坚持技术创新客户就会埋单。可惜，市场并不是由专注发明的爱因斯坦说了算。

英特尔团队开始反思，他们意识到建立一个品牌是在竞争中保持领先的唯一出路，着手在最终用户当中建立强大的品牌形象。在386新产品上市时，销售人员认为必须直接说服终端消费者386微处理器才是他们所需要的产品，于是1989年4月在报纸上刊登了一幅386微处理器的广告，很快就带动了386的销量提升。然而好景不长，由于386的售价高于286，电脑生产厂商不愿意投资更新换代，而且由于以数字命名的品牌不受商标法保护，竞争对手纷纷将自己的产品也命名为286、386，一时间X86成为行业标准概念，并不专属于英特尔。

为了说服PC厂商支持自己，英特尔启动了“Intel Inside”计划，从销售收入中拿出一部分成立合作基金，只要PC厂商采用英特尔的商标，英特尔将会分摊电脑厂商的广告成本。这一招非常奏效，1991年底便有300家公司参加了这个营销计划。从此，连续数年我们看到IBM、惠普、戴尔、联想、acer电脑的外包装上都有“Intel Inside”的标志，PC厂商的广告中也打出这个口号。英特尔很快就成为曝光率最高的微处理器品牌。

英特尔通过联盟电脑公司，把电脑部件直接与用户连接起来，以“Intel Inside”为标志，显示品牌的“品质、可靠、技术领导”。在消费者认知中，处理器成为电脑核心关键部件。于是，通过长期的品牌建设，英特尔日渐强大，逐渐形成“挟品牌以令厂家”的掌控力，以至于英特尔每一次技术更新换代很快便会掀起一场PC产品更新换代的革命。

截至2002年英特尔为这一计划支出的广告费超过了70亿美元，却也因此而铸就了接近400亿美元的品牌价值。英特尔前任首席执行官葛鲁夫在回顾过去时谈到，“Intel Inside”计划是该公司有史以来的一项最佳投资。

3. 品牌组合战略提升母品牌含金量

为寻求商标法保护，英特尔1993年问世的586芯片不再延续既往的X86路线，而是重新命名为“Pentium”，从而创建了英特尔的第一个产品品牌，使得英特尔在个人电脑市场上一路扶摇直上，最终奠定了“芯片之王”的霸主地位。在中国市场Pentium被翻译为“奔腾”，广告词“给电脑一颗奔腾的芯”，一语双关。

上世纪九十年代后期，整个IT市场的分化重组程度明显加强，单一的“奔腾”品牌已经明显不能适应时代的需要。于是英特尔及时做出了改变，针对不同的细分市场，相继推出了赛扬、酷睿、迅驰、安腾、至强等处理器子品牌，每个品牌都有不同的用户群和诉求，基于品牌组合形成的能力，消费者品牌影响力逐渐巩固，针对厂家的掌控力愈来愈强，英特尔更是多年保持在全球品牌价值榜的前十位。

在相当长的一段时间内，个人电脑市场上“Pentium奔腾”品牌无处不在，尤其在第一代个人电脑消费者中造成了空前的影响，他们当中的许多人甚至产生了所谓的“奔腾情结”。此外，在相当一部分消费者“Pentium奔腾”的影响力甚至超越了英特尔企业品牌，成为英特尔的代名词。子品牌对于母品牌的反哺作用，可见一斑。

4. “囧营销”促进品牌年轻化

随着网络时代的到来，个人电脑已经日渐成为大众消费品，上网取代了数据和文档处理，成为电脑的主要用途。个人电脑被大量用于浏览网页、网络交流、多媒体处理和网络游戏，而不是计算大量信息，现有的芯片计算速度足以满足绝大多数消费者的需求。因此，消费者缺乏实际应用中的对比体验比较，从而对同一应用的不同性能芯片的计算性能差异没有直观感受，似乎觉得芯片基本上差不多，够用就行。这种情况下，芯片的计算速度与20年前相比，已经没有那么重要了，芯片速度的提高对消费者的意义也就没那么大。相比之下，大部分消费者更加注重网络速度的提高和电脑在提供高质音画效果等方面的性能。

芯片在个人电脑整机中重要性的降低直接导致了英特尔品牌与消费者之间关联的弱化。如何让消费者重燃并保持对芯片相关技术的兴趣与热情，成为英特尔市场部门最大的挑战。作为全球芯片制造老大，英特尔也逐步改变以往正统、呆板的形象，适时地利用“囧”字大作营销，无形中拉近与亿万网民的距离。通过围绕《破囧》话剧和“办公室囧境”等相关话题的探讨，打造针对英特尔用户——办公白领的互动平台，这成为英特尔与市场交流的一种重要手段。

2008年北京奥运会开幕式当天，以张小盒为代表的盒子一族仍在忙碌工作，但是因为电脑、打印机速度太慢，大家不得不面临加班的囧境，盼望已久的开幕式也即将错过。突然，张小盒变身为超人，拿出破囧的秘密武器——英特尔迅驰2笔记本电脑，顺利帮助大家完成了工作任务。这是英特尔的囧网站推出的一段视频，由于情节紧贴办公室生活、形式轻松幽默而备受网友欢迎。

2008年9月，英特尔上线了一个名为“英特尔破囧”的网站。在囧网站上，推出了上班族代表张小盒与网络红人小胖遭遇各种囧境的搞笑视频。同时，英特尔也鼓励网友自行上传办公室的故事和关于科技破囧的各种方法建议。比如，网友用漫画总结笔记本电脑经常碰到的囧事：笔记本太重，出门时跟带了两块砖头一样，被压成“忍者神龟”；视频渲染一时半会完不成，等得心焦等等。通过文字、图片和视频的传播，囧网站已经成为网友倾诉囧事的平台。

在囧网站之后，英特尔继续挖掘囧的营销魅力，在短短两个月时间里，推出第一部博客话剧——《破囧英雄6+1》。这部话剧不但在现实中演出，而且在演出之后，通过视频博客形式将其完整搬上网络，使该剧成为第一部以网络为传播平台的博客话剧。

正是通过一系列的“囧营销”，英特尔迅速拉近了与90后、00后等年轻目标群体的距离，这个年近半百的科技品牌显得更加年轻、亲和、活泼。

$500
$1000
$100
€500
¥100

“如果把世界杯看成一个品牌，把国际足联比作一个企业，那么赞助商就是这个组织最大的客户。由于这个企业生产的产品比较特殊，需要各个国家的运动员在世界杯决赛圈的舞台上面对全球几十亿球迷进行现场“生产”。因此，参赛球队能否踢出高水平的比赛，在很大程度上直接决定了世界杯赛事的吸引力，决定了赞助商的投资热情。”

第四章

FIFA与赞助商的双赢——产品创新打假两不误

电视转播让全世界更多人知道了世界杯，“扩招计划”让更多国家的球员有机会参与到世界杯中感受足球盛宴，然而光有这些是远远不够的。足球运动在全世界的推广、普及，都需要大把大把的钞票。俗话说，有钱能使鬼推磨。有了钞票才有实力发展壮大世界杯。世界杯经营者的广开财源，给世界杯的发展注入了强大的活力，从而把世界杯运作成全球最负盛名的体育赛事。

通过与可口可乐、阿迪达斯等国际知名公司的接洽，国际足联对赞助商许以高额经济回报，商业与足球成功地联姻，创造了体育史上的新奇迹。与此同时，那些没有获得世界杯赞助权益的企业也不甘寂寞，纷纷打着各种旗号搭世界杯便车，对此，国际足联将如何应对以保护赞助商的合法权益？这些又将带给我们怎样的营销启示？

谁是世界杯的财神爷

巴西商人阿维兰热上任后，世界杯的商业化程度正在不断强化，尤其是在1998年、2002年、2006年、2010年连续4届世界杯，开创财源的手段更是层出不穷，商业收入连创新高。

在阿维兰热的领导下，世界杯成为世界上最具商业价值和影响力的赛事之一。1974年，当阿维兰热登上国际足联主席的宝座时，国际足联账户上只有24美元，而国际足联的总资产在1994年美国世界杯赛期间达到5000万美元，还不包括每年足球比赛广告收入和其他收入。1995年，全世界用于发展足球的资金高达1200亿美元。1995年，全世界总的足球资金流动额是2250亿美元。

除了赛事转播收入和门票收入之外，企业赞助是世界杯的主要收入来源。国际足联目前的赞助商主要分为两类，一类为主赞助商（或称“全球合作伙伴”），可使用国际足联标志8年；另一类为单届世界杯赞助商，可使用当届世界杯标志4年。每种类型的赞助商，每个行业只限一家。2002年韩日世界杯，4年制的官方赞助商需要花费1000万美元，2006年德国世界杯达到了3700万美元，到2010年则需要8000万美元。

根据不同的职责和不同的授权范围，国际足联将企业的商业赞助分为三个层次：国际足联合作伙伴（FIFA Partner）、国际足联世界杯赞助商（FIFA World Cup Sponsor）以及主办国支持商（National Supporter）。

依据国际足联官方网站的表述，“国际足联合作伙伴”与国际足联的合作关系最为紧密。简而言之，在合同有效期内，作为合作伙伴的企业可以全面参与国际足联的各种活动，不仅是重大赛事，还包括一系列发展项目等。当然，在市场方面，国际足联的合作伙伴具有排他性的营销权力，在国际足联授权和相关法律的保护下，理论上可以在重要时点、重要场合中将竞争对手“屏蔽”。例如，阿迪达斯（运动）、可口可乐（饮料）、现代汽车（汽车）、索尼（电子）、VISA信用卡（金融）、阿联酋航空（交通）6家企业，是2010年和2014年世界杯国际足联的全球合作伙伴。6家8年期的世界杯合作伙伴各家支付的金额不等，平均每家支付的平均金额为2.5亿美元。以此计算，仅这一项赞助收入，国际足联就有15亿美元进账。

相比之下，“国际足联世界杯赞助商”的权力仅限于世界杯这一项赛事之中，但仍然全球有效。在世界杯赛事中，他们提供的产品和服务具有排他性，并且可以获得国际足联授权使用的商业标识。此外，国际足联世界杯赞助商还能将国际足联授予的特许版权应用于自己的二线品牌之上。例如，南非世界杯和巴西世界杯的赞助商有百威英博，嘉实多（castrol），大陆马牌（Continental），麦当劳，MTN电信公司，萨蒂扬软件公司（SATYAM）、seara（巴西一家全球食品供应商）以及来自中国的英利能源。8家世界杯赞助商的招标价为每家6000万美元，由于商业赞助的保密性，具体金额目前不得而知，中国企业英利绿色能源实际支付金额估计至少在2亿元以上。作为世界杯的赞助商，英利一共享有五项主要权益：世界杯相关的知识产权包括LOGO、图像、音乐等使用权；企业品牌曝光的机会，包括赛场周边的广告牌和现场大屏幕的电视广告播放权；世界杯官方网站、出版物的曝光权；门票拥有权和在门票上的品牌曝光权；安排客户在世界杯赛场活动和参观的权益。

而主办国支持商所受限制最多。对象只能是举办国的当地企业，并且只能在举办国内进行营销活动，它们的产品同样具有排他性。

面对世界杯，运动服装、饮料、电视、IT、移动等全球各类企业花费数百亿美元在所难免。当然，他们对回报的期望值也非常高。世界杯的各赞助商中，仅阿迪达斯的世界杯广告费用就达到10亿美元。阿迪达斯利用世界杯平台一跃反超老牌体育运动品牌耐克，也成为经典营销案例。

阿迪达斯与世界杯结缘是1970年，从那以后阿迪达斯尝到了利用世界杯进行足球营销的甜头。此后，阿迪达斯抱着坚定的信念，为配合产品营销而为历届世界杯不断提供包含最新技术的比赛用球。铁杆球迷们决不会忘记1970年墨西哥世界杯比赛用球“电视之星”（Telstar）的模样。它的表面是由32块手缝的嵌面真皮组成的，其中12块是黑色的五边形，20块是白色的六边形。这一创新的设计为足球创造了新的形象，这种白色嵌了黑色五边形的足球有一个好处，就是在黑白电视机的画面中看起来非常醒目。2002年名为“飞火流星”（Fevernova）的比赛用球在外观设计富有亚洲风格，由此可见阿迪达斯重视亚洲市场的决心以及在亚洲拓展收获颇丰。据阿迪达斯官方消息显示，2002年世界杯之后，阿迪达斯全球足球销售超过600万只。2006年德国世界杯使用的比赛用球是“+团队之星”（+Teamgeist），它采用的全新异形拼块和无缝压合技术，使得足球球面拼块减少到14块，而且大大消除了球体表面不规则的凹凸。看上去更圆了，运行的精准度是史无前例的。据《华尔街日报》报道，2006年世界杯比赛用球的复制品每只卖12美元到150美元不等，阿迪达斯总共售球1500万只，比4年前翻了几番。2010年世界杯官方用球被命名为“JABULANI”，该词源于非洲班图语系中的祖鲁语，意为“普天同庆”。2014巴西世界杯由阿迪达斯公司生产的“布拉祖卡”替代南非世界杯的“普天同庆”，而“布拉祖卡”的名字是由公众投票选出的，意思是“巴西人”以及他们的生活方式，球面环绕的彩色条纹灵感来自于巴西萨尔瓦多教堂的好运彩带，象征着和平与欢乐与巴西足球同在。此外，2010年南非世界杯，有38个进球是穿着阿迪达斯F50运动鞋的球员踢进去的，占到总进球数145个的26%。

从1999年起，现代起亚汽车便成为FIFA（国际足联）官方合作伙伴，并包揽了2014年前所有与FIFA有关足球赛事的汽车赞助权。2002年，韩日世界杯在现代汽车家门口举办，“近水楼台先得月”的现代汽车借助这届世界杯唯一指定汽车类赞助商的“先发优势”，消费者对现代汽车的无提示知名度上升了10个百分点，有提示知名度上升9个百分点，现代汽车也藉此一跃成为全球第六大车企。在那次世界杯上，有600亿人次观看现场比赛，现代汽车的销售量上升了30%。

舍不得孩子套不着狼

如果把世界杯看成一个品牌，把国际足联比作一个企业，那么赞助商就是这个组织最大的客户。

由于这个企业生产的产品比较特殊，需要各个国家的运动员在世界杯决赛圈的舞台上面对全球几十亿球迷进行现场“生产”。因此，参赛球队能否踢出高水平的比赛，在很大程度上直接决定了世界杯赛事的吸引力，决定了赞助商的投资热情。只有球迷满意了，赞助商才能满意，国际足联才能持续赚钱。要让球迷满意，就必须让各国足协、教练、球员，对世界杯引起高度重视，这样他们才会投入更多的时间和精力去准备比赛。

国际足联深谙此理。一方面大力宣传世界杯在足球领域至高无上的地位、大力神杯的神圣荣誉，另一方面用高额奖金回馈进入32强的球队，刺激参赛球队“生产”出高品质的比赛成果。

国际足联从世界杯市场开发得到的费用将使用在以下三方面：三分之一费用用于世界杯赛事，三分之一费用用于支持200多个国际足联会员国和地区的足协，另外三分之一用于发展青少年足球。如果没有国际足联的这笔钱，不知道还有多少孩子得在街头巷尾踢野球呢。

“既想马儿跑得快，又想马儿不吃草”在商业运作中是不可能长久存在的，所以国际足联在利用收益权获得巨额收益的同时，自然也不忘用适度回报来进行可持续经营的再投资。在2006年德国世界杯奖金榜上，国际足联给出了高达3亿瑞士法郎（约合18亿人民币）的超级大红包，根据国际足联颁布的奖金分配办法，只要进入32强球队就至少能拿到600万瑞士法郎，进入淘汰赛后，16强中被淘汰的8支队伍将获得850万瑞士法郎，8强中被淘汰的4支队伍将获得1150万瑞士法郎，而半决赛被淘汰的两支队伍则可以拿到2150万瑞士法郎，冠、亚军则分别是2450万瑞士法郎和2250

万瑞士法郎。仅从冠军球队的奖金数额来看，就比2002年韩日世界杯时涨了近一倍。2010年南非世界杯为32支参赛球队提供了总额为4.2亿美元的奖金，开创了世界体育史最高奖金纪录，比2006年德国世界杯时多出了61%。2010年世界杯冠军得到3000万美元的奖金，而亚军得到2400万美元，晋级半决赛球队的奖金是2000万美元，打进8强的球队则获得1800万欧元，16强和小组赛球队则分别获得900万和800万美元的奖赏。国际足联秘书长瓦尔克介绍，2014年巴西世界杯的奖金比2010年时提高了三分之一，总奖金高达5.76亿美元，冠军球队将获得3500万美元，亚军、季军和第四名将分别获得2500万美元、2200万美元和2000万美元的奖金，只要进入32强球队就能史无前例地拿到800万美元。

国际足联的这种高额回馈，有效刺激了国际足球的发展，每个国家和球员对世界杯更加重视，也愿意投入更多的财力、物力来发展足球运动。

此外，为解决“提前多长时间召回国脚备战世界杯赛才算合理”的问题，各国俱乐部与国家队之间经常发生争议。早在1996年亚特兰大奥运会后，阿维兰热就表示要研究制定一份统一各国联赛赛期的全球时间表，相应问题是各国参加联赛的俱乐部数量也必须尽量平衡，以消除可能对世界杯赛质量下降形成的威胁。按照国际足联的惯常做法，每届世界杯赛都要给进入决赛圈的各国足协一笔钱，数目不小，且有补偿意义，以确保那些高水平的职业球员不至于因为参加没有出场费的世界杯赛而蒙受经济损失，或因为收入上吃亏而放弃参加世界杯赛。国际足联这些做法就是要确立世界杯赛至高无上的地位，绝对不能让日益昌盛的各国职业联赛遮掩世界杯赛的光芒，攫取国际足联依赖世界杯赛所获得的巨大经济利益。

人不如故衣不如新

《晏子春秋·内篇杂上》有云：“衣莫若新，人莫若故。”

世界杯能大幅赢利，与组织者广开财路密切相关。他们通过各种各样的手段和方式开拓世界杯的经济效益，从而引起全世界的关注，吸引大批顶级的国际企业赞助。而世界杯的影响力与日俱增、观众人数屡创新高，则是国际足联能够持续不断疯狂吸金的重要前提。这种增长的核心原因，从营销的角度来看，就是世界杯提供的“产品”（即球赛）质量上乘，并且保持了不断创新，从而使全世界的球迷和伪球迷能够心甘情愿地守在电视机前、电脑前欣赏比赛。国际足联打造高水平的世界杯比赛，对于企业营销的启示至少有三点。

第一，建立产品创新的激励机制。

俗话说，重赏之下必有勇夫。世界杯设立高额奖金刺激各参赛球队全力冲刺，从而提高了球赛的竞技性、观赏性。在产品日益同质化的今天，面对琳琅满目的商品，消费者极易形成审美疲劳，创新化的产品将在市场中脱颖而出。创新来源于研发，来源于技术突破，而这一切都需要有人才去完成。例如华为一直坚信高工资是第一推动力，并推行全员持股制度，成为对员工长期激励的有效办法，对员工充分授权以显示对他们的信任与尊重。正是在这一系列激励机制的刺激下，华为从一个小小的代理商逐渐发展成为交换机、光网络、无线通信领域的皎皎者。

足球场上，永远不知道下一秒会发生什么，也永远没有同样的两场比赛、两个进球，这也可以说是体育、足球带给球迷最大的魅力。进入世界杯决赛圈的32支球队个个都身怀绝技，在奖金的刺激之下，任何比赛结果都有可能发生。比如，2002年世界杯卫冕冠军法国队早早打道回府，这样场次的比赛会让世界杯的影响力在短时间内迅速提升。在市场营销中，许多消费者都喜新厌旧，企业必须加速产品更新换代，通过良好的内部机制创造出更多创新的产品吸引消费者的眼球。

第二，流程化管理控制产品质量。

世界杯赛程分为预选赛阶段和决赛阶段，世界杯预选赛阶段分六大赛区进行，分别是欧洲、南美洲、亚洲、非洲、北美洲和大洋洲赛区，每个赛区需要按照本赛区的实际情况制订预选赛规则。世界杯决赛阶段的名额是32个，主办国可以直接获得决赛阶段名额，除主办国外，其他名额由国际足联根据各个预选赛赛区的足球水平进行分配，不同的预选赛赛区会有不同数量的决赛阶段名额。另外2002年国际足联规定，从2006年世界杯预选赛起，卫冕冠军需要参加其所属区域内的世界杯预选赛，从而只有东道主可以入围决赛圈32强的比赛。一般每个赛区需要经过一年多的比赛时间才能确定参加决赛的队伍。

世界杯这种严格的层层选拔机制，有效保证了进入决赛圈队伍的球队水平，最大程度避免了浑水摸鱼、球队实力太弱的情况发生。企业在研发、生产新产品的过程中，不能将希望完全寄托于重赏之下的“勇夫”，需要设置严格的生产流程管控产品质量，不让次品流入下一道工序。

第三，保持新产品上市的规律。

世界杯在创立初期提出了四年一届的构想，由于受到第二次世界大战的影响，1938年第三届世界杯之后，直到1950年才举办第四届世界杯，此后世界杯便保持四年一届，雷打不动。汽车企业每隔两年推出一款新产品，手机厂商每隔半年或一个季度便推出新产品，以满足消费者的需求。

第四，集中精力打造拳头产品。

举办世界杯并不是国际足联的全部工作，国际足联还需要管理奥运会足球赛、世界青年足球锦标赛、17岁以下世界锦标赛、五人足球世界锦标赛、女子足球世界杯等国际级赛事，以及各大洲的比赛，各国的联赛等诸多事宜。而自从阿维兰热上任后，便将世界杯作为重中之重进行推广、完善。许多企业都不只经营一个产品，希望多点开花，由于力量过于分散，很可能导致平均主义，无法创造出出彩的产品。学习世界杯，就要像国际足联果断决策，精选市场前景相对较好的产品，集中公司资源尽全力打造拳头产品，并在政策上进行适当倾斜，确保拳头产品的研发、上市进程不受到其他产品的干扰。

吃香蕉不吐香蕉皮

“这就是传说中的笨NANA，各位上眼！”2012年3月，在北京中关村上班的小张从城北跑到城南，终于在丰台区马家堡一家7-11便利店买到了雀巢笨NANA。一样疯狂的还有广州、上海、成都等地的消费者，那程度丝毫不亚于排队买iPhone。

不就是一支冰棍吗？有什么神奇的魔力，使大家趋之若鹜？

列位，这可不是一支普通的冰棍，从小到大，大家吃的冰棍不计其数吧，可你吃过长得像香蕉一样的冰棍吗？远看像香蕉，近看还是像香蕉，剥开皮依然像香蕉，咬一口才知道不是香蕉。尽管口味与竞品并没有本质的差别，然而，黄色的果冻外皮、白色的牛奶雪条，给人无限的遐想。

笨NANA是雀巢2012年在香港高调诞生的新产品，源自于音译banana（香蕉）。雀巢笨NANA冰淇淋营销，荣膺2012年度创新营销十大杰出案例，被营销从业人员津津乐道。的确，这个案例是社会化媒体社交营销的经典之作。然而，不可忽视的是，产品创新是营销获得成功的前提和根基。

冰淇淋行业竞争激烈，雀巢之前，伊利、蒙牛、和路雪三大品牌已经占据了将近80%的市场份额，雀巢是不折不扣的后来者。大家对于雀巢的印象更多来自于那句广告词“雀巢咖啡味道好极了”，如何在冰淇淋市场建立雀巢的品牌知名度并形成行业地位？

雀巢将重心放在了产品创新上，并且通过设立专项研发经费、与市场挂钩的激励机制、严格的流程化管理，控制、确保产品的创新性和质量。正是在制度的保障之下，雀巢产品研发团队与市场团队才能形成一股合力，打造出笨NANA这样的经典产品。就像世界杯能够吸引忠实球迷一样，雀巢的创新产品也赢得了无数拥泵。

冰淇淋的核心目标消费群是青少年，他们年少轻狂、好奇心强、有点叛逆、有点多愁善感，要真正抓取他们的内心，获得认同，就需要从他们的角度出发研发创新产品。2011年，雀巢推出“八次方冰淇淋”，革命性地将行业普遍采用的“袋装”形式变为“盒装”形式，一下子脱颖而出，新奇的包装使得许多90后、00后竞相尝鲜。这款产品的配方、口感与市场上的竞品并没有什么实质的差别，然而独特的外包装显得与众不同，很快就吸引了追新猎奇的青少年。

2012年，雀巢如法炮制。这一次，雀巢往前又进了一步，八次方冰淇淋仅仅是在外包装上动脑筋，而笨NANA则是直接对产品动起了手脚，将传统的冰淇淋产品形式革命性地改成了香蕉的形状！吃冰淇淋得先剥皮。注意，香蕉皮是可以吃的哦！这一大胆的创新使平静的冰淇淋市场再起波澜。如果你错过了八次方，绝不能错过笨NANA。

这款有着可爱名字的冰淇淋产品，上市第一天起就火了，笨NANA在全国各地的销量直线上升，当之无愧地成为冰淇淋行业2012年的明星产品。有网友称之为“史上第一款可以剥开吃的冰淇淋”，也有人戏称为“雪糕中的战斗糕”、“吃香蕉不吐香蕉皮”。现在，笨NANA已成为雀巢冰淇淋的拳头产品。

国际足联通过各种制度和流程打造了竞争性、观赏性极佳的经典的世界杯，同时也成就了自己在世界足坛的强势地位。雀巢公司通过激励创新的机制，敏锐地洞察消费者的心理需求，打造了革新性的经典产品笨NANA，同时也成就了自己在冰淇淋领域的品牌地位。

国际足联打击偷袭营销

尽管国际足联在拼命保障赞助商的权益，而且也制定了相当严苛的条款来惩罚违规者，但是在世界杯巨大的商业利益面前，打擦边球甚至公然侵权的事情仍然时有发生。

偷袭营销在如今早已经是一个耳熟能详的词语，按照国际足联的定义，偷袭营销就是一种在世界杯中未被授权的或未经许可的商业性活动。简单来说，关于世界杯的偷袭营销就是指那种企业不愿意花费高昂的赞助费，而是通过运用一些营销技巧从而搭上世界杯“便车”的行为，主要包括户外广告劫持、购买电视台和电台直播赞助权、有组织地把品牌宣传品带进场馆等。

世界杯赞助商借助世界杯的垄断地位确立了自身的竞争优势。相对于世界杯赞助商来说，有许多企业无法搭乘世界杯这列快车，因此他们也就处于劣势。但他们并不甘心，想方设法从中获得利益。于是，当世界杯在球场内如火如荼进行之时，球场外的“偷袭营销”和“保护知识产权”大战也将不可避免地发生。

偷袭营销最早被关注源于1984年洛杉矶奥运会富士与柯达的官方赞助商权益之争。为了与获胜的富士进行竞争，失败的柯达转而成为美国ABC广播电台奥运会节目的赞助商，同时还取得了美国田径队官方胶卷供应商的权利，最终实现了对富士的有效狙击。

2002年日韩世界杯，一家饮料公司并没有花钱成为世界杯官方赞助商。在足球运动盛行的阿根廷，他们的广告将“东京2002”的字样和著名球星的肖像印在了一起，希望借世界杯之势让饮料大卖。国际足联闻讯后大为光火，立即飞赴阿根廷，将这家饮料公司告上法庭，直到广告撤销方才罢手。

2006年德国世界杯，非官方赞助商韩国LG公司借势推出“赠送德国世界杯决赛门票”的促销活动，广告中大量出现了“顶级足球赛事”、“决战德国”等影射德国世界杯的词语。国际足联又不得不来到韩国，与LG公司打起了口水战，费尽周折才让LG公司取消了相关广告语。

2006年德国世界杯还有一件经典事件，当一群荷兰球迷来到德国斯图加特为荷兰队与科特迪瓦队对阵助威时，却被主办方告知不能入场，因为他们穿的橙色皮裤上印有荷兰第二大啤酒商的标志和名称，而这家啤酒商不是这次世界杯的官方赞助商（百威啤酒），不少荷兰球迷只能尴尬地穿着内裤为球队加油——幸亏他们还穿了内裤。

2010年南非世界杯，国际足联加大了对偷袭营销的监察和查处力度。南非超市梅特卡西是非洲大陆名列前茅的连锁零售商之一。2009年夏天，他们推出了一款名为“2010 POPS”的棒棒糖，其包装纸上有历届世界杯比赛用球和南非国旗的图案。这款棒棒糖在梅特卡西的卖场里一经推出，立刻掀起了热销狂潮，小朋友们为了集齐历届世界杯比赛用球的图案，争相购买这款棒棒糖。这一情况引起了国际足联的高度紧张，他们立即将一封律师函递到了梅特卡西总部，指责其侵权行为。

梅特卡西觉得自己是地方一霸，又没有在棒棒糖上使用“世界杯”、“南非”的字眼，因此拒绝了国际足联的要求。梅特卡西很强硬，国际足联更不会手软，直接将梅特卡西和他们的棒棒糖告上了比勒陀利亚高级法院。2009年10月，法院裁定，梅特卡西虽然没有像“东方树林”那样，直接地侵犯国际足联的商标权，但仍然以“2010”的字样和世界杯足球的图案，侵害了国际足联的利益。法院判决国际足联胜诉，梅特卡西立即更换棒棒糖的名字和包装。

2010年南非世界杯还有另一个更有意思的案例。南非酷路拉（Kulula）航空公司上演了一幕幕令人哭笑不得的偷袭营销。这是一家英航2001年投资的廉价航空公司。世界杯第一次来到非洲，酷路拉很想借势做一场世界杯营销，但是没有足够的赞助预算，而且国际足联的赞助商名单上，航空行业已经有了阿联酋航空。

与其他偷袭营销者不同，酷路拉公司的偷袭充满了创意。2010年初，酷路拉的第一条广告出现在了当地最具影响力的《星期日泰晤士报》上，醒目的正中位置赫然印着一句奇特的话——我们是“你知道那人事”的非官方全国运输商。不仅如此，在这句话的四周，还围着体育场、球员、足球、口哨，以及专为球迷助威而制作的大喇叭。聪明的酷路拉绝口不提“世界杯”、“南非”和“2010”等字眼，很显然，广告语中的“你知道那大事”就是世界杯。

这则广告立刻掀起轩然大波，将酷路拉推上风口浪尖。酷路拉拒绝承认这是偷袭营销，将其解释为“围绕2010年世界杯的一种非授权状态下的推广效益”。国际足联很生气，严厉指出：酷路拉的广告图案使用了体育场、球员、足球和大喇叭，将这几项东西合起来用，就是偷袭营销的有力证据。

小小的酷路拉公司没钱没势，不敢对抗国际足联。于是，他们毕恭毕敬地收回了第一款广告，还非常诚恳地说“我们对国际足联的指证感觉意外，不过我们遵循国际足联的指导，因为我们知道世界杯的商业管制是极其严格的”。

然而，没过多久，酷路拉的第二款广告设计接踵而来。2010年3月的《星期日泰晤士报》上刊登了这则整页广告，一句斗大的话吸引眼球——不是明年，不是去年，但是在中间这一年。在这句话的正上方，是一些高尔夫球基座的图案，极像南非世界杯标志性的大喇叭，但旁边的标注真切地写着：“绝对绝对是高尔夫球座。”在这句话的正下方，是一座悬挂式大桥，整体造型却极像开普敦的世界杯球场，但旁边的标注却如实写着：“风暴河上的悬挂大桥。”以前画面四周的足球图案也被换成了桌球、篮球、橄榄球等。环挂的布片也有标注：“多彩海滩毛巾还是旗帜？”画面左下方，还有一个形体动作像是踢球的人，不过光着脚，标注搞笑地写道：“这个男人只是把他的右脚晃来晃去。”这一次，国际足联没有就酷路拉航空公司的广告发表任意意见，估计已经哭笑不得了。

天下没有免费的午餐。要想正大光明地出席这场盛宴，就必须向世界杯的组织者——国际足联缴纳千万美元的进场费，成为世界杯官方赞助商。

棒打山寨

目前，我国已拥有3000多个中国驰名商标，其中大多数商标惨遭“李鬼”侵袭，涉及酒类、保健品、食品等众多行业，假冒违法行为不仅严重影响了企业的发展，更给中国品牌带来巨大的信誉危机。

山寨，对于每个中国人来说都不是个陌生的词。如果用百度搜索“山寨”，可以在0.01秒内找到1亿个结果，泛滥成灾的山寨产品犹如令人厌恶的蟑螂，充斥在生活的各个角落挥之不去，不仅让消费者蒙受损失，更让被山寨的厂家遭受重大的经济损失。对于愈演愈烈的山寨乱象，国内外品牌企业像国际足联一样着急，使出浑身解数，吹响了打击山寨的集结号。

苹果公司自力更生打击山寨，保障粉丝的权益，值得所有中国企业学习。正是苹果公司坚持一系列打假举措，它的品牌才会获得全球粉丝更大的信赖。

自苹果公司风靡全球以来，山寨iPhone、iPad、山寨苹果应用等一直如影随形困扰着苹果公司。2011年9月，为抗击市场上泛滥的山寨苹果产品，苹果公司不惜花重金特别成立了一支有着FBI背景的“反山寨”全球安全队，这支安全队的副总裁由前FBI特工约翰·特里奥特担任，而队员大多来自国际最大的生物制药公司辉瑞公司。

美国专利商标局正式通过了苹果提交的10项硬件设计专利，其中包括iPhone 4、4S的外观设计专利，甚至还包括手机的包装盒也在其中，这意味着苹果将会通过法律手段打击那些模仿iPhone 4/4S外形的山寨手机。除了iPhone之外，苹果的这10项专利中也包括iPad外观和内部电池形状，而已故CEO乔布斯则是这些专利的发明人，之所以发明这些专利起初就是为了打击那些连包装盒都抄袭模仿的厂商。

除此之外，苹果为其iPhone 5所有Lightning接口组件分配了序列号，内置能够与手机通信的认证芯片。苹果合约硬件厂商需要加入苹果MFi（Made For iPod）项目，并向苹果订购Lightning接口组件。这些Lightning接口组件中内置了为每一个配件厂商专门分配的序列号，并包含了能够与手机通信的认证芯片。当配件厂商将配件提交给苹果进行测试时，苹果可以识别出序列号。

淘宝，一度成为假货集散地。对此，马云深恶痛绝。2010年3月8日，淘宝网联合瑞士军刀、阿迪达斯、爱普生、李宁等20余家品牌商在杭州共同签署了《网络打假杭州宣言》，共同向制售假货黑色产业链开刀。马云说："假冒伪劣是社会的毒瘤，淘宝要成长发展必须全力打击假货。假货也许不怪我们，但是淘宝人应该肩负起打击假货的职责来，我们要做医生，这个毒瘤一定得治。"

自2004年杭州娃哈哈将"营养快线"推向市场一炮走红后，就不断遭遇山寨产品。娃哈哈变身旺哈哈、营养快线改为营养快线或营养抉线……为了治理山寨祸乱，从2012年下半年开始，全国人大代表、娃哈哈集团董事长宗庆后利用大半年的时间，专程跑到浙江、江苏各地调研山寨情况，并形成正式提案呈交至2013年全国两会。

山寨者的面目不一而足。有的山寨者利用商标注册的空子抢注一些产品商标去生产傍名牌的产品，而有的企业直接将这些商标授权给其他企业生产，自己收取一些授权费。长沙哈旺食品有限公司就是钻了娃哈哈的空子，依靠低价在中低端市场上取胜。由于娃哈哈的很多产品已经进入县市级的乡镇渠道，因而山寨产品已经给娃哈哈造成冲击，长沙哈旺食品有限公司生产的产品涉嫌商标侵权和不正当竞争，于是娃哈哈请求国家相关行政执法部门依法对此进行严厉查处，并通过人民法院等司法途径追究其法律责任。

对品牌企业来说，加大打击山寨的力度与通过提高自身防伪保真水平、防止山寨企业侵权同等重要。例如，贵州茅台率先启用新兴科技溯源体系，给每一瓶茅台酒配备了唯一的身份标记。通过消费者携带的具有NFC模块的手机终端，就可以随时随地查验带有RFID芯片标签的每一瓶茅台酒品名、规格、生产批次、生产日期、销售渠道等信息。

在深圳龙华等地，所谓的小米官方旗舰店遍地。但是，事实上这些都是假的。小米公司的产品仅在官网和三大运营商的营业厅有售，而实体店也只是体验店，并无产品销售。许多人根本不知道自己在所谓的实体店买的小米手机不是正品，而是翻新机或者纯是假货。为了保护自有品牌，2014年3月，小米手机品牌负责人连同深圳市市场监管局一起开展了“小米打假”3·15特别行动，在深圳检查了4家挂名小米实体店的假冒手机店。早在2013年3月，小米公司成功查处一个名为“深圳市爱可信有限公司”的造假窝点工厂，查处涉案仿制小米手机6000余部，尚未组装的假冒手机配件21000余件。

棒打山寨，让山寨企业和产品无处藏身，是品牌企业的共同追求。

面对3·15如何不再忐忑

3·15一度是全国消费者期待的像“过年”一样的节日，企业也期盼着在3·15期间打造形象、促进销售。而近年来，3·15却似乎变成了一个恶魔，企业在这一天简直是度日如年，恨不得要烧香祈祷不要出什么乱子。大家心里就像十五个吊桶一样，七上八下，忐忑不安。

3·15期间的忐忑主要来自于两方面，一是对自己的产品质量没信心，担心工商局找上门来；二是对自己太有信心，担心被人假冒。而大多数国产品牌是第一种情形，外资品牌则是第二种情形居多。

如果你的品牌是第二种情形，那么恭喜你“一直被抄袭从未被超越”，你需要做的是像国际足联一样拿起法律的武器，向偷袭者开战。对于第一种情形，则需要从自身找问题。3·15从厂家的“节日”变成谈之色变、避之唯恐不及的“灾难日”，一方面说明媒体监督的功能正在日益强大；另一方面也启示企业要从自身寻找根源积极应对3·15，正所谓身正不怕影子斜、真金不怕火炼。

首先，要做到真正把产品质量当成是消费者的生命，当成自己的衣食父母、当成上帝来看待。

麦当劳、家乐福、周大生、锦湖轮胎、惠普笔记本、欧典地板、红心咸鸭蛋……，都是因为自身产品或服务有严重的质量问题，才会被人给“揭发”。国际足联把世界杯的“产品”——每一场比赛当成球迷的生命，通过严格的各大洲预选赛层层选拔，选出进入决赛圈的32支球队，从而确保了比赛的竞技性、观赏性，让全球几十亿球迷能够欣赏到高水平的比赛，让赞助商的广告露出能够被更多的观众看到。

产品的最终用户是消费者，质量不仅是企业的生命，也是消费者的生命。商品是使用价值与价值的统一体，消费者总是希望选购到物美价廉的商品，希望商品的使用价值与所宣传的名符其实。马克思说：物的有用性使物成为使用价值。如果消费者辛辛苦苦挣来的血汗钱换来的只是一堆破铜烂铁，对他们的劳动成果就是一个极大的抹煞，也会严重挫伤消费者的劳动积极性。如果企业故意欺骗、隐瞒消费者，以假充真、以次充好，生产销售质量不合格的产品，实际是对广大消费者的极不负责任。对于企业自身，也许日后可以补救，然而对广大用户而言，却永远是一辈子的仇恨和悲痛。因此，企业应以用户需求为准绳来开发设计新产品，急用户之所急，想用户之所想。这样才能把企业做大、做强。

其次，要打假而不是“假打”。

由于担心大力打假影响品牌形象、造成客户群流失，不少企业讳疾忌医，对打假畏首畏尾，不愿参与网购平台、维权组织、政府职能部门的行动。其实大可不必，国际足联打击偷袭营销，那些投出真金白银的官方赞助商拍手称快，正在犹豫是否通过官方渠道进行赞助的企业则是既高兴又害怕，高兴的是国际足联为赞助商出头维护合法权益，这样的赞助值，害怕的是自己原准备省钱走捷径搞“偷袭”，如今看来是行不通了。

随着造假者水平的提高，假货越做越真，有的包装精良，外观与真货几乎没有差别，即使是专业打假人员有时也拿不准孰真孰假。企业对自己的产品最清楚，他们到场往往就能提高打假效率。没有品牌厂商的积极参与和举证，相关机构的打假难度更大，往往陷入尴尬境地。如果你的品牌不幸被“抄袭”，就要勇敢地拿起法律的武器，向制假、售假者宣战，维护消费者的正当、合法权益，将消费者的损失降到最低，将品牌声誉的影响降到最低。在不涉及商业机密的前提下，企业仍应告知消费者简单、易操作的识别方法，这既能避免消费者购到假冒产品，也是对企业和产品的一种有效保护。消费者如果能从企业学到购买正品的正确方法，更能感受到企业负责任的态度，信赖感会增加。

“国际足联所举办的世界杯，无论从经济收入还是从影响力角度看，都与国际奥委会举办的奥运会不相上下。奥委会一直试图用自己的力量打压国际足联，从而让奥运会足球比赛成为世界上真正水平最高的较量。这个想法，无疑会严重影响世界杯的竞争力，双方长时间的对抗便是源自于此。”

第五章
世界杯PK奥运会——“竞合”之道

很难想象，五夺世界杯的巴西男足竟然夺不了一枚奥运会金牌。在过去的29届奥运会中，有3届因为世界大战没能产生奥运男足冠军，而剩下的26个冠军却没有巴西的名字，那么它们都被谁拿走了？答案令人意外，意大利、西班牙、德国和法国这些传统强队各有一次染指，阿根廷也只是在上两届奥运中夺得金牌，反倒是匈牙利、波兰、前苏联、喀麦隆和尼日尼亚等球队，在奥运会中创造了惊喜。

世界杯的诞生比奥运会晚了整整34年。1896年，奥林匹克运动会在希腊雅典拉开帷幕，1930年世界杯才正式亮相。能够将世界杯发展成为唯一可以与奥运会媲美的体育赛事、全世界知名度最高和最受欢迎的足球比赛，国际足联是如何做到的？

20世纪70年代以前，世界杯不管是在规模还是收益上从来都不是奥运会的对手。为了维护足球这一世界第一体育运动的形象，巴西人阿维兰热与国际奥委会进行了艰苦的谈判，最后双方达成协议，23岁以上的球员不准参加奥运会的足球比赛。世界杯与奥运会这对“欢喜冤家”在相互较劲中度过了近半个世纪。

奥运会亦敌亦友

国际足联所举办的世界杯，无论从经济收入还是从影响力角度看，都与国际奥委会举办的奥运会不相上下。奥委会一直试图用自己的力量打压国际足联，从而让奥运会足球比赛成为世界上真正水平最高的较量。这个想法，无疑会严重影响世界杯的竞争力，双方长时间的对抗便源自于此。

1974年，阿维兰热从英国人斯坦利手中接过国际足联主席权杖，此时国际足联与国际奥委会之间的关系可谓水火不容，为了确保世界杯利益不受奥运会足球赛事冲击，国际足联坚持不允许职业球员参加奥运会比赛。

1978年，国际足联宣布禁止欧洲与南美洲参加过世界杯比赛的球员参加奥运会。起初，非职业的足球体制还普遍存在，许多参加奥运会的国家代表队都是由业余球员组成的。国际足联出于帮助足球弱国的目的，同时也尊重奥林匹克理想，规定欧洲和南美的足球运动员只要代表本国参加过世界杯赛，就不允许再参加奥运会了。这个规定限制了球员在奥运会和世界杯赛上为国家赢得双重荣誉，但是由于欧洲和南美足球发达国家有能力征战世界杯赛的球员，当然都是职业球员中的精英，拒绝他们参加奥运会，对奥运会足球比赛来说，倒也公平。不过这也让国际奥委会比较恼火，奥运会足球比赛的水平一直难以提升，因此吸引力也相对有限。

后来，阿维兰热开始接受时任国际奥委会主席萨马兰奇的建议，寻找一个双赢方案。阿维兰热的年纪比萨马兰奇大4岁，在萨马兰奇当选国际奥委会主席的时候，阿维兰热已经在国际足联主席的位子上坐了6年。1984年，阿维兰热迈出第一步，废除了针对南美与欧洲球员的禁令。

1992年，双方为奥运足球发生口角，争执近乎白热化。国际足联甚至扬言不再合作，足球项目将退出奥运会。然而，最终的解决方案是阿维兰热和萨马兰奇都同意把奥运会足球比赛的参赛球员年龄限制在23岁以下，使奥运会足球赛成为一项青年级别的比赛，从而回避了业余与职业的矛盾。

1996年亚特兰大奥运会是阿维兰热卸任前的最后一届奥运会，也是最具突破性的一届奥运会，因为国际足联终于放宽了年龄限制，允许每支参赛队拥有3名超龄球员，该届奥运会男足赛事因此取得了巨大成功。国际足联与国际奥委会找到了一个“平衡点”。

1998年，布拉特当选为新一任国际足联主席。与当年的阿维兰热一样，上任后雄心勃勃的布拉特也一心想着要压过国际奥委会一头。2001年7月，比利时人罗格接替萨马兰奇，成为第八任国际奥委会主席。这位新上任的奥委会主席和他的前任萨马兰奇一样，不遗余力地和国际足联掰手腕。2003年，国际足联拒绝加入世界反兴奋剂组织，布拉特宣布国际足联将自行拟定一套反兴奋剂标准，而根据国际奥委会的规则，所有奥运会参赛运动项目都必须统一接受世界反兴奋剂组织的监管。2004年双方的关系一度闹得很僵。不过，最终考虑到各自的整体利益，两大“巨头”还是谈妥，奥运会没有足球比赛的危机得到了解除。

2005年，布拉特又表示考虑废除允许超龄球员参加奥运会的规定。历史重演了，布拉特很快就发现他的改革是行不通的，因为各国足协除了要听从于国际足联外，还要听从于该国的体育主管部门，而后者几乎不可能做出抵制奥运会的决定。与当年的阿维兰热一样，布拉特此时才认识到国际足联与国际奥委会要么双赢，要么双输，没有第三条路可走，主席先生于是开始修订自己的路线，转对抗为合作，2008年夏天甚至不惜冒着得罪欧洲豪门俱乐部的危险，强令要求各大俱乐部必须让适龄球员参加奥运会。

2008年3月，罗格在面对德国媒体的采访时指出，“我梦想可以让所有世界顶级足球明星参加奥运会，因为奥运会其他项目的比赛都是由世界顶级运动员参加的。我们必须看看是否能和国际足联就此达成一致。”对此，布拉特玩起了“打太极”。他表面上同意废止限龄令，不过话里却绵里藏针——“没参加过世界杯的球员都有奥运参赛资格”。这个方案显然对奥运会男足比赛的帮助不大。对此，罗格也强硬地表示，如果布拉特不松口，那么奥运男足比赛球队将由16支减少到12支，不过很显然，这正是国际足联想要看到的。最后双方不了了之。

2008年起，国际足坛涌现出了一大批23岁以下的超级巨星。在北京奥运会上，21岁的梅西就作为世界足球先生的大热门参加了比赛。这些无疑又一次让国际足联感到危机，于是国际足联执委会通过决议，从伦敦奥运会开始，参加奥运会比赛的球员年龄都必须在21岁以下。这个决定出来后两天，布拉特就收到了世界反兴奋剂组织的文件。

2009年3月，国际足联执委会曾通过决议，决定从伦敦奥运会起，男足参赛队员年龄由23岁变成21岁。同时，各大洲将取消奥运预选赛，改由2011年U20世青赛取而代之，获得世青赛前15名的球队，加上东道主共16队角逐伦敦奥运会。根据当初的计划，此方案将提交6月的国际足联全体代表大会讨论、投票。

然而，国际足联在2009年6月2日、3日在巴哈马召开的全体代表大会上，取消了有关伦敦奥运会男足参赛球员年龄的议案讨论。因为国际足联全体代表大会开幕前两天，国际足联执委会再次开会决定，奥运改革方案暂不提交全体代表大会讨论，且在下届会前也不会再涉及。

国际足联的态度出现如此180度的大转弯，与国际奥委会的坚决反对有着直接关系。日本的国际足联执委小仓纯二向媒体透露说："在奥运男足参赛球员问题上，国际奥委会拥有最终决定权，一旦国际奥委会拒不同意，两方僵持下，国际奥委会很可能走极端，把足球项目从奥运大家庭中清理出去。正因为这样，国际足联决定暂时中止'改革'，奥运男足年龄风波也随之告一段落。"

奥运会男足比赛与世界杯的影响力，由此也形成了鲜明的反差。2012年伦敦奥运会，阵容豪华的西班牙和乌拉圭早早出局，东道主英国也仅打入八强，而四强球队除了巴西，都是墨西哥、韩国和日本之流。伦敦奥运会开幕之前，伦敦奥组委却面临足球比赛门票滞销的问题，奥组委竟然撤销了50万张足球比赛门票，部分球场甚至关闭了一半的座位，即便这样，奥组委还要拿出15万张足球比赛的门票，用以分配给在校学生团体，目的很明显，就是“充门面”，有国内媒体戏称“奥运会足球强国的球市还不如中超”。反观世界杯，则聚集了全球足球顶尖豪强，决赛圈的门票更是“一票难求”。

国际体育界两个超级组织及其“巨人”般的领袖，双方心里都非常清楚，世界体育不存在谁吃掉谁的问题，人类社会的进步与文明需要奥林匹克运动和奥运会，也需要像足球这样让人痴迷的游戏。

足球号称世界第一运动，国际足联垄断着最多的资源，而世界杯是他们的一个聚宝盆，2006年南非世界杯近49亿美元的盈利，国际足联从中抽走75%，国际足联自然不想让其他比赛动摇世界杯的地位。

阿维兰热本人曾在贫民之中敛财，深知必须重视第三世界国家的经济现实，于是向亚非各国足球界做出各种回报的承诺，并且实实在在地为足球不发达国家办些实事。这些国家大都难得进入世界杯赛的赛场，往往只是每4年在外围赛中当一次陪衬。这种境遇自然不及奥运会比赛有吸引力。

萨马兰奇通过1984年的洛杉矶奥运会，从美国人尤伯罗斯的经营成果中看清了奥运会潜在的巨大社会经济价值。没有足球，或是足球比赛水平不高，受损失的当然有国际奥委会一份，而且是一大份。同时，他坚持在国际奥林匹克运动业余性质的前提下，必须灵活处理足球、网球等职业化程度很高的项目吸引球星参加奥运会的争议。

国际奥委会的目的在于希望看到所有比赛项目都尽可能展示出世界顶尖水平，这也有利于充分发挥其商业潜力；国际足联的目的在于牢牢保护世界杯足球赛至高无上的老大地位，以实现在国际社会、政治、文化、经济和体育多方面无可替代的作用和巨大价值。按照双方商定并且一直沿用至今的办法，奥运会足球比赛的水平和吸引力被限制在世界杯赛之下，注定是二流的。国际足联可以不必再有担心，任何力量都不会比奥运会更可能威胁到世界杯赛了。

国际足联借助奥运会实现了另一个重要的战略性目标，既创建和完善了世界足球竞赛体制，从此构成由17岁以下世界少年锦标赛到21岁以下世界青年锦标赛，再到23岁以下奥运会足球赛，直至没有年龄限制的世界杯赛这样梯次相连的完整系列。而前3项赛事的作用正在于为各国培养和锻炼后备军提供实战机会，最终保证了世界杯赛的质量和水平，使其成为全球体育的精品赛事。国际足联的经济利益也因此而得到了提高。

从竞争营销到竞合营销

在传统的经济学理论中，企业之间的关系不外乎两种：一种是竞争关系，企业通过不断竞争来实现盈利，获取竞争优势；另一种是合作关系，企业通过与一个或多个伙伴进行互惠性合作，实现双赢或多赢。

无论是对抗性竞争，还是单一的合作，都有缺陷。对抗性竞争往往导致两败俱伤，曾几何时，我国乳品行业由于恶性竞争导致信誉扫地，业内企业无一幸免，消费者“谈奶色变”。而单一的合作也有不足，具有很大的不稳定性，合作双方在发展过程中如果与事先预期的目标有差距，经常导致合作半途而废。

合作竞争（Co-opetition）（简称“竞合”）的概念首先由耶鲁大学管理学院的拜瑞.内勒巴夫和哈佛商学院的亚当.布兰登勃格提出，Co-opetition是由Cooperation和Competition组合而成，该词说明了企业间存在竞争与合作并存的现象，为企业的战略管理理论提供了新的视角。

竞合战略，是竞争与合作有机融合的统一体，既表现为某种程度的竞争，同时又表现出一定的合作。这是对传统竞争理论的重大修正，其核心思想主要体现在创造价值与争夺价值两个方面，就是要求所有参与者在竞争中合作、在合作中竞争，共同把蛋糕做大，最终都分得更大的利益。

市场经济是竞争经济，没有竞争就没有营销。但是，竞争并非你死我活，胜者王侯败者寇。企业存在与竞争对手共存共赢的客观基础和内在逻辑，完全可以实现在竞争中合作、在合作中竞争。

从世界杯与奥运会的“竞合”之路，可以看出几点。

第一，市场空间是无限大的，做大蛋糕比争蛋糕更重要。

随着足球运动的普及，喜欢足球的观众只会越来越多，因此国际足联与奥委会要做的并不是要把对方打倒，而是要想办法一起把足球运动做大做强。双方一次次的谈判，媒体一次次的报道，也使得足球这个运动项目越来越受到各方关注，足球的影响力与日俱增，毫无疑问客观上促进了球迷队伍的壮大。例如，德国是弹丸之地，但却产生了5个世界级名牌汽车公司。有一年，一个记者问奔驰的老总，奔驰车为什么能飞速前进、风靡世界，奔驰的老总回答“因为宝马将我们撵得太紧了”。记者转问宝马老总同一个问题，宝马老总回答说“因为奔驰跑得太快了”。德国只有六七千万人，5个汽车公司竞争的结果是，它们不得不把目光从德国移向全世界，结果5家公司都成为世界级名牌。

第二，竞争者通过各自提供差异化产品和服务，可以实现共赢。

世界杯与奥运会作为全球体育届两大最顶级赛事，有着各自的发展理念和特色，从而也吸引了不少铁杆粉丝观看。奥运会的政治色彩更浓、为国而战的荣誉感更强，而世界杯作为足球领域“奥斯卡”级别的比赛，则更加纯粹，各自的粉丝多少有一些差异。国际足联将奥运会足球比赛的参赛年龄限制在23岁以下，使世界杯成为职业球员的“比武擂台”，而奥运会则是青年球员的“练兵场”。这种差异化定位兼顾了各方利益，客观上也使两大赛事避免“打架”，从而实现共赢。百事可乐诞生之后，可口可乐的销量并没有下降，反而取得了增长。市场竞争逼迫他们在产品口味上进行差异化，从而赢得了各自消费者的喜欢，碳酸饮料市场由此越做越大，“两乐”皆大欢喜。

第三，竞争者各有优劣，通过合作可以取长补短、互惠互利。

奥运会比世界杯大“34岁”，无论是在观众基础还是举办经验上，奥运会都优于世界杯。足球运动虽然令人痴迷，但是如果没有奥运会这个舞台的宣传，世界杯也不可能有今天的成就。吸引第三世界国家参与到奥运会大家庭的队伍中来，给予了国际足联很大的启发，正是第三世界国家的加入，才使得足球运动迅速普及。反过来，足球在全世界的职业化发展、世界杯的商业运作，也给予国际奥委会一定的借鉴。正是这种相互学习、取长补短，促进了双方的共存与共荣。中国海尔和日本三洋都是家电生产企业，存在直接的竞争关系，但是他们通过建立战略联盟的方式实现了互利共赢：海尔利用了三洋在日本的分销渠道和售后服务体系，三洋利用了海尔在中国的研发、制造基地和分销网络，相互协作开拓对方市场。

不难看出，“竞合”是消灭恶性竞争、各方协同发展的最优选择。对于竞争对手手中的优势资源，恶性竞争者总是怀着恐惧或嫉妒的心理，而“竞合竞争者”却善于发现其资源的边际效应，根据实际情况建立各种临时合作或长期合作的关系。

与跨国公司的竞争模式相比，中国的许多企业在竞争理念方面存在较大的差距，而最主要的差距之一就是竞争与竞合的理念之差。学会从竞争走向竞合，你的品牌就能像世界杯一样越做越大越做越强。

以敌为友当学康熙大帝

蒙牛在创立初期非常注意竞合意识，它在和林生产基地树起了一块巨大的广告牌，画面万马奔腾，广告口号是：“千里草原腾起伊利集团、兴发集团、蒙牛乳业，塞外明珠耀照宁城集团、仕奇集团，河套峥嵘蒙古王，高原独秀鄂尔多斯，西部骄子兆君羊绒……我们为内蒙古喝彩，让内蒙古腾飞。”伊利是蒙牛的宿敌，但是蒙牛把它排在了广告牌的首位，牛根生还别出心裁地在产品包装盒上印上“为民族工业争气，向伊利学习”的口号。

一汽丰田锐志和广汽丰田凯美瑞作为两款常青款轿车，在中高级市场表现一直不俗。这两个子品牌同为日系丰田的得力之作，可以说是两个明争暗斗的亲兄弟。这两款车不仅售价区间类似，连产品定位和特点也十分相近。在车身尺寸方面凯美瑞要大于锐志车型，外观要比锐志更大气一些。但是在轴距方面，锐志则要明显大于凯美瑞，动力方面锐志占优，而在油耗方面凯美瑞则要更胜一筹。凯美瑞在外观、安全保护和配置能够满足大多数公务用途，而锐志则是一款运动性能比较突出的车型，而且内部空间比较宽敞。在购车选择时，锐志和凯美瑞这对孪生兄弟可谓给车友们出了道难题，但在B级车市场上两款车却携手给日系车丰田品牌争夺了不小市场份额。

最近几年，许多企业习惯称竞争对手为“友商”，从“对手”到“朋友”，这种称谓的变化可以看出企业竞合意识的增强。麦当劳与肯德基、阿迪达斯与耐克、百事可乐与可口可乐、奔驰与宝马、宝洁与联合利华、苹果与三星、中国移动与中国联通……他们能够这样强大，其实很多时候都是对手逼迫的，这一对对欢喜冤家在互相竞跑的过程中把其他人远远甩在了后面。他们既是敌人，又是相互助力的朋友，他们希望超越并战胜对手，但是他们并不希望对手死掉，因为，没有了对手不仅是寂寞的，也是危险的。

肯德基在中国市场的投入中，有一部分竟然是去培训其它竞争对手——那些中国的快餐店、饭店等。肯德基为什么会这么做？他们说，快餐如果只有肯德基吃，顾客会感到太单调，如果只有汉堡和薯条，那也太寂寞了。可以看出，肯德基是在保持一种行业的“生态平衡”，只有行业繁荣了，大家才有钱赚。有时候竞争对手就是自己成长最好的伙伴，有敌人的地方，恰恰才是最适合生存的土壤。行业的竞争越激烈，发展越迅速。某个行业中如果没有强大对手的竞争，这个行业也很难快速发展，一家独大的行业甚至有毁灭或倒退的危险。

康熙皇帝在执政60周年的时候设宴祝贺。在宴会上，康熙敬了三杯酒——第一杯酒敬祖母孝庄太后，感谢孝庄教他做人，并辅佐他登上皇位，一统江山；第二杯酒敬众臣和天下万民，感谢众臣齐心协力尽忠朝廷，百姓安居乐业，天下昌盛太平；康熙端起第三杯酒凝重地说：“这第三杯酒敬我的敌人——鳌拜、吴三桂、郑经、葛尔丹，还有明朝的反抗势力。因为，是鳌拜等人让我很小的时候就感受到了危机，学会了如何谋划。是明朝的残余势力和吴三桂让我时刻不忘富国强兵，是他们教会了我怎么治国行兵，是他们逼着我建立丰功伟绩。没有他们，就没有今天的我，就没有大清今天的昌盛。我感谢他们！”这一番话不仅体现了一代帝王的胸襟，更看得出一个明智君主的睿智与哲思。一个强者、一个强大的企业，一个强大的民族或国家，都该有这样的感悟与对敌人的感恩。

百事可乐与可口可乐双雄对决

正所谓不打不相识，百事可乐与可口可乐生来就是一对冤家，在近百年的营销史中，二者的战争从未停止过，也演绎了很多经典事件。

美国两大饮料巨头之一“百事可乐”，创立于1899年，这个牌子比可口可乐虽然只晚13年，但在第二次世界大战前，不论其销量或是声誉都远不及可口可乐。百事可乐创立之始，就意在与可口可乐争夺市场。因此，其配方、色泽、味道和销售方式等，都与可口可乐相似。但是由于竞争手法不够高明，尤其是广告的竞争不得力，所以被可口可乐饮料远远甩在后头。当时在可口可乐公司的决策者心目中，百事可乐几乎是毫无希望的。

1915年，可口可乐设计了一个容量6.5盎司的新瓶子，不但样式独特，而且适合人手握持。“这是有史以来最完美的设计。”——可口可乐的人如是说。他们在每个广告中都露出这个瓶子。从这一年起，约有60亿只可口可乐新瓶流入市面。

谁也想不到，可口可乐这个伟大创意却给予竞争者了一个迅速窜起的机会。1939年，百事可乐以“一样价格，双倍享受”的价格战，一举击中了可口可乐的要害：一样花5美分，可口可乐给你6.5盎司，而百事可乐却给你12盎司。

可口可乐面临两难抉择：如果降价，市面上数不胜数的自动贩卖机中的可口可乐将无法处理。如果要增加容量，则必须放弃大约10亿瓶的6.5盎司装可口可乐的生意。正是凭借这次快速反击，百事可乐一举超过了露西可乐和胡椒博士，市场份额直追可口可乐。

到了60年代，百事可乐又再接再厉，在“百事新生代”的战略引导下，以一个接着一个的创意，将可乐双雄大战带入高潮。“自认年轻的消费者，百事是你的最佳选择”。“奋起吧！你是生龙活虎的百事新生代。”百事可乐企图借着这个概念，将可口可乐重新定位为“老旧、落伍、跟不上时代”。

与此同时，百事可乐继续运用各种强有力的竞争手段与可口可乐一争高低，直接攻占可口可乐的市场。最引人注目的，就是1985年可口可乐迎接其诞生100周年之时，该公司突然宣布改变沿用了99年之久的配方，采用新的研制配方。为研制这个新配方，可口可乐花了几百万美元，原以为可以获得新的成功的。不料该新配方的产品上市后，引起了市场的轩然大波，消费者纷纷抗议这一改变，可口可乐的形象一时为之大挫。

百事可乐的老板们此时乐不可支，并迅速花了几百万美元投资制作了一个电视广告节目，在众多电视、网络反复播放 1 个月。其电视广告节目是这样的：一个眼神急切的姑娘盯着镜头说：“有谁能出来告诉我可口可乐为什么这么做吗？他们为什么要改变配方？”然后，镜头突然转变，这女士说：“因为他们变了，因此我要开始饮百事可乐了。”紧接着，她喝了一大口百事可乐，满意地说：“嗯、嗯，现在我知道了。”如此对比鲜明的广告，使得百事可乐的品牌形象迅速提升。1988年，百事可乐公司已荣登全美10大顶尖企业榜上第7名，成为可口可乐最强劲的竞争者，引起全世界企业家和经济学家刮目相看，也使可口可乐公司上下深感不安。

“当大家对百事可乐VS可口可乐之战兴趣盎然时，双方都是赢家。”——百事可乐总裁恩瑞可这句话为“未必要打倒敌人”做了最佳的注释。恩瑞可接着指出，持续的战争目的在于维持大众的好奇心：“喂！今天百事可乐这样做，你想明天可口可乐会怎样做？”

这是一个注意力时代，碳酸饮料的广告创意越多，喝可乐的人就会越多。毫无疑问，这场可乐战还会持续下去，可能是可口可乐继续领衔，也可能是百事可乐称霸，但这都无关紧要——因为可口可乐与百事可乐都是市场的大赢家。

加多宝与王老吉的正宗之争

从2012年5月到现在，广药王老吉与加多宝的战争正在升级。2012年饮料领域最热闹的一件事，莫过于加多宝集团和广药集团关于“王老吉”商标的争夺战，以及双方由此展开的一系列公关战、渠道战。凉茶双雄大战，赚足了媒体的消费者的眼球，同时也苦了和其正、潘高寿、邓老凉茶等二线品牌。加多宝、王老吉在一系列PK战中携手壮大了凉茶市场，此前王老吉一家独大的市场格局也发生了显著的变化。

1997年2月12日，广药集团注册申请了“王老吉”商标，第2天“狠心”的广药便将商标使用权授予香港鸿道集团。正所谓十年磨一剑，从1997年“领养”王老吉，到2003年推出“怕上火喝王老吉”的全新广告，

到2007年红罐王老吉首次超越可口可乐，成为“中国饮料第一罐”。十年辛酸，只有“养母”加多宝知道，外人无从知晓。“养母”以为有了这个宝贝养子，将来的日子会越来越好了，再也不用战战兢兢了。谁曾想，正当孩子步入发展正轨即将飞黄腾达时，“生母”却打起了小算盘，硬要生生夺回去。

王老吉商标案在2012年母亲节这个特殊的时间节点迎来一纸仲裁，真是耐人寻味。一个15岁前途无量的孩子要被生母从养母身边夺走，而他自己却无能为力，不能做出任何反抗。

广药如愿独饮王老吉，似乎大功告成，也大肆招兵买马重建王老吉队伍，然而其在市场推广、渠道运作等方面能否有把握应对没有加多宝的日子？他们能真正理解和自如运用加多宝费心打造的“吉文化”吗？他们要投入多少费用才能维持住王老吉的形象？

怕上火，喝王老吉还是加多宝？这是一个很难回答的问题，这又是一个不难做出的选择。每个消费者心中都有一杆秤。2012年，新浪网针对18万人的大调查数据显示，63%的人怕上火喝加多宝，61%的人认为广药经营不好王老吉。

纵观广药王老吉与加多宝的市场竞争策略，有四大病症导致其处于下风。

1. 夜郎自大

《史记·西南夷列传》：滇王与汉使者言曰：“汉孰与我大？”及夜郎侯亦然。以道不通，故各以为一州主，不知汉广大。广药集团自恃国企背景，全然不把加多宝放在眼里，先是野蛮地要收回商标使用权，以为赢了官司就万事大吉，就能稳坐加多宝打下的江山。然后是搞什么大健康产业，欲掏空王老吉品牌资产，除了现有的红罐、绿盒凉茶，还要搞绿豆爽和固元粥健康食品，未来甚至会出现王老吉牌化妆品和运动器械。面对强敌加多宝，广药如此轻敌，且不顾王老吉之“去火凉茶”定位，贸然品牌延伸，早已埋下隐患之火种。看楚汉相争、官渡之战、国共争雄，无不是骄兵必败。

2. 萧规曹随

《史记·曹相国世家》：“参代何为汉相国，举事无所变更，一遵萧何约束。”加多宝时代，王老吉的广告为“怕上火喝王老吉”；及至广药接盘王老吉，加多宝输掉官司，果断启用新广告语“怕上火，现在喝加多宝！还是原来的配方，还是熟悉的味道”进行狂轰滥炸，而广药所用的广告语仍为“怕上火喝王老吉”，全不懂时移世易、与时俱进之理，以致错失良机，使一部分消费者面对两个雷同的广告发生思维错乱难以抉择，最终在加多宝强大的攻势面前倒戈。

3. 守株待兔

《韩非子·五蠹》：“宋人有耕田者。田中有株，兔走触株，折颈而死。因释其耒而守株，冀复得兔。兔不可复得，而身为宋国笑。今欲以先王之政，治当世之民，皆守株之类也。”

加多宝在凉茶大战中市场反应极其迅速，在官司之初即确定了“去王老吉化”的策略思路，围绕这一核心策略，先是在包装上做文章，在红罐盒子的一面印上加多宝三个大字，其次打出“正宗牌”——“怕上火喝正宗凉茶”，在受到一定的质疑后又果断打出“改名牌”——“全国销量领先的红罐凉茶改名加多宝”。2012年奥运会期间“红动伦敦”的互动小游戏吸引了许多人参与，然后再接再厉斥资6000万赞助《中国好声音》节目，“加多宝”三个字对于许多消费者而言也再不陌生。

面对加多宝的种种举措，广药静观其变，不仅反应迟缓，而且毫无应对之策，多次错失反攻的绝佳良机，从而其凉茶市场也不断被加多宝蚕食。加多宝开始启用的广告语“怕上火喝正宗凉茶”有致命的问题，一者“正宗”二字难有明确的标准，二者就算讲“正宗”起码王老吉比后来者加多宝正宗，广药未能予以针对性打击，实为加多宝之幸。而加多宝在全国电视、报纸、网络、户外媒体大肆投放的广告，直接将广药王老吉置于死地，且看：“怕上火，现在喝加多宝！”（虽然原来一直喝王老吉，现在开始喝加多宝，为什么呢？）“全国销量领先的红罐凉茶改名加多宝”（因为王老吉改名了！哦，原来如此）“还是原来的配方，还是熟悉的味道”（哦，只是名字改了，配方和味道都没变）。加多宝的这个广告同样有致命的问题，“改名”之说实为一家之言自说自话，且市场上王老吉商标的凉茶仍在合法公开销售，从未改名，但广药显然没有抓住又一次的反击机会。非但没有反击，就连广告声势也远远不及加多宝。在央视和多个地方电视台，加多宝广告此起彼伏，甚至在有的电视台，王老吉红罐的广告刚一出现，加多宝紧接着就来个红罐改名的广告，咄咄逼人，针锋相对，王老吉明显处于下风!

难道加多宝不知“改名广告”所存在的法律漏洞？非也。正所谓兵不厌诈，而且当谎言说了100次就可能成为真理。加多宝的“改名广告”也只是其阶段策略，待到大部分消费者都认为王老吉改名为加多宝了，而广药又通过打官司证明王老吉没有改名之时，加多宝再也不会用改名广告了，而大部分消费者怕上火也不喝王老吉了，到那时广药只不过是又多赢了一场官司而已。事实的发展正是如此。2013年12月，广州市中级人民法院一审判决加多宝立即停止使用改名广告，表面上看加多宝又输了，其实在和广药打官司的这段时间，加多宝早已赢得了品牌切换和终端市场。

加多宝与广药围绕凉茶的争斗，一个是游击战、运动战，一个是教条战、本本战。加多宝在不停地挑逗广药的底线，不断地进攻，而广药守株待兔错失多次反击良机。

4. 不预则废

《礼记·中庸》：“凡事豫则立，不豫则废。言前定则不跆，事前定则不困，行前定则不疚，道前定则不穷。”

自古交战，兵马未动，粮草先行。商场如战场，概莫能外。怕上火喝王老吉？去哪里喝呢？现实是，在很多消费者身边的超市、餐馆里，看不到、买不到王老吉。虽然广药一直对外宣称已经与多家食品生产企业、原料和包材供应企业签订生产合作协议，然而其产能究竟何时才能跟上市场需求？这就好比十年前健力宝推出子品牌“第五季”，不惜3100万元投得2002世界杯“央视标王”，名噪一时，然而当消费者满心欢喜地走进超市时却买不到第五季，康师傅、统一的产品已牢牢占据终端。

得终端者得天下，在快消领域尤甚。不可否认的是，产能严重不足、铺货严重滞后，是广药“赢了官司输市场”的致命硬伤。如果说官司之初大部分渠道商对于选王老吉还是选加多宝尚在观望，但当两家的产能计划、供货时间表、广告排期一出，绝大多数渠道商毫不犹豫地选择了加多宝，毕竟渠道商也要生存，也要利润。而加多宝趁热打铁，与诸多渠道商签订进货排他协议，可谓是釜底抽薪，使广药王老吉坐失大片江山。

据报道，有广药投资者曾经在股东大会上直言不讳地表示，在凉茶大战中王老吉太过“懦弱”，明显不如加多宝。

王泽邦在1828年将自己熬制的凉茶命名为“王老吉”之初，恐怕未能想到100多年后的今天此名会引起如此轩然大波。无论是外包装还是广告语，乃至产品配方，正宗之争愈演愈烈。随着各种官司、口水战的持续深入，许多消费者对两方的争斗已然厌倦。长此以往，试问谁又能成最后的赢家呢？

斗气只会双输，合作才会双赢，这是几千年历史用血泪换来的教训。没有永恒的朋友，也没有永恒的敌人。建议广药尽早与加多宝摒弃成见合作共赢，由加多宝公司统一运营“王老吉”、“加多宝”两个子品牌，并通过新产品研发将这两个子品牌进行一定程度的区隔。这样既有利于两家公司实现资源优势互补，也有利于凉茶行业的健康、持续发展。若广药继续坚持以己之短板攻人之所长，或将葬送“王老吉”的品牌前程。

“世界杯到底是谁的世界杯？这个问题今天看似简单，而40多年前大家对这个问题却一直没有达成共识。围绕世界杯的定位，国际足联与欧洲和南美足球界的巨头们总有喋喋不休的争论。从欧洲和南美的双雄对话到全球五大洲轮流“做庄”，足足用了80年时间，世界杯为什么会发生这样的变化？又将带给我们哪些营销启示？”

第六章
走出欧洲和南美——唤醒沉睡的客户

1970年墨西哥世界杯——随着各大洲足球运动的发展，国际足球联合会首次决定在欧洲和南美洲之外的地区举办世界杯赛，最后选中墨西哥。这一届距离1930年第一届世界杯已经整整40年。

墨西哥世界杯之后32年的2002年韩日世界杯，是亚洲第一次举办世界杯，世界杯历史上首次由两国合办。2001年3月15日，国际足联在苏黎世举行执行委员会会议，决定世界杯足球赛将由各大洲轮流举办。

2010年南非世界杯——这是非洲国家第一次举办世界杯赛，预示着非洲足球事业逐步踏入巅峰。世界杯举办地走向欧洲和南美洲之外用了40年，从北美洲走向亚洲用了32年，从亚洲走向非洲则只用了短短的8年。

从欧洲和南美的双雄对话到全球五大洲轮流“做庄”，足足用了80年时间，世界杯为什么会发生这样的变化？又将带给我们哪些营销启示？

走向世界才是世界杯

世界杯到底是谁的世界杯？这个问题今天看似简单，而40多年前大家对这个问题却一直没有达成共识。围绕世界杯的定位，国际足联与欧洲和南美足球界的巨头们总有喋喋不休的争论。

谁也无法否认，欧洲和南美代表着世界足球的最高水平，是现代足球运动的竞技支柱。同样也不能否认，欧洲足球和南美足球，正是由于在两大洲以外受到更广泛的关注才能如此兴旺。

“欧洲中心论”一直是欧洲人丢不下的意识。1904年，国际足联正是在荷兰、法国、比利时、丹麦、西班牙、瑞典和瑞士这7个欧洲国家发起下成立的，其总部先后设立于法国巴黎和瑞士苏黎世，始终不曾离开过欧洲。1974年巴西人阿维兰热当选之前，国际足联的六任主席都是欧洲人，而历史上担任过秘书长一职的7人全部是欧洲人。

随着各大洲足球运动的发展，国际足联决定将1970年第九届世界杯放在欧洲和南美洲之外的地区举办，最后选中了墨西哥。由于时差的原因，为了使万里之外的欧洲球迷能够在第一时间观看世界杯，世界杯组委会将开幕式和多场比赛安排在炎热的中午进行，导致许多球员和教练表示强烈不满。最高2680米的海拔和37度的高温，让球员叫苦不迭。

自然条件的恶劣并没有阻止墨西哥世界杯的观赏程度，秘鲁3比2逆转保加利亚、西德连扳3球3比2胜英格兰、意大利4比3淘汰西德以及决赛巴西4比1击败意大利的比赛，都堪称经典。国际足联第一次让欧洲和南美洲之外的国家承办世界杯，取得了意想不到的成功。

1974年上任的国际足联主席阿维兰热，为了在世界各地普及足球，极力推动在亚洲和非洲国家举办世界杯。

亲日倾向很浓的阿维兰热主席跟日本足协有关人员说：“你们申办2002年世界杯如何？”并予以推荐。正因为有这种背景，日本能够早早就进行了广泛的申办活动。日本于1989年正式申请申办世界杯，1990年10月召开了申办委员会发起大会，第二年6月正式成立申办委员会，并朝着2002年顺利地进行申办活动。

面对日本的申办活动，韩国也没有袖手旁观。韩国历来有足球不能让给日本的民族情绪。截至1990年韩国队3次进入世界杯，而日本连一次经历都没有。日本第一次打进世界杯是1998年的法国世界杯。自视为亚洲足球之盟主的韩国人认为，“如果在亚洲第一次举办世界杯，当然应该是韩国，而不是日本。”但是，韩国足协在同政府的几次会谈中虽然提出申办提案，却未能得到满意的答复。

世界杯大会的规模极为庞大，不当作国家级的项目来抓是不可能实现的。刚刚举办汉城奥运会后松一口气的韩国政府不愿欣然接受申办世界杯的提案。加上韩国又遇经济高速发展告一段落，逆转而进入不景气的阶段。所以韩国足球界有申办愿望却不敢挺身而出，拖延着提交申办要求的时间。1993年1月12日，由郑梦准担任了韩国足协第47届主席。虽然晚了一点，郑梦准上任后作为一个目标，提出“在韩国举行2002年世界杯”的提案。但当时的韩国体育界正忙于申办釜山2002年亚运会而乱糟糟的，对郑梦准的提案持否定态度。“举办世界杯的时机不成熟”，“日本已经正式申办，韩国竞争不过日本”，“经济不景气的现在与其举办世界杯，不如致力于重建经济”等，当时的气氛，悲观的论调占了上风。到了1994年，政府态度仍然非常暧昧。当通过来往于韩国足协的记者得知，文化体育部向总统提交的年度工作报告中没有写进世界杯申办活动时，韩国人的内心里受到不小的冲击。

在这种冷淡的氛围中，1994年1月18日正式成立了申办委员会，申办委员会把各界知名人士作为发起人，做到至少不能落在日本申委会的后面。自1993年12月参加在美国拉斯维加斯举行的1994年美国大会小组抽签仪式后，郑梦准亲身体验了国际足联的门槛太高了。5个月后的1994年5月，郑梦准就参加代表亚洲地区的国际足联副主席竞选问题作了慎重的考虑。国际足联给亚洲的副主席名额在马来西亚吉隆坡举行的亚洲足联会议通过无记名秘密投票产生。经过竞选，郑梦准当选了国际足联副主席，向着取得世界杯主办权的目标迈出了第一步。

日本外相河野洋平说：“两国的世界杯申办竞争再这样闹下去，势必影响两国间的友好关系。既然这样，共同举办怎么样？”李洪九总理在韩国国会提出，过分的竞争会造成韩日之间的负面影响，所以可以考虑韩日共同主办。欧洲有关人员对韩国和日本的申办竞争不无嘲笑地说：“韩国和日本的申办竞争好像把100米赛跑整整跑两年一样。”

面对日本和韩国谁也不让步的局面，国际足联主席阿维兰热坐不住了，于是派秘书长布拉特作为特使访问日本，并询问“如果2002年世界杯共同举办，日本方面能不能接受？”他要求日本明确表示“接受共同主办，操办其中的一部分”或者“放弃世界杯的申办”，两者必居其一。开始用电话询问，日方要求发来书面文件，于是按要求发去文件。在15天之前，韩国方面已将“我们正在研究共同主办的可能性”的文件提交给了国际足联。后来，日本终于接受了阿维兰热主席关于共同举办世界杯的要求，正式表示：“只要国际足联愿意，我们可以考虑共同举办。”

决定共同举办世界杯后，面临的最大问题是如何在这两个国家分配大会的主要活动。1996年5月，国际足联发表了韩日共同举办世界杯的决定，同年11月就主要议程的安排问题进行了研究。日方强烈要求决赛应在日本举行，单独举办是失败了，但决不放弃主办决赛的权利。而韩国的态度是采用抽签的方式来决定。也是11月那次会议上，在国际足联的主持下，韩国足球协会、日本足球协会和国际足联组织委员会共同研究决定，最后决赛在日本举行，开幕式在韩国举行。

2002年世界杯第一次在亚洲举办，大大推动了亚洲足球的普及与发展，中国队也史无前例地首次进入世界杯赛场。尽管这届世界杯被各方评为比较糟糕的一届世界杯，然而它在世界杯历史上的重要意义仍然是无法磨灭的。

2000年7月6日，国际足联执委会以12：11的微弱优势把2006年世界杯主办权判给了德国，引起了南非的巨大愤慨。曾答应将举办权交于南非的布拉特迫于压力，只好寻求新的世界杯主办地选择方案。当时，世界杯在欧洲举办过9次，而非洲却从未举办过一次。2000年8月，国际足联执行委员会全体委员都支持主席布拉特的提议：从2010年开始，世界杯决赛阶段的比赛将由国际足联属下的六个大洲足联轮流主办。国际足联在随后发表的一份声明中说道："执委会委员一致同意布拉特的提议：确保各大洲都有平等的机会主办世界杯。"2004年5月15日，在瑞士苏黎世举行的国际足协执委会会议上，南非以14票对10票压倒摩洛哥，毫无悬念地取得2010年世界杯主办权，成为第16个世界杯主办国。

把梳子卖给和尚

有四个业务员接到任务要到庙里推销梳子。第一个业务员空手而归说："到了庙里，和尚说没有头发不需要梳子，所以就一把都没有卖掉，还把我骂了一顿。"第二个业务员卖了十多把梳子回来了，他介绍经验说："我告诉和尚，头要经常梳，不仅止痒还可以活血化瘀，有益健康，念经念累了，梳梳头，头脑也清醒。和尚觉得我说得有道理，就这样我卖了十来把。"

第三个业务员卖了一百多把梳了，他说："我到庙里去跟老和尚说，您看这些香客多虔诚呀，在那里烧香磕头，磕了几个头起来头发就乱了，香灰也落在他们头上。而您在每个庙堂前放一些梳子，他们磕完头就可以梳梳头，就一定会觉得这个庙非常关心香客，下次还会再来。这样一来，我就卖掉了一百多把。"

第四个业务员说卖掉了好几千把，而且还有订货，他说："我到庙里跟老和尚说，庙里经常接受人家的捐赠，应当给予回报，而梳子就是便宜又合适的礼品。在梳子上写上庙的名字，再三个字——积善梳，说可以保佑平安，这样就可以作为礼品进行储备，谁来了就送谁，保证庙里香火更旺。这一下就卖掉了好几千把。”

梳子还是那把梳子，销售业绩为何有如此大的反差？挖掘、引导客户的潜在需求是关键。第一个业务员是推销的思维方式，没有找到和尚买梳子的理由，自然遭到和尚的辱骂。第二个业务员稍微聪明点，挖掘到梳子“活血化瘀”的功能，因此多卖了点。然而和尚的数量毕竟是有限的，就算能说服所有的和尚买梳子，也不可能有多大的量。第三个业务员聪明的地方就在于眼界更宽，放大了目标客户的范围，研究“客户的客户”——寺庙的香客，从而很轻易地打动了老和尚。毕竟香客绝大多数都是有头发的。第四个业务员则可以用“精明”来形容，他卖的已经不是一把梳子，而是赋予了品牌内涵的一种信念。梳子有价，信念无价。因此他的梳子不够卖。

还有一个故事，大家可能听说过。两家生产鞋的公司分别派出一个业务员去开拓市场，一个叫杰克逊，一个叫板井。在同一天他们两个人来到了南太平洋的一个岛国，到达当天，他们就发现当地人全都赤足，不穿鞋，从国王到贫民、从僧侣到贵妇，竟然无人穿鞋子。

当晚，杰克逊向国内总部老板发了一封电报：“上帝呀，这里的人从不穿鞋子，有谁还会买鞋子？我明天就回去。”板井也向国内总部发了一封电报：“太好了！这里的人都不穿鞋。我决定把家搬来，在此长期驻扎下去！”两年后，这里的人都穿上了鞋子……

许多人常常抱怨难以开拓新市场，事实是新市场就在你的面前，只不过你怎样发现这个市场而已。

市场营销大师菲利浦.科特勒指出：“市场营销中最成功的公司是能够超过满足现有顾客需要的公司。优秀的公司满足需求，而伟大的公司创造市场。市场领导者通过构思新产品、服务、生活方式和方法，以提高生活水平。一种公司是提供模仿产品的公司，而另一种公司是创造市场上尚未想象到的新产品和服务价值的公司。这两者之间是有巨大差别的。总而言之，最好的营销能够创造价值和提高全世界人民的生活水平。”管理大师彼得·德鲁克也指出，公司的首要任务不是“满足需求”，而是“创造顾客”。索尼公司的董事长盛田昭夫认为，他“不是服务于市场，而是创造市场”。索尼的发展是创造“前人未满足的，能够实现人们梦想的产品”，“随身听”正是索尼公司“创造和传送生活标准”的杰作。英特尔、微软、苹果等世界知名公司无不是通过不断创新领跑市场，为同行设立标准，始终在竞争中处于优势地位的。

千年《论语》再复活

2008年12月，中华书局透露，《于丹〈论语〉心得》出版两年发行量突破500万册。一部《论语》在中国沉睡了两千多年无人问津，多少历史学者著书立说也没能推动民众哪怕是大学生学习《论语》的热情，凭什么于丹在《百家讲坛》讲一讲就能火？

一是抓住时机。如果没有易中天《品三国》的“铺路”，《论语》的火爆也不知是猴年马月了。易中天2005年4月开始在中央电视台《百家讲坛》栏目开讲汉代历史和三国历史，2006年7月出版《品三国》，销量飙升。随后，于丹开始在《百家讲坛》讲《论语》，并于2006年11月出版《于丹〈论语〉心得》。《三联生活周刊》将易中天封为“学术超男”，于是也有媒体将于丹封为“学术超女”。毫不夸张地说，没有易中天打下的群众基础，就没有于丹后来的成功。这就启示我们，新产品的推出时机至关重要，机遇稍纵即逝。如果没有苹果iPhone手机的脱销，智能手机也不可能取得如此飞速的发展。但如果手机厂商不能很好地抓住智能手机的发展趋势，借势iPhone的影响力，就会错过难得的机会。

二是活化品牌。于丹把死气沉沉的《论语》给讲活了，让中国人看到了“四书”之一的魅力，找到了国人的自豪。于丹紧扣21世纪人类面临的心灵困惑，结合《论语》深厚的古典修养，运用女性特有的细腻情感，从中国人的宇宙观、心灵观、处世之道、交友之道、人格修养之道、理想和人生观等七个方面，从独特的个性视角出发来解读《论语》。全书以白话诠释经典，以经典诠释智慧，以智慧诠释人生。这启示了企业不能躺在品牌的功劳本上睡大觉，一定要与时俱进，不断赋予品牌新的元素和内涵，像太阳神、健力宝等不思进取，品牌在逐渐老化和死去，而乐百氏开发出“脉动”等子品牌，大大丰富了品牌形象和产品线。

三是依托阵地。再好的产品，如果没有大力宣传，顾客不知道，就难以取得成功。没有中央电视台，没有《百家讲坛》，也就没有《于丹〈论语〉心得》的成功。于丹新书出版后，《百家讲坛》对其讲课内容进行了重播，并且选择了十几家收视率较高的地方电视台播放节目内容，客观上促进了新书的销售。好酒也怕巷子深，新产品要获得成功，必须紧紧把握媒体趋势，根据产品自身的特点组合选择合适的媒体形式进行传播。

四是注重互动。2006年11月26日，北京中关村图书大厦，于丹现场签售坚持9个多小时，后来又到全国各地演讲签售，现场和读者互动交流。特别值得一提的是，2007年4月10日，于丹来到北京市监狱管理局清河监管分局前进监狱，做了一场题为“发现心灵，道德人生”的《论语》心得讲座。2007年6月，中华书局和新浪网联合发起一个征文活动“我的《论语》心得”，再次刺激了新书销售。从《百家讲坛》到出书、签售，再到巡回演讲、征文，于丹用好了“互动”这副牌，从而充分调动了观众和读者的参与热情。这启示企业要多搞双向交流的活动，尊重消费者的意见，而不能“单相思”、自卖自夸。

"90后李宁"错哪儿了

随着70后、80后的年龄增长，90后日渐成为一支举足轻重的消费群。针对消费潜力巨大的90后群体，李宁和可口可乐选择了两种不同的应对方式，当然也迎来了两种截然不同的命运。

2009年，李宁公司在调查中发现，自己的客户有一半来自35～50岁人群，这些消费者更加注重产品的性价比，却容易忽视设计感和产品特色。2008年北京奥运会之后，李宁的国际知名度一路飙升，年轻消费者也更加看好李宁这个国产体育用品巨头，随着客户群的不断年轻化，这批用户用QQ、MSN、SNS、WEIBO与好友进行沟通，用Google与Baidu搜索资料，他们可能对NBA的明星如数家珍，可能在网上与各国的网友分享自己的收藏的球鞋。于是，李宁公司决定改变自己传统的品牌形象，朝着年轻化走出坚定的第一步。

2010年7月，李宁公司推出全新品牌广告语——"90后李宁"，并在全国各大李宁店展开换标行动，新的产品也印上了新LOGO，而在北京、上海等地的地铁站和车站里，以林丹、伊辛巴耶娃、戴维斯等代言人也纷纷喊出心声，"90后李宁"在几天之内就被传得满城风雨。

然而许多90后却并不埋单，甚至将李宁的广告视为对他们的刻意嘲讽——“我是90后，我就是不喜欢这个广告！”

相比之下，可口可乐通过与粉丝充分互动，充分整合营销与销售，在2013年成功地征服了90后。

2013年夏天，仿照在澳大利亚的营销动作，可口可乐在中国推出可口可乐昵称瓶，昵称瓶在每瓶可口可乐瓶子上都写着“分享这瓶可口可乐，与你的________”。这些昵称有高富帅、白富美、纯爷们、天然呆、小清新、氧气美女、喵星人、吃货、技术男、小萝莉、文艺青年……可口可乐一口气推出了24种印有流行网络词汇的“卖萌”新包装，让消费者颇感新奇。还有更新奇的，可以在外包装上印上自己的名字，真正实现定制化！打造真正属于自己的可口可乐。通过微博、微信预告线下活动行程，同时在“爽动红PA”活动现场，摆放定制昵称瓶的机器，现场打印昵称瓶标签，消费者可以印上自己的名字、昵称等。线上线下完全整合，从线上导流到线下，线下拿到瓶子后再回到线上晒照片，形成一个O2O闭环。

同样是90后，李宁投入巨资却遭遇90后的漠然、反感，而可口可乐花小钱却赢得了90后的认同，何故？李宁生硬地将自己和90后捆绑在一起，而可口可乐则是真正研究90后的心理需求和行为习惯，真正走进90后的内心世界，从而轻而易举地征服了90后这个新兴市场。基于移动互联的发展，可口可乐昵称瓶活动在线上以微博和微信平台为主阵地，与粉丝进行充分互动。并且在线下通过捆绑终端实现了营销与销售的充分整合，避免了市场部自娱自乐的尴尬。

相对优越的物质生活及全新的认知方式，造就了90后与70后、80后截然不同的价值观。零点研究咨询集团的调查表明：90后具有更广阔的国际化视野，与80后相比，90后接受信息的能力、对世界的了解能力以及摆脱传统束缚的能力要略胜一筹，同时他们驾驭现代技术和获取信息的能力也较强。90后从小就开始接触互联网，有人形象地比喻90后一代正过着一种链接的生活，对他们来说，互联网已经不仅仅是一个工具，而是一种生活方式。

90后更加追求自我，他们不相信权威，不会轻易盲从，凡事他们都有自己的主见。要想打动90后，需要深刻理解他们，洞察他们的潜在心理需求，从他们的价值观、情感需求、消费观念，对品牌和产品的偏好入手。而不是简单地推断他们是新潮、追求酷和时尚的。“90后李宁”铺天盖地的广告海报，除了林丹和戴维斯这两位体育明星以外，根本找不到与90后契合的影子，也就是说李宁根本不了解90后的特点。

“三无”葛优何以征服舒淇

2009年春节前上映的贺岁电影《非诚勿扰》，不知道大家还有没有印象，剧情虽然有点俗套，全剧却时刻不忘“贺岁片”的定位，于轻松幽默中讲述爱情法则，电影院里也是笑声不断，一扫金融危机带来的郁闷与阴霾。在此我不想讨论影片本身，而是从营销的角度，谈一谈该影片对于市场开拓工作的启示。

1. 发布“不忽悠”的特色广告

葛优的征婚广告有两大特点，一是特色化，能抓人，于是从众多的征婚广告中脱颖而出；二是实在，不忽悠，免除了“婚托”的嫌疑。本来嘛，成心要征婚的大部分还是普通老百姓，过日子的，就得实实在在有一说一，如果吹得天花乱坠，人家一看与事实不相符也是白搭。

“你要想找一帅哥就别来了，你要想找一钱包就别见了，硕士学历以上的免谈，女企业家免谈（小商小贩除外），省得咱们互相都会失望。刘德华和阿汤哥那种财貌双全的郎君是不会来征你的婚的，当然我也没做诺丁山的梦。您要真是一仙女我也接不住，没期待您长得跟画报封面一样看一眼就魂飞魄散。外表时尚、内心保守、身心都健康的一般人就行，要是多少还有点儿婉约那就更靠谱了。心眼别太多岁数别太小，会叠衣服、每次洗完烫平叠得都像刚从商店里买回来的一样。说的够具体了吧。

自我介绍一下，我岁数已经不小了，日子小康，抽烟不喝酒，留学生身份出去的，在国外生活过十几年，没正经上过学，蹉跎中练就一身生存技能，现在学无所成海外归来，实话实说应该定性为一只没有公司没有股票没有学位的“三无伪海龟”。人品五五开，不算老实，但天生胆小，杀人不犯法我也下不去手，总体而言基本上还是属于对社会有益无害的一类。

有意者电联，非诚勿扰。”

从营销的角度来讲，“非诚勿扰”是整个广告的核心主题，产品功能介绍和目标客户也表述得十分清晰，辅以轻松幽默的介绍形象生动，让人印象深刻，从而在同质化的产品中显出与众不同，大大提高了目标客户的关注度。

而目前客户开发工作中，在广告发布上有两大致命硬伤，一是大忽悠，二是同质化。这里讲的广告，是指广义上的广告，除了电视广告、报纸广告、网络广告外，我们给潜在客户每打一个电话，每发一封邮件，每灌一个BBS，都可以看成是一次广告发布。说什么、写什么，就大有文章可做。金融危机、三鹿事件使消费者变得异常警惕，过于忽悠的广告虽然拉开了阵势，但让人有恶心之感，只会适得其反。此外，由于长期从事同一种工作，客户会有一种“广告疲劳”，对于同质化的邮件、电话只会敷衍了事，客户能记住的唯有特色的供应商。如果你打了很多广告，客户开拓却仍然不见起色，就得琢磨一下广告内容是否有问题。

2. 不放过任何一个机会

影片中，葛优前后一共见了近十个应征女，千奇百怪无所不有。但每见一个，他都很认真很诚恳地和对方沟通，哪怕是自认为不太靠谱的舒淇，三番五次打电话给他邀请喝酒他也去了。这就启示我们，在客户开拓中不能放过任何一个机会，哪怕只有万分之一的机会，但那毕竟不是零。只要持之以恒的努力，可能就会有“踏破铁鞋无觅处，得来全不费工夫”的效果。这一点，相信大家会有共识，不再赘述。

3. 学会“止损”，谨防“被套”

影片开始，葛优凭一个所谓的一切皆可解决的“分歧终端机”，从范伟手中套走了200万英镑，从而获得了征婚的“项目启动资金”。但你若想如法炮制捡个大客户，估计比中500万还难，因为这是“小概率事件”，基本上是属于走在马路上会被金条砸个半死的事情。

在新客户开发中，前期投入的成本相对较多，如请客户吃饭、娱乐，给客户送礼品等，这就需要审时度势，而不能一味地盲目“烧钱”。因为现实中不乏打着种种旗号混吃混喝之徒，像影片中的“墓地女”借机“倒打一耙”虽然有点可恶，但起码人家还让你花钱买到了东西，总比骗了你的“彩礼”人却不翼而飞的要强之百倍。总之，一旦发现苗头不对，要学会及时“止损”，谨防“被套”。不然，客户没有成功开发到，自己反倒变成别人客户了，岂不是让人笑掉大牙？而如果因为客户的某种承诺，不得已提前支付“好处”给对方，又因种种原因没有签下合同，导致越陷越深继续追加“好处”，便是典型的“被套”，这种事情在现实中也不胜枚举。

影片中，葛优对云南女、健忘女、性冷淡女、炒股女、怀孕女等等，都采取了及时止损的策略。对于墓地女，则因钻进了别人事先设好的圈套，只好被迫“埋单”购买并不十分需要的产品。

回味一下让人不寒而栗的征婚旅程：“先坐飞机到昆明，再坐一天的长途车到蒙自，再坐汽车到屏边，再坐一天的拖拉机、一天的牛车就到。”试想一想，在新客户开拓中，我们也是否曾经遇到类似的情形？比如客户设置了重重困难给你，如果你半途退出了他让你无话可说，如果你真的过五关斩六将了他也不见得会跟你合作。碰到这种情况一定要量力而行，切不可打肿脸充胖子，在对方确有相关需求的前提下，如果公司规模、资金能跟上可以打持久战，如果自身资金和时间有限就要适可而止。

4. 坚持自己的原则

在新客户开拓中，一定要坚持原则，有所为有所不为。有时候过于坚持原则可能会丧失合作机会，有违“逐利”的商业法则，但是违背自己原则底线的合作会像吃了苍蝇一样萦绕在你心中一辈子挥之不去。如葛优虽有爱心，但对于怀孕女“买一送一”的行为无法接受，虽然怀孕女像“墓地女”一样在前面下了套，但这次毕竟不同于买墓地，原则性的问题葛优还是没有让步。这个在新客户开发中，就相当于前任供应商拿了客户的钱没办好事，现在要你来擦屁股，就算有钱赚也不能干。因为你得警惕经历了这样的挫折后，一朝被蛇咬十年怕井绳，客户是否对所有的供应商都失去了信心，随时有可能把你踢掉？

拒绝怀孕女以后，舒淇主动向葛优示好，但要葛优答应一个条件“心里想着别人”，葛优难以接受。这个也是一个原则问题。试想，如果客户同意跟你签合同了，却还念着前任供应商的好，没准哪天就放一个大单给他，你能接受吗？当然，在实际操作中，接受也无可厚非，但在开始一定要表明态度和立场，争取直接把前任供应商替换掉，即把合作的“独家性”、“排他性”写进合同，以保证自身的合理利益不受侵犯。如果客户不愿意接受，也要慢慢渗透，迫使其完全淘汰前任供应商。

5. 与客户共度难关

共度难关绝不是喊口号，也不是隔靴搔痒，不是文不对题。在国美事件中，家电供应商通过发表声明、接受拖款等表达与国美共度难关的决心，其虽有无可奈何之痛，但对于新客户开发而言，是一个可资借鉴的范本。在与客户的首次合作前，如果能做到与客户患难与共，就会触动其内心深处那根弦，从而对你产生好感。如：影片中葛优陪舒淇喝酒，陪她去日本追忆往事，舒淇自杀未遂葛优又心甘情愿照顾她，等等，在舒淇最郁闷、最难受的时候葛优一直在陪伴着她，尽管刚开始是极不情愿的，但后来也乐在其中了。

2008年底金融危机突袭、2013年全国经济结构调整导致多行业受影响，不少公司的客户流失或订单变小，由于业务压力员工一般会抱怨客户“另投新欢”、“吝啬”，而很少从客户自身的困境来分析问题、解决问题，只有帮助客户找到了业务下滑的根源，提升其业务量，客户才能有更大份额的订单给你。后来者为什么能成功打动客户？因为他能找到客户与前合作伙伴合作过程中不愉快的症结，并很好地予以解决。如葛优深知舒淇忘不了那个已婚男人，但也知道那男人不会和她结婚，于是在飞机上制造了一次机会使舒淇接受残酷的现实，后又陪同舒淇去日本帮助她去除心中的积郁。哪怕是跳海被救后残废了，葛优仍然不离不弃，终于感动佳人，使之彻底忘却已婚男人。

各行各业很多潜在的客户或“骨折”或“患肺炎”或“自杀未遂”，不一而足，你是否嫌弃他们？在客户没法带给你生意、需要你的帮助时，你会袖手旁观吗？学一学影片中的“秦奋”，才会“抱得美人归”。要知道，一旦“领证”，残疾是暂时的，幸福却是永恒的。

“球星是世界杯比赛最重要的魅力，也是国际足联手中重要的“资产”。培育球星生长的土壤、发现球星、激励球星、管理球星，是国际足联一直在不遗余力推进的大事，也是世界杯能够获得数亿拥泵的重要原因。没有世界杯的舞台，就没有球星的显赫光环，没有球星的精彩射门，世界杯也不会如此迷人。国际足联打造世界杯球星的做法对于市场营销工作有哪些有益的启示?”

第七章
球星云集的世界杯——要出名先造星

世界杯这个大舞台，众星云集，各显神通，来自世界各地的足球运动员不仅为了自己国家的荣誉而战，更是各自在攀登事业巅峰，书写自己历史的角斗场。

球星是世界杯比赛最重要的魅力，也是国际足联手中重要的“资产”。培育球星生长的土壤、发现球星、激励球星、管理球星，是国际足联一直在不遗余力推进的大事，也是世界杯能够获得数亿拥泵的重要原因。没有世界杯的舞台，就没有球星的显赫光环，没有球星的精彩射门，世界杯也不会如此迷人。

如果你是一位铁杆球迷，相信很快就能说出以下球星的名字和他们的绰号：球王贝利、新球王马拉多纳、足球皇帝贝肯鲍尔、欧洲球王克鲁伊夫、金童罗西、杀手巴斯滕、辫帅古力特、中场发动机马特乌斯、轰炸机穆勒、忧郁王子巴乔、战神巴蒂斯图塔、独狼罗马里奥、小巨人卡洛斯、齐祖齐达内、外星人罗纳尔多……

这些世界杯球星是如何产生的？他们对世界杯的普及、发展起到了什么样的作用？国际足联打造世界杯球星的做法对于市场营销工作又有哪些有益的启示？

那些身价过亿的世界杯球星

为了刺激各国球员在世界杯赛场冲锋陷阵，国际足联特地设置了两大奖项——世界杯金靴奖、世界杯金球奖。获得过世界杯金靴奖或金球奖的球员，将进入职业发展和商业代言的黄金期，因此吸引了无数球员为之流血流汗。广大球迷也对历届世界杯金靴奖或金球奖津津乐道。

世界杯金靴奖，亦即世界杯最佳射手，是国际足联授予每届世界杯决赛阶段进球数最多的球员的荣誉。若有多名球员进球数相等，则颁发给出场时间最少而进球最多或者同进球数相等而助攻数量占优的球员。

从1930年第1届世界杯到2010年第19届世界杯的金靴奖/最佳射手获得者分别是斯特维莱（1930）、斯基亚菲奥等3人（1934）、莱昂尼达斯（1938）、阿德米尔（1950）、柯奇士（1954）、方丹（1958）、加林查等6人（1962）、尤西比奥（1966）、盖德.穆勒（1970）、拉托（1974）、肯佩斯（1978）、罗西（1982）、莱因克尔（1986）、斯基拉奇（1990）、斯托伊奇科夫（1994）、苏克（1998）、罗纳尔多（2002）、克洛泽（2006）、托马斯·穆勒（2010）。

世界杯金球奖，亦即世界杯最佳球员，是颁发给历届世界杯足球赛决赛阶段表现最优秀的球员的奖项。按道理，世界杯的最佳球员应该是最后夺冠的队伍中的核心球员。但是由于世界杯最佳球员的投票评选是在决赛开赛前进行的，所以常常出现选出的最佳球员不是最后胜出的队伍的核心球员，譬如1998年的罗纳尔多，那届表现最好的球员应该是齐达内，决赛中大罗完全迷失，而齐达内凭借2粒头球助法国3：0干掉巴西。为了避免这种情形再次出现，国际足联决定从2002年开始将这个奖项在决赛完之后再选出。国际足联首先公布一个10人候选名单，然后由媒体代表投票选出前三名，分别授予金球、银球和铜球奖。

世界杯金球奖/世界杯最佳球员，从1970年第9届开始评选，从1970年世界杯到2010年世界杯的金球奖/最佳球员获得者分别是贝利（1970）、克鲁伊夫（1974）、肯佩斯（1978）、罗西（1982）、马拉多纳（1986）、斯基拉奇（1990）、罗马尼奥（1994）、罗纳尔多（1998）、卡恩（2002）、齐达内（2006）、弗兰（2010）。

1. 球王贝利

贝利原名爱迪生·阿兰德斯·多·纳西曼图。“贝利”是外号，在希伯莱语中是“奇迹”的意思。1940年10月30日，贝利出生于巴西特勒科拉索尼镇一个贫寒的职业足球运动员家庭，他父亲堂丁奥是个职业足球运动员，所以贝利自小就受到了足球运动的熏陶。作为父母的第一个孩子，贝利的父亲叫他爱迪生是希望他长大当个科学家，搞科学发明光宗耀祖，但没想到他却阴差阳错成了一代球王。

在父亲的熏陶之下，贝利3岁即开始踢球，不到两年就能带球过人。由于家里穷，买不起足球，他只能用破布缝一个球，然后往里面塞上破报纸。他们玩起这种“球”来也乐此不疲。贝利10岁那年和小伙伴们组织了自己的俱乐部，取名叫“九七俱乐部”。他们在紧挨着“九七街”的地方建了自己的球场，人行道作边线，球门设在街两头。这条街因9月7日是巴西的独立纪念日而得名。当时他们既没有正规的足球，更没有合格的球鞋，但对足球的热爱足以使他们对这些东西忽略不计。12岁时，他被著名教练布利多发现，加入了包鲁俱乐部少年队，15岁时入选巴西著名的桑托斯队，3年后成为该队一线主力球员，开始真正的职业球员生涯。在桑托斯队，贝利取得了巨大成绩，共为该队夺得12次巴西圣保罗联赛冠军，5次全国冠军，两次南美足球锦标赛冠军和两次洲际杯赛冠军。一时间，贝利成为冠军的代名词，威名远扬。

1957年，不满17周岁的贝利破格入选巴西国家队，开始了他无比辉煌的世界杯历程。1958年，18岁的贝利首次出征瑞典世界杯大赛，技惊天下，一举为巴西队第一次捧得金杯。在首场对奥地利和第二场对英格兰的比赛中，主教练都没有安排贝利上场。但第三场对苏联的比赛中，贝利和加林查双双获得了上场机会。这场比赛正式启动了贝利和加林查在前场的梦幻组合，从此他们所向无敌。在6月29日对东道主瑞典队的决赛中，贝利奠定了球王的地位。上半场巴西就以2：1领先，下半场双方一开始处于胶着状态。第10分钟，贝利接队友一记长传，背对球门用胸部接球，防守队员立即赶过来围抢，但贝利熟练地将球挑起，让球飞过防守队员后他立刻转身，不等球落地就用左脚抽射，球应声入网，防守队员还没反应过来，此时全场观众都激动地喊着“贝利！贝利！”连瑞典守门员也感动了，加入了观众的行列，为贝利喝彩。这个进球被国际足联确认为世纪入球。在终场前，贝利接扎加洛传球，头锤建功。赛前，人们还纳闷巴西队为什么要带一个小孩参赛，但比赛结束时才知道这个小孩不同凡响。

贝利连续4次参加世界杯大赛，共3次夺取世界冠军（1958、1962、1970年），3次被评为世界最佳运动员。1970年和队友夺得世界杯冠军后不仅使巴西队永久地获得了“雷米特杯”，也使他成为历史上唯一一位代表国家队赢得3届世界杯冠军的足球巨星。

2. 新球王马拉多纳

迭戈·马拉多纳1960年10月30日出生于阿根廷首都布宜诺斯艾利斯市郊的一个贫民区。10岁进入阿根廷青年人俱乐部的“小洋葱”少年队，13岁加入布宜诺斯艾利斯少年队，15岁入选阿根廷国家青年队，17岁入选阿根廷国家队，踢过前锋、前卫的位置。他身高1.68米，体重70公斤。他是一个其貌不扬的人，但却是绿茵场上的巨无霸。

1978年第十一届世界杯足球赛在阿根廷举行，马拉多纳由于年龄太小，资质尚浅，主教练梅诺蒂只好忍痛割爱。1979年，马拉多纳作为队长参加在日本举行的第二届世界青年足球锦标赛，为阿根廷夺取冠军，他本人被评为最佳球员。他的足坛神童的声名开始在世界足坛传播开来。1980、1981年马拉多纳连续两年被评为阿根廷最佳球员和最佳射手，并两次获南美最佳球员称号。1982年参加第十二届世界杯足球赛时，马拉多纳已经名满天下。在与巴西队的比赛中他一时失去控制，恶意伤人，被红牌罚下，经历了人生第一次挫折。虽然这届世界杯阿根廷队无功而返，但赛后马拉多纳仍被评为世界十佳足球运动员之一。同年，马拉多纳转会到西班牙巴塞罗那队。由于年轻气盛等原因，马拉多纳在巴塞罗那队的日子并不好过，最终与俱乐部老板努涅斯不欢而散。

1984年，马拉多纳以750万美元的当时世界最高身价转会意大利那不勒斯队。那不勒斯是意大利南方的一个小城，长期以来这里的居民自愧不如北方的都灵、米兰和罗马。在马拉多纳的带领下，那不勒斯队一鸣惊人，将北方的大牌球队纷纷击败，使这支无名的小球队名扬天下，并破天荒地夺得两次意大利联赛的冠军（1987年、1990年）和一次欧洲联盟杯赛的冠军（1984年）。马拉多纳成了那不勒斯的骄傲，那不勒斯人专门为他树碑立传。

1986年墨西哥世界杯，马拉多纳攀上了足球事业的顶峰。在与韩国队比赛时，一次次被砍大树似地放倒，他又一次次地爬起来组织进攻。与4年前的世界杯相比，马拉多纳成熟了，而成熟了的马拉多纳对对手来说除了犯规已经没有其他办法可以阻止他前进。在1/4决赛中，马拉多纳率领阿根廷队以2：1战胜英格兰队，使他成了民族英雄。阿根廷队第二次捧得金杯，马拉多纳也获得最佳球员称号，并入选世界最佳阵容。此后人们津津乐道的是马拉多纳在攻入这粒球时的机敏过人以及“上帝之手”的神助，后来连国际足联的官员都感叹足球的魅力就在于出错，这个球成了足球历史上的经典。

1990年意大利世界杯，马拉多纳状态明显不如4年前，但他肩负着球迷的期望再次带领阿根廷队出征。尽管阿根廷在这届世界杯上一直不被球迷看好，但这支球队在神奇教练比拉尔多的指导下，凭着马拉多纳的技艺仍然摇摇晃晃地杀入了决赛。对西德队的决赛，阿根廷队损兵折将，卡尼吉亚等几员大将因累计两张黄牌在身不能出场，但马拉多纳带着阿根廷队死守后场，企图保平然后与对方踢点球取胜，布雷默罚入的点球粉碎了他们的美梦。

1994年美国世界杯，马拉多纳又一次带着阿根廷队来到了赛场。没有人认为他会有所作为，然而瘦死的骆驼比马大，马拉多纳依然风光无限，他凭着超人的天赋和坚强的毅力在绿茵场上拼搏。他在神奇地打入一球后疯狂地跑到电视镜头前狂喊，仿佛在宣布他是世界之王。随后的变故又一次令人感到不可思议，他尿检呈阳性，带着遗憾不光彩地结束了他最后的世界杯。

3. 足球皇帝贝肯鲍尔

贝肯鲍尔无论是在德国足坛、欧洲足坛还是世界足坛，都是一位具有传奇色彩的人物。从他投身德国足坛的第一天起直到今天，他的一切都与德国现代足球运动密切相关。

1945年9月11日，弗朗茨.贝肯鲍尔出生于巴伐利亚州慕尼黑城的工人区。他的父亲是一位忠厚老实的邮递员，也是一位足球爱好者，经常带贝肯鲍尔一起踢足球。贝肯鲍尔16岁那年加入慕尼黑青年队，18岁又加入国家青年集训队。1965年9月，刚满20岁的贝肯鲍尔入选国家队，随队出征瑞典斯德哥尔摩，争夺1966年英国世界杯决赛圈的参赛资格。他司职前卫，在迎战奥地利、塞浦路斯和瑞典国家队时他锋芒毕露，尤其在对瑞典队的比赛中发挥出色，一举成名，为西德队参加世界杯预选赛取得优异成绩立下了汗马功劳。

1966年是贝肯鲍尔不平凡的一年。这一年他为国家队踢进第一个球，第一次当选联邦德国足球先生，并且第一次参加世界杯足球赛，西德队最终2：4惜败于英格兰屈居亚军。

1970年6月，第九届世界杯大赛在墨西哥举行。贝肯鲍尔与队友密切配合，杀入半决赛。这次的对手是上届世界杯赛的冠军英格兰队，真是冤家路窄。贝肯鲍尔建议自己打前卫线与后卫线之间的位置，根据场上的形势适时灵活地出击或者防守。他的这一建议被主教练采纳，从此足球史上多了一个名词“自由人”。最终西德队以3：2战胜宿敌英格兰队，为4年前在温布利体育场的失败报了一箭之仇。

1974年6月，第十届世界杯在西德举行，贝肯鲍尔第三次参加世界杯大赛。前两次世界杯都未能夺冠，他心有不甘。但天有不测风云，第一场比赛西德队就以0：1败在了东德队的脚下。关键时刻贝肯鲍尔站了出来，成了全队的精神支柱。他从教练手中接过指挥权，由他排兵布阵，决定谁上场和打什么战术。虽然这些做法激怒了一些队友甚至教练，但后来证明他在关键时刻挺身而出的英雄气概是值得赞扬的。

7月7日，西德队与荷兰队争夺冠军。由于对荷兰队的踢法估计不足，一开场负责防守克鲁伊夫的福格茨不知所措。荷兰队在中圈开球，三传两递将球交给克鲁伊夫，就在克鲁伊夫快速带球往前冲形成单刀的时候，西德队后卫无奈只好将其拌倒，被罚点球，先失一城。此时离开场才56秒钟，西德队连球还没碰到过。失球后贝肯鲍尔不急不躁，全队不慌不乱，有条不紊地打着自己的战术，最终以2：1战胜强大的荷兰队夺得冠军。

1982年6月1日，37岁的贝肯鲍尔因伤病原因被迫挂靴。1984年欧洲锦标赛中，西德队没能进入半决赛，主教练德瓦尔引咎辞职，西德足球队的水平一天不如一天。贝肯鲍尔在这种情况下接过国家队帅印，重整队伍，严肃纲纪，逐渐地复苏了西德足球，并在1986年墨西哥举办的世界杯赛上夺得亚军，在1990年的意大利世界杯上击败荷兰、阿根廷两大劲敌，夺得冠军。

贝肯鲍尔是世界足球史上的一大奇迹，作为足球史上首位独揽联赛、杯赛、欧洲杯、世界杯、欧洲冠军杯、欧洲优胜者杯、洲际杯冠军以及个人金球奖的“金满贯”球员。执教又包揽联赛、杯赛、欧战、世界杯的“冠军级”教练。贝肯鲍尔还曾出任德国足协主席，国际足联副主席，世界杯组委会主席等要职权倾朝野君临天下。阿维兰热曾有意推荐他竞选国际足联主席，但他却推辞不就。

贝肯鲍尔无限辉煌的绿茵履历和赫赫战功让他在德国被视为国家的骄傲民族英雄。注重传统的欧洲人更将他们心目中最尊贵的称号——至高无上的“皇帝”献给了贝肯鲍尔。1984年他被授予国际足联金质勋章，2004年FIFA国际足联百年庆典他与“球王”贝利共同获得FIFA世纪最佳球员和足球名人大奖。

4. 欧洲球王克鲁伊夫

足球是一种攻守的游戏，将这种游戏发挥到极致的人物是荷兰的克鲁伊夫。克鲁伊夫1947年4月5日出生在荷兰首都阿姆斯特丹的一个贫民区。他父亲经营一家小水果店，艰难地维持着日常生计。家里生活十分贫困，经常食不果腹。他自小营养不良，少年时代的克鲁伊夫瘦骨如柴，身体虚弱，但可喜的是他动作灵巧，痴迷足球。

克鲁伊夫幼年丧父，家境更惨。阿贾克斯俱乐部老板普拉格对他一家伸出了援助之手，让他的母亲到阿贾克斯体育场作了勤杂工。母亲的工作为克鲁伊夫接触足球提供了便利，他经常白天和妈妈“上班”，晚上跑到体育场看球队训练，并很快迷上了足球，发誓要当一位球星，帮助母亲摆脱经济困难。由于他足球才华出众，10岁时他被选入阿贾克斯少年队，16

岁正式加入了阿贾克斯俱乐部职业队。在1966～1967年的荷兰全国甲级联赛当中，克鲁伊夫第一次踢职业联赛就进了33个球，为阿贾克斯队夺得全国联赛冠军立下了汗马功劳，这一年他开始名扬四海。由于他左右脚都能射门，头球功夫也很了得，再加上速度惊人，动作隐蔽性强，几乎无人能盯住他，人们送给他一个绰号“猎犬”。

1966年世界杯赛后，欧洲足坛发生了巨大变化，三条线的分工不再那么死板，不仅中锋和前锋可以进球，后卫也可以寻找机会射门得分。这种打法在荷兰国家队教练厄斯·米歇尔斯的提炼下逐渐形成了“整体足球”技法，即全攻全守的整体打法。这种打法在阿贾克斯队和国家队当中首先进行了试验，它需要有一位头脑冷静、技术全面、精力充沛的核心人物，不但要求自己能全攻全守，还要能够用自己的旺盛斗志不知疲倦地奔跑来带动全队。1967年克鲁伊夫加入国家队后，正好赶上了这个潮流，挑起了这付重担。1970年，克鲁伊夫开始步入他足球生涯的辉煌时期，以他为核心的阿贾克斯俱乐部队连续3次夺得欧洲俱乐部冠军杯赛头把交椅。他本人也被选为1971年、1973年、1974年的欧洲最佳运动员。这是欧洲足球运动员的最高荣誉。

1974年是克鲁伊夫的全盛时期，在第十届世界杯足球赛中，他身为荷兰队队长，带领全队顽强拼搏，打进决赛，与西德队争夺冠军。事先行家们评论说这场比赛实际上是克鲁伊夫与贝肯鲍尔之间的较量。克鲁伊夫意识到对方肯定会派人死缠他，就主动后撤迷惑对方，再利用自己的速度寻机进攻。虽然荷兰队最后以1：2输给了西德队，但它以令人耳目一新的打法为世界足球的发展做出了不可磨灭的贡献。克鲁伊夫入选最佳阵容，并当选本届杯赛的最佳运动员。通常情况下，这项荣誉只有冠军队队员才能获得。

第十届世界杯赛后，克鲁伊夫退出了国家队。1973年他转会巴塞罗那队。1978年5月8日，克鲁伊夫举办了他14年足球生涯的“最后一场告别赛”，他把这场比赛的全部收入共50万马克全部捐给了荷兰的残疾人体育事业和阿姆斯特丹的儿童癌症医院。他始终忘不掉生活在社会底层的人。

1981年克鲁伊夫在离开祖国8年之后再次回到了阿姆斯特丹，再次穿上了阿贾克斯的球衣。1984年克鲁伊夫真正挂靴。退役后克鲁伊夫担任过阿贾克斯的技术总监，后来在西班牙巴塞罗那队当主教练，为巴塞罗那队夺得一次欧洲冠军、一次优胜者杯冠军、两次西班牙甲级联赛冠军和一次西班牙国王杯冠军。

5. 忧郁王子巴乔

巴乔1967年2月18日出生于意大利维琴查省的一个小镇卡尔多格罗一个富裕的大家庭里。1975年，8岁的巴乔加入卡尔多格罗队。在与莱瓦队的比赛中，他一人独进6球，全队以7：0狂胜对手，巴乔的名字开始引起球探们的注意。

1988年11月16日，巴乔首次入选国家队。他出色的得分能力和独特的进攻意识被行家们看中，认为是意大利的希望之星。1989年9月20日的世界杯外围赛上，因猛将多纳多尼伤未痊愈，巴乔替补上场。他的出色表现助力意大利队以4：0大胜实力不俗的保加利亚队。一夜之间巴乔的名字传遍了亚平宁半岛，有人称他是意大利的马拉多纳，他的主力位置从此不再动摇。

成名之后，巴乔的身价倍增。1990年世界杯赛前，他以创记录的1600万美元转会到尤文图斯队。在尤文图斯的第一个赛季，他攻入14个球，名列全队榜首。第二赛季，他再居第一，第三个赛季他更上一层楼，以35粒入球高居榜首。这个赛季，他帮助尤文图斯获得了欧洲联盟杯的冠军，在好几个关键场次尤文图斯的全部入球都由他一人包办，他成了胜利的法宝。1993年巴乔先后被英国权威的《足球世界》杂志评为“世界足球先生”，被法国《足球》周刊评为“欧洲足球先生”，并荣膺金球奖。

意大利能够夺得1994年美国世界杯亚军，巴乔功不可没。在最关键的时刻，总是他帮助国家队摆脱困境。在1/8的决赛中，巴乔在艰难的情况下两次破门得分，淘汰了非洲劲旅尼日利亚队。在对西班牙的1/4决赛中，上半场双方踢成1：1，下半场巴乔在41分钟时接队友西格诺里妙传倒地射门得分，以2：1战胜对手。这个入球挽救了意大利队，也挽救了饱受各界批评的萨基。1/2决赛，凭着巴乔两粒精彩的进球，意大利战胜保加利亚队进入决赛，巴西队的独狼罗马里奥说他要在决赛中好好会一会巴乔。经过90分钟的苦战和30分钟的加时赛，意大利队和巴西队打平，只能进行点球大战。这是最残酷的决胜形式。当巴雷西主罚的第一个点球没中之后，幸运之神已经在向巴西队招手。巴乔最后一个出场，可能求胜之心太切，太追求角度了，他踢出的球滑过横梁飞了出去。意大利队输了，巴雷西哭了，巴乔痛苦地蹲在了地上。但意大利球迷并没有怪罪巴乔，如果没有他三番五次在危机关头将意大利从死亡线上拉回来的话，意大利队连亚军都得不到。对他感激不尽的人还有总理贝鲁斯科尼。

遗憾的是，萨基在美国世界杯后就想方设法把巴乔赶出了国家队，但巴乔以钢铁一般的毅力苦练，感动了新任国家队主教练老马尔蒂尼，他参加了1998年在法国举办的世界杯。巴乔信仰佛学，喜欢东方文化。他胸怀宽广，不计前嫌，尤其在对萨基的评价方面客观而公正，不像维亚利等人与萨基反目成仇。他在场上经常被对方踢翻，但从来不报复。对裁判错判也从不计较，有谦谦君子风度。

6. 齐祖齐达内

齐达内是法国足球历史上最伟大的球员，人称普拉蒂尼二世。正是在他的率领下，法国在1998年首次夺得世界杯，并在2000年第二次夺取欧洲杯。齐达内一生荣誉无数，是近20年来最为出色的中场组织者。

齐达内在1972年出生于法国马赛，他技术细腻，盘带和传球能力世界顶级，在90年代中后期那个重视古典前腰的年代，齐达内无疑是这些前腰中的佼佼者。虽然他的第一家俱乐部是法国的马赛，不过他从未为马赛打过一场比赛。在齐达内效力尤文图斯之前，他在法国的戛纳和波尔多磨练球技。在1996年转会到尤文图斯之后，齐达内开始一飞冲天，在为尤文图斯效力的五个赛季中，他从一个青涩小伙成长为世界顶级中场，帮助尤文获得2次意甲冠军。在2001年，皇马以创记录的6400万英镑把齐达内买入帐下，在为皇马效力的5个赛季中，齐达内为皇马夺得一次西甲冠军和一次欧洲冠军杯冠军。

世界杯是齐达内一生的晴雨表，1998年世界杯，正是依靠齐达内在决赛中的两记头球，帮助法国以3：0完胜巴西，夺得世界杯冠军，齐达内也在这届世界杯之后加冕球王。而2002年世界杯对齐达内和法国国家队来说是一个惨痛的回忆。齐达内在世界杯前受伤，无奈缺席了前两场比赛，纸面阵容强大的卫冕冠军法国却未能在小组赛中出线，成为韩日世界杯中的一大冷门。而2006年，在普遍不看好法国的情况下，已经确定德国世界杯之后退役的齐达内绽放出足球生涯中最后的光芒，带领法国一路杀入决赛，并被评为世界杯最佳球员。要不是在决赛中因为他的不冷静行为，齐达内很可能在退役之前再度拿下世界杯桂冠。

齐达内在球场上的作用毋庸置疑，但是天才往往与魔鬼相伴，在1998年，齐达内在一场无关紧要的小组赛中恶意犯规，让他缺席了3场关键的淘汰赛，不过决赛中的优异表现让他能够抹平在小组赛中的罪责。不过在2006年世界杯中，齐达内的“霸王绝顶”让法国失去了第二次拿下世界杯的机会，他也没有机会像1998年世界杯那样赎罪，这也是齐达内职业生涯中最大的遗憾。

7. 外星人罗纳尔多

罗纳尔多，1976年9月18日出生在巴西里约热内卢郊外的本托里贝罗区。世界著名的足球运动员，巴西传奇前锋绰号外星人，世界第一前锋，至今保持着世界杯最高进球记录——15球、国家队大满贯多次荣获“最佳射手”、“最佳球员”等等荣誉。罗纳尔多曾三度当选世界足球先生、两度当选欧洲足球先生。他与法国球员齐达内被认为是1990至2000年代最伟大的两名球星。

14岁时，罗纳尔多被巴西名将雅伊尔津霍发掘，并推荐到他曾经效力的克鲁塞罗，加盟他首间的职业足球俱乐部。罗纳尔多的职业生涯，在远赴欧洲加盟荷兰埃因霍温后，便正式起飞。之后转会至西班牙的巴塞罗那。在巴塞罗那时期，罗纳尔多惊人的速度与技术令对手大感头痛，并在37场比赛中共攻入34球。一年后以2100万英镑的转会费转投意甲大俱乐部国际米兰，并被FIFA评选为1997年世界足球先生。

1998年世界杯罗纳尔多一度被外间认为会大放异彩，但在决赛时因为受神秘病患以致全身抽筋，临场表现失准，间接导致巴西队败给法国队。此后罗纳尔多一直受到伤患困扰，出赛场数不多，一直持续了四年。其中在2000–2001年球季罗纳尔多伤愈复出，首场比赛乃意甲联赛对拉齐奥，上阵仅7分钟便再一次触伤旧患，结果再养伤多一年。

2002年世界杯罗纳尔多再一次入选巴西国家队，罗纳尔多一路带领巴西杀入决赛，最终赢得世界杯冠军。罗纳尔多在该届世界杯中入了8球，成为2002年世界杯金靴奖得主。

2002年世界杯后，罗纳尔多与国际米兰主教练库珀的矛盾完全爆发，最终转会西班牙皇家马德里队，为保护自己不受伤害，罗纳尔多改变了踢球风格，开始更倾向于利用嗅觉捕捉进球机会。不过这不影响罗纳尔多重回巅峰，2002/2003赛季44场比赛攻入30球，帮助球队夺得西甲联赛冠军以及丰田杯冠军，并再度荣登世界足球先生的宝座。2003/2004赛季，罗纳尔多曾豪言将在联赛中攻入30球，不过虽然未能如愿，但其仍然成为了该季西甲最佳射手。

2006年世界杯，罗纳尔多已经不是球队主力，受体重困扰在赛场表现一般，巴西队在1/4决赛被法国淘汰。2011年2月14日，被伤病折磨的罗纳尔多最终宣布了自己退役的决定，终结自己18年的职业生涯。2011年2月18日，罗纳尔多被任命为巴西2014年世界杯形象大使，是巴西世界杯组委会成员之一。

造星营销四大手段

明星制最早起源于20世纪初的美国好莱坞电影业。在电影诞生初期，由于明星地位易被上流社会歧视，于是他们并不愿意公开自己的真实姓名，因此在电影诞生的初期受众并没有“明星”的概念。后来，电影公司深谙生财之道的老板发现，某位演员主演的影片拥有大量观众追捧，为此电影公司可以向电影院索取更高的价钱时，电影史上的造星运动便拉开了序幕。明星制这一商业电影生存、发展的经济支柱就此确立起来。为了更大程度获取明星所带来的巨额收益，这要求明星除了精湛的演技外，电影公司还要着力花大量时间、金钱等对演员进行包装。不容否认的是，电影明星制作为一种制度是美国电影业的一个重要组成部分。当然，要想出名也需要演员付出巨大代价，如没有自由、隐私权等，甚至被公司仅仅看作一件商品。

著名的足球运动员受到欢迎和追捧的程度，丝毫不亚于电影明星，特别是在电视媒体的推波助澜之下，那些球技出众的足球运动员迅速成为球星甚至是超级巨星。当大赛落幕后，激烈的争斗和精彩的镜头都会逐渐淡去，唯有球星的前程被越炒越热，正是大家对球星永不落幕的见仁见智的谈论，才使得世界杯在全球越来越有魅力。

纵观世界杯舞台上造星营销的方法，无外乎以下几种。

第一种，打造明星领袖。

CEO是一个企业的灵魂人物，其一言一行都是在为企业代言，CEO将自己包装成明星，不断地曝光就等同于企业的曝光。历任国际足联主席就好比国际足联这个公司的CEO，从阿维兰热上任伊始，就十分重视个人形象与言论，通过设机构、建班子、定机制、勤调研，将自己打造成世界杯运动的推广明星、第三世界国家的足球救星，对世界杯运动在全球的普及和发展起到了决定性的作用。阿维兰热的继任者布拉特也是自我包装的高手，他提出“足球为一切，一切为足球”的足球哲学，布拉特希望足球运动能够通过相关的科学和技术研究对提高公共健康标准做出自己的贡献，以证明足球可以在社会领域发挥各种重要的作用。

在企业创立初期和发展的前期，创始人、CEO个人的形象对于企业整体知名度的提升有着重要的价值。乔布斯与苹果、比尔盖茨与微软、韦尔奇与通用电气、盛田昭夫与索尼、马云与阿里巴巴、张瑞敏与海尔、柳传志与联想、潘石屹与SOHO、俞敏洪与新东方、刘强东与京东、雷军与小米、黄明与皇明……这样的例子举不胜举，企业家与企业彼此渗透、彼此影响，公众看到海尔就能想起张瑞敏，提起阿里巴巴就能想到马云。

雷军对自己形象的包装就非常有意思。小米手机推出前和推出之初，雷军在许多重要场合的着装风格与乔布斯非常相似，一件黑T恤、一条牛仔裤、一双“Angrybird”的布鞋，在其发布的公关稿中被贴上“中国乔布斯”的标签。小米手机推出后，其质量一度受到网友的质疑，被指抄袭苹果、山寨苹果，做工差、硬件品质一般，雷军大力强调自主创新，并着重宣传“雷布斯”的封号，以示小米的产品有自己的特色，并非抄袭苹果。

第二种，包装明星员工。

把企业的核心员工包装成明星一样的人物，通过放大其个人影响力带动品牌形象的提升，是世界杯取得巨大成功的重要砝码。球王贝利、新球王马拉多纳、足球皇帝贝肯鲍尔、欧洲球王克鲁伊夫、金童罗西、杀手巴斯滕、独狼罗马里奥、外星人罗纳尔多……这些无一不是通过电视、平面、网络媒体的大量传播，才使得球迷对他们留下深刻的印象。特别是许多电视台反复播放“经典进球”之类的栏目，让球迷对这些超级巨星形成强化记忆。明星员工对于企业品牌的带动、提升作用，就像球星对于世界杯的带动作用，不容忽视，如凤凰卫视的吴小莉、百度的“度娘”等等。

第三种，挖掘明星消费者

世界杯直播现场，我们经常可以从电视里看到许多有特色的球迷，他们形态各异，或是奔放与狂热，或是紧张与凝重，或是失落与黯然。他们是世界杯不折不扣的铁杆粉丝，他们对世界杯的痴迷、依恋，进一步提升了世界杯在全球的吸引力。挖掘明星消费者进行放大传播，是企业提升品牌知名度的一个重要手段。例如《星光大道》、《我要上春晚》等电视栏目，通过发现、包装一大批老百姓自己的明星，赢得了广大普通观众的热爱，收视率自然稳升不降。如大衣哥朱之文、旭日阳刚组合，他们的走红反过来又促进了栏目知名度的提升。有的企业通过回访十年老用户，授予金牌用户、银牌用户之类的荣誉，便是挖掘、传播典型消费者、明星消费者的行为。

第四种，勾画虚拟明星。

明星领袖、明星员工、明星消费者，都是实实在在的个体，而有的时候需要借助虚拟人物的影响来提升品牌知名度和美誉度，每届世界杯的吉祥物就是一个虚拟明星，对于提升世界杯的亲和力、影响力有着重要的作用。如网络虚拟人物贾君鹏，2009年7月16日，网友在百度贴吧魔兽世界吧发表的一个名为“贾君鹏，你妈妈喊你回家吃饭”的帖子，在随后短短五六个小时内被39万名网友浏览，引来超过1.7万条回复，被网友称为“网络奇迹”。事后证明这是《魔兽世界》游戏精心策划的一次炒作。

“虚拟明星”世界杯吉祥物

足球在欧洲和南美有广泛的群众基础，而在北美洲、亚洲、非洲、大洋洲，大家对足球的认识非常有限，对于世界杯更是知之甚少。如何让北美洲、亚洲、非洲、大洋洲的观众更好地了解、接受、参与世界杯？“虚拟明星”世界杯吉祥物起到了举足轻重的作用。

在市场经济中，有些企业提出了创新的技术与理念，但难以使用通俗的语言传达给目标人群，或是在市场上让人留下深刻记忆。而卡通吉祥物出现及其相关应用，则无需过多的言语解释就可以让目标人群一目了然。卡通吉祥物可以打通技术术语的障碍，也可以唤起目标人群对于某一个概念和理念的重视度。卡通吉祥物的出现及其相关应用毫无疑问地强化了品牌的人格化，有助于世界杯取得更好的传播沟通效果。

1966年世界杯在英国举行，一向以狮子作为国家徽号的英国人，首次设计了一只卡通狮子，向世界广泛宣传其主办国的身份。这一以卡通形象作为宣传方式的新举措，成为日后世界杯吉祥物设计的一个里程碑。

1970年，世界杯第一次来到欧洲和南美洲以外的地区墨西哥，他们设计了一个十分可爱逗人、戴着传统草帽的小男孩，作为该届杯赛的吉祥物。

1974年，世界杯由当时西德的慕尼黑主办。主办国设计了一对一高一瘦、一矮胖的德国小朋友，以十分亲切的笑容向世人展示，形象极具特色。这是迄今为止唯一一个以两个人物作世界杯吉祥物的。

1978年阿根廷世界杯，以一位正在踢球的高原小男孩作为造型，小男孩右手拿马鞭、头戴传统的阿根廷高原民族礼帽，笑容盎然，很逗人喜欢。

1982年的西班牙世界杯，一反历届世界杯以动物或人物造型作为吉祥物的惯例，改用了一只肥硕无比的巨橙作为主角因为这是西班牙人引以为豪的特产。

1986年，墨西哥再度举办世界杯，这次，他们仍然使用了宽边草帽的设计，但草帽底下却是一只辣椒。这个吉祥物曾在墨西哥人之嫌，若非国际足联一致赞成，此吉祥物也许不会出笼。

1990年意大利之夏，设计师一反传统，用足球和积木拼成一个人形，辅以意大利国旗的绿、白、红三色，十分动感而又富有创意。

缺乏足球细胞的美国人在1994年世界杯赛上发挥了自己对卡通画的特长，他们设计了一只卡通狗作为该届世界杯吉祥物。此举令不少人甚感惊奇，因美国人一向以鹰为标志，然而设计者则认为狗更讨人喜欢。

1998年，一只名叫福蒂克斯Footix的人状欢呼跳跃的小公鸡，成为了正在激烈进行中的法国世界杯的吉祥物。法国历史上是高卢人的栖息地，从上古以来法国人对于雄鸡的崇拜就相当闻名，98年世界杯吉祥物就带有明显的法国文化图腾，公鸡Footix成为了这届世界杯的吉祥物，这只公鸡线条简单流畅，而且流畅的颠球动作成为这只公鸡露面的招牌动作。

2002年，世界杯首次来到亚洲，世界杯吉祥物改变了过去把动物拟人化的形象，它们是一大二小来自外太空的三个被称作“Atmo”的精灵。其中一只年长高个子的领袖浑身金色，手举一只足球，另两只小些的一个是紫罗兰色，另一个是蓝色。年长的金色精灵象是古代东亚勇士，两个年轻的精灵则头上长着触须。据组委会介绍，这些外太空的精灵生活在大气层，踢着“太空版本”的足球，象征着“融洽，团结和合作”。

2006年德国世界杯的吉祥物名叫“高里奥六世（Goleo VI）”，一只可爱的狮子。他活灵活现，可以说话，可以思考，他也有自己的思想和观点。“高里奥六世”身高2米，也是1974年世界杯以来第一次拥有的一个“活生生”的吉祥物。陪伴在高里奥六世身边的是一只名叫“菲利”的能说话的足球。

2010年世界杯首次来到非洲，南非世界杯的吉祥物是一只长着一头绿色卷发的豹子“扎库米”（ZAKUMI）。扎库米的名字可是有讲究的，在非洲的土著语中，“ZA”代表南非，而“KUMI”则是10的意思，表示南非世界杯在2010年举行。同时，这只豹子的生日被定在1994年6月16日——这是南非种族隔离政策宣告结束的日子。这一天同时也是南非的“青年节”，以纪念1976年在白人统治下爆发的反种族隔离政策的南非青年抗议示威。

2014巴西世界杯的吉祥物——一只犰狳。前世界足球先生、现任世界杯组委会董事会成员的“外星人”罗纳尔多在节目中向观众介绍了将成为巴西世界杯象征的犰狳。犰狳是生活在巴西内陆地区的一种濒危物种，在感受到外部威胁时，犰狳会缩成一圈，用甲壳保护自己，此时形态同足球相似。国际足联和世界杯组委会在47份候选方案中敲定它作为吉祥物，旨在强调环境与生态保护的重要性，同时也考虑到这一形象将容易被全球少年儿童接受。

罗永浩和他的锤子手机

2011年9月底，罗永浩在微博抱怨自家西门子冰箱质量问题，引发网友口水战。随着事件不断发酵，影响逐渐扩大，逐步升级为新闻事件。在与西门子聘请的公关公司沟通失败之后，罗永浩于2011年11月20日，在西门子公司北京总部砸烂了三台问题冰箱，并将现场砸烂的碎片清理干净。一个月之后即12月20日，罗永浩在海淀剧院召开“西门子冰箱门”事件媒体沟通会。现场，罗永浩的团队将近二十台不同型号的西门子冰箱搬运至剧场舞台，在经现场观众验证确实关不上冰箱门后，当场抡锤将其砸烂。

罗永浩为什么要怒砸西门子？

砸冰箱之前，罗永浩提出了三个要求：第一，西门子群发邮件和手机短信，广而告之消费者冰箱门可能存在关不紧的问题；第二，在产品包装内夹一页通知，告诉消费者冰箱门可能存在关门难的问题；第三，在西门子家电的官方主页挂一年关于冰箱门说明的公告。对于这些诉求，西门子方面并非完全视而不见，而是表示将采取多种措施，以实际努力让消费者满意，包括免费上门检测和服务，开通中国白色家电行业首个服务微博等。

根据我国消费者权益保护法和产品质量法的相关条款，消费者可依次借助协商、调解、申诉、仲裁、诉讼等5种手段解决纠纷。沟通未果，罗永浩愤而砸冰箱，这到底是一次正当维权行动，还是有目的的做秀？

罗永浩为什么要怒砸西门子？答案在半年多之后终于揭晓。

2012年4月8日，罗永浩在新浪微博称“下周就要注册一个新公司开始做手机了”。罗永浩在随后的一段时间连续发表多篇微博，评论了众多知名的手机厂商和流行的各种操作系统，批评多于肯定。2012年4月底，在经历了20多次的碰壁后，罗永浩宣布，考虑到资金问题，修正手机梦想，做手机先从软件开始——先着眼于开发出一款深入定制的ROM（Android系统），然后把它放到网上供人下载，等积累了一定知名度和品牌影响力以后，再进行下一步的硬件整合。这和当年小米手机的做法类似。

2012年6月10日，罗永浩在北展举行其第三次创业演讲“一个理想主义者的创业故事III”。演讲中提及，开发中的手机暂定名“锤子手机”。2012年8月，罗永浩在微博称已经结束教师生涯，全身心投入锤子手机的创业之中。

砸冰箱、锤子手机、彪悍的人生不需要解释……看似没有任何联系的几件事，顿时显得十分清晰。毫无疑问，2011年底的砸冰箱事件，是罗永浩团队精心策划实施的，罗永浩手举大铁锤的经典照片也是精心设计、挑选的，唯一的目的，就是为锤子手机进行预热造势。

砸冰箱之后，罗永浩略带暴力感的握锤背影形象非但没有对其本人形象带来负面影响，经后期美术制作后反而成就了“锤子系列海报”，化为卡通形象后的老罗握锤背影显出义无反顾、大义凛然的意味，充分迎合了锤子手机目标消费人群80后、90后的审美需求。

罗永浩不愧是营销高手。高中还没读完却能成为新东方英语老师的老罗，深谙营销之道，2006年6月他从新东方辞职后创办牛博网，2009年以“我的奋斗”为题进行大规模的全国高校巡回演讲，2011年8月担任导演拍摄首部微电影《小马》在优酷上映。2011年底怒砸西门子冰箱之后，罗永浩与“打假斗士”方舟子在网上通过微博隔空对战，质疑方舟子打假的双重标准，并列举其在面对方妻学历造假问题上的无视和否认。如今，他的新浪微博“罗永浩可爱多”已聚集了583万粉丝。锤子手机的关注度也在日趋上升。

吴小莉带火凤凰卫视

1996年3月31日，注册于香港的凤凰卫视正式开播，成为香港相对发达的传媒业中的后来者，但正是这样一个定位于“娱乐电视台”、“在夹缝中求生存”的传媒品牌，在不足10年时间就成为拥有上亿忠实观众的、颇具公信力的新闻卫视品牌。凤凰卫视之所以能够取得巨大的成功，与它包装知名主持人的策略思路是分不开的。

凤凰卫视起初的宣传包装部门属于默多克集团的STTV，这些拥有西方电视包装经验的人物，熟练地用他们认为适用的方式，包装着每个踏进凤凰卫视的主持人、记者、评论员。几乎所有的主持人到了凤凰卫视，都会在这个机制里得到全面的包装与推广。

对主持人的宣传通常分为三个阶段来进行。

一是建立形象，选择不同的明星包装路线。例如，早期在凤凰卫视中文台突出主持人的青春靓丽型，而资讯台开台时的一批新主持人则突出他们的职业特点、专业化形象。《时事开讲》的主持人几乎都有被重新“制造”的过程。他们上节目前会有专门的形象顾问帮他们化妆，阮次山先生就被包装成了一个“蛮帅的列宁”，何亮亮则以持重示众，曹景行最令人难忘的是他的一头华发，至于杨锦麟最著名的就是他那几套唐装和书生言行举止的风格。

二是塑造形象，建立明星的个性特征。这主要通过节目宣传片和个人推广来完成。在主持人初步被观众认识之后，下一步就是大张旗鼓地进行推介，在凤凰的节目宣传片中会出现大量的主持人镜头，主持人成为节目的化身。一些信息性节目干脆以主持人名字命名，例如《小莉看世界》、《鲁豫有约》等，由明星主持带动名牌栏目，最终实现由名牌栏目拉升频道形象。

三是提升形象，强化明星的个性化标签。凤凰卫视专门设有公关部，负责在平面媒体上大量推介主持人、评论员的形象，公关宣传部门的人帮助主持人、评论员进行推广，包括记者会、观众见面会、演示会、报告会、平面媒体宣传、设计主持人卡、拍宣传片、建立专门网页等。像评论员曹景行、阮次山经常巡回各地演讲，尤其受到专业人士和大学生们的欢迎。像吴小莉经常参加各种慈善活动，成为人们心目中的爱心大使。

在凤凰卫视的所有主持人中，吴小莉的知名度尤其突出。很多人知晓她，一方面是因为她自身优秀的专业素质和出众的形象气质，另一方面则因为一些被媒体引为佳话的吴小莉与国家领导人的故事。毕竟凤凰卫视有一段时间在国内的落地受到一定程度的限制，能亲眼看到吴小莉节目的人更非常有限。

1998年3月，当举国瞩目的全国人民代表大会顺利召开时，在新一届国务院领导新闻媒体见面会上，朱镕基总理曾对参会记者说："你们照顾一下凤凰卫视的吴小莉小姐，我喜欢她的广播"，令无数媒体羡慕，也让吴小莉一夜之间随无数媒体成为全国名人。

1998年底，吴小莉和其他传媒界朋友一起采访领袖双边会。11月15日，当江主席步入会场，听说有香港媒体时一眼就看见了她，笑着说："吴小莉，吴小莉，现在成了有名人物了。"仅这一句话，吴小莉又成了媒体报道的热点。

比尔·盖茨一不小心被忽悠了

前面讲的都是企业如何自我造星提升知名度，下面分享一个借助明星影响力打擦边球营销的案例。

2008年7月23日，一条"比尔·盖茨花费1亿元租1年空中四合院看奥运”的新闻横空出世，一下子成为各大媒体暴光的焦点，几大门户网站和主流社区纷纷将相关帖子设为BBS置顶帖。然而事隔两天，便被人披露为是某房地产公司炒作的假新闻，顿时舆论哗然，皆呼“上当受骗”。

刚刚金盆洗手、从“首富”转向“首善”的比尔·盖茨，被中国房地产商涮得不轻。有关管理层表示要调查此事，正所谓“覆水难收”，就算调查出真相又能怎样？

尽管此次事件的“事实受益方”盘古大观方面一再表示，“比尔·盖茨亿元租房”的新闻并不是以楼盘名义发出，“包括我们高层在内的很多人员，都是今天才看到这条新闻。”仿佛他们倒成了“冤大头”。然而，其如此苍白的解释只能是印证了一句古话：此地无银三百两。

对于此事的原发媒体《成都商报》，其回应也颇值得玩味。“到目前为止，我觉得我们的报道是没有问题的，通俗的讲，就是说这并不是个假新闻。我们的记者没有必要做假新闻。原因有三：第一，我相信我们记者的职业道德；第二，我们记者所做的就是客观记录他所采访到的内容，并没有向文章里添加自己的东西；第三，关于这个报道，我们的记者确实不是以记者的身份去采访的，如果说自己是记者的话，有些信息可能根本拿不到。”

“我们绝对没有帮他们炒作。可能事实上是起到了为他们宣传的效果。文章较多篇幅在写这个空中四合院，这都是文章的需要，要告诉大家为何租1年就要1亿元这么贵，得写清楚。”

据报道该新闻的记者称，他从朋友那里听说比尔·盖茨在盘古大观买了房子，便在22日以顾客的身份到这个楼盘售楼处打听。他解释说，之所以要以顾客身份，是因为说是记者，售楼小姐肯定不会告诉真实情况。他问售楼处一个姓易的小姐“比尔·盖茨是否租了你们的房子”，易小姐肯定的说“交了钱的，名单里有这个人，其他富豪信息不方便透露，但比尔·盖茨是有的”（此部分相关内容摘自赛迪网《盖茨租楼是条假新闻？原发媒体连呼“冤枉”》）。

《成都商报》一文既出，经某网站转载后，以迅雷不及掩耳之势占据网络新闻、BBS的头把交椅。

毫无疑问，这是一起有预谋、有步骤、有应对的公关策划、炒作。此次借盖茨而大做文章的炒作究竟能给盘古大观带来多大的经济效益，目前尚不得而知，但可以肯定的是，作为品牌推广的第一步，“知名度”已经成功地打开，至于美誉度、忠诚度，那得看它下一步的造化了。再说了，脑白金的美誉度几乎为负值，不一样卖得热火朝天吗？中国的市场很奇怪，左边是有人不停地骂某品牌，右边却是同样多的人在很Happy地为该品牌埋单。

在Web2.0的网络时代，人人都成了信息传播的主体，比传销更公开、更迅猛、更可信的病毒式营销，正在悄悄地向每一个网民“侵蚀”。一不留神，人人都成了“病毒携带者”。第一次看到“盖茨亿元租楼”的新闻，也许大家会当成一个笑话，心想可能是网友恶搞，“比尔.盖茨刚刚宣布退休，而且说要将遗产全部捐献，怎么会立马巨资享受，完全不符合盖茨的风格嘛”。而没过几个小时，各大网站铺天盖地的新闻和BBS帖子，必然冲垮你的心理防线，不由得将信将疑起来，便开始详细关注与之相关的信息，甚而与朋友讨论此事，于是便稀里糊涂成了“盘古大观”的“病毒携带者”。

曹

“中国于20世纪30年代加入国际足联，1958年中国足协宣布退出。1979年，在国际足联主席阿维兰热的推动下，中国足协在国际足联的合法席位得到恢复。中国足球国际排名经常在100名之后，在世界足坛的地位可以说是微不足道。然而，无论是巴西人阿维兰热还是瑞士人布拉特，他们都不遗余力地在任职期间极力推动中国申办、举办世界杯。”

第八章
中国举办世界杯——“画饼式”营销

中国足球只有2002年唯一一次进军世界杯的历史，国际排名经常在100名之后，在世界足坛的地位可以说是微不足道。然而，无论是巴西人阿维兰热还是瑞士人布拉特，他们都不遗余力地在任职期间极力推动中国申办、举办世界杯。

全世界70亿人，中国就有15亿。将世界五分之一的人口和世界第一大运动相结合，是历任国际足联主席的梦想。他们慷慨激昂的言论，激励着无数中国球迷热血沸腾地坚定拥护世界杯、痴迷于世界杯。至于中国是否会正式提出申办世界杯、是否能成功申办世界杯、是否能成功举办世界杯，已经并不重要了。

正是国际足联释放出的这种强烈的心理暗示，将中国球迷对中国足球的失望一次次地拉了回来，将中国球迷对于世界杯的热情一次次地重新点燃。而这，便是国际足联开拓、发展中国这个全球最大市场的营销妙招。

世界杯需要中国

中国需要世界杯，世界杯更需要中国。

对于在中国举办世界杯，相比之下国际足联的热情更高于中国。起码在2010年以前，对于举办世界杯，中国足协等官方机构并没有表现出十分强烈的意愿。2009年，中国甚至放弃了申办2018和2022年世界杯。当时，新华社发文指出世界杯和奥运会不同，申世“代价高昂”，而放弃是“明智之举”。

中国于20世纪30年代加入国际足联，1958年中国足协宣布退出。1979年，在国际足联主席阿维兰热的推动下，中国足协在国际足联的合法席位得到恢复。阿维兰热提出，世界杯应该在亚洲举行一次。据国际奥委会前委员何振梁透露，阿维兰热心中的亚洲首选国家就是中国，他说如果中国提出申办世界杯他将全力支持。改革开放初期的中国将重心放在了申请奥运会而非世界杯，让阿维兰热略感失望，不得不支持日、韩合办世界杯。

不过，阿维兰热并没有放弃对中国申办世界杯的期望。2001年11月，国际足联主席阿维兰热在上海参观申花俱乐部的训练基地时指出“我认为中国完全有能力举办好像世界杯这样的大赛”。

2010年南非世界杯前夕，94岁的阿维兰热在接受《体坛周报》记者采访时再次表达了希望中国举办世界杯的愿望。“现代奥运会从诞生到走进中国经历了100多年，我希望世界杯不需要那么长的时间。或许那一天我已经不可能看到，但我可以用我的名誉向所有做出这个决定的人保证，那将是一届成功的世界杯，就像2008年北京奥运会一样。”

自从布拉特担任国际足联主席以来，多次在公开场合表态，中国完全有能力承办男足世界杯，希望中国申办世界杯赛。从2004年到2010年，几乎年年都有布拉特诚邀中国举办世界杯的消息。在2008年北京奥运会期间，布拉特更是迫切希望中国提出申办2018年或2022年世界杯。并为了吸引中国，特意将2018年和2022年两届世界杯捆绑进行申办。可惜中国足协并不买账，2009年放弃了申办机会。

国际足联为何对中国举办世界杯如此不遗余力？

全世界70多亿人，中国就有15亿！在世界体育产业的总收入中，奥运会仅占4%，而同样4年一届的足球世界杯却占了17%。越来越能挣钱的国际足联自然不会不看重占全世界五分之一人口的最大市场——中国。如果布拉特在任职期内能够促成中国举办世界杯，无疑将填补又一项人类历史空白——使世界五分之一的人口和世界第一运动结合，那他就可以与萨马兰奇一起载入史册。

中国申办世界杯，正在迎来最好的时期。纵观几十年来的奥运会，很多国家在奥运会举办后不久便成功举办了世界杯。如1972年慕尼黑奥运会后两年就是1974年联邦德国世界杯，1984年洛杉矶奥运会后10年就是1994年美国世界杯，1988年汉城奥运会后14年便是韩国与日本联合举办世界杯。成功举办过奥运会、世博会的中国，有实力举办好世界杯。

国家主席习近平曾经表达了对中国足球的三大愿望：世界杯出线、举办世界杯、世界杯夺冠，并且多次提到中国足球的未来发展。在国家领导人关于足球的“三个愿望”中，“举办世界杯”是最有可能最快变成现实的，这一点布拉特自然很清楚。

日本足协主席小仓纯二表示“中国最有资格代表亚洲去主办世界杯”，亚足联前主席哈曼甚至表态：“中国是一个热爱体育的国家，如果中国想办世界杯了，中国就可以主办世界杯。即使是亚洲拿到了2022年世界杯，我觉得中国也可以主办2026年或者2030年世界杯。”

现任亚足联主席萨尔曼已开始游说中国方面提出申办2026年世界杯。众所周知，萨尔曼与布拉特的私人关系甚密，而且像申办世界杯这种事宜根本不可能是萨尔曼这个层面的领导人可以左右的。如果没有布拉特在幕后支持，萨尔曼恐怕也不会主动向中国足协作出暗示。不过，2022年世界杯举办国已确定为卡塔尔，2026年世界杯中国肯定是没戏了。

2013年12月，国际足联秘书长瓦尔克接受了新华社记者的采访，针对中国足球，瓦尔克直言不讳：中国申办2030年或2034年世界杯是好时机，中国应以申办并承办世俱杯、U系列世界杯等比赛作为申办世界杯的基础，中国应将足球作为第一运动。

曹操“望梅止渴”打胜仗

三国时期，曹操率领部队讨伐张绣，由于当时正是七八月间，骄阳似火，万里无云，士兵们口渴难忍，行军速度明显变慢，有几个体弱的士兵竟因体力不支，晕倒在路旁。其中一个士兵实在受不了：“我们如果再没有水喝，一定会死掉的。”“对呀！对呀！我也快渴死了！我们不要再走了啦！”士兵一个接着一个开始埋怨起来。

曹操见状非常着急，心想如果再这样下去，部队根本无法按期到达。于是他叫来向导，询问附近有没有水源，向导说最近的水源在山谷的另一边，还有很远的路。曹操沉思了一会儿，便快速感到队伍前，高兴的转过马头，对士兵说道：“各位将士，前面有一大片梅林，那里的梅子红红的，肯定很好吃，我们加快步伐，过了这个山丘就到了梅林了。”士兵们一听，不禁口舌生津，精神大震，步伐加快了很多，顺利地赶到了前面的水源所在地。这就是著名的“望梅止渴”的故事。

曹操作为一名指挥将帅，应该是威武正派、一言九鼎，可从表面上我们不难发现曹操这一举动其实是对将士们的“欺骗”，但这又是一种智慧的、善意的“欺骗”。虽然将士们没有马上吃到梅子，只是想到梅子就感觉喉咙不渴了，前了前进的动力。曹操正是运用了这一心理作用，振奋了将士们的士气，从而顺利度过了难关。

“望梅止渴”利用了心理学中十分重要的一种心理现象——暗示。暗示是最常见的一种心理现象，它是指人或周围环境以言语或非言语的方式向个体发出信息，个体无意识地接受了这种信息，从而做出一定的心理或行为反应。积极善意的心态往往会给出积极的暗示，使他人得到战胜困难、不断进取的力量。反之，消极恶劣的心态则会使他人受到消极暗示的影响，变得冷淡、泄气、退缩、萎靡不振等等。

国际足联频频向中国抛出橄榄枝，鼓励中国申办世界杯，最主要的动因当然是中国巨大的足球市场空间，另一方面也是在激励中国球迷不要对中国足球失去信心、不要对世界杯失去兴趣，与曹操望梅止渴有异曲同工之妙。

“画饼”的分寸

无论是国际足联给中国开出的申办世界杯空头支票，还是曹操望梅止渴带领部队前进，在市场营销中都可以归结为“画饼式”营销。

所谓画饼式营销，就是企业通过传递文字、图片等信息，给予消费者心理暗示，从而促使其达成购买产品或服务的消费行为。如婚纱摄影工作室将拍照的男女打扮成明星，让顾客获得一种心理想象和满足，感觉自己真的是大牌明星。再如，有的企业在营销活动中经常以宝马汽车等丰厚的奖品诱导消费者，就是给予心理暗示，想象自己中奖后的喜悦，从而刺激购买。

画饼营销一定要注意好分寸，如果把握不好，就有可能搬起石头砸了自己的脚。曹操敢于给士兵画饼，是因为他寻问了向导，知道山谷另一边有水源，如果没有这个做基础而盲目地画饼，非但不能激励士兵，反而会遭到士兵的质疑和背叛。国际足联敢于给中国足协、球迷画饼，是因为世界杯要发展亚洲市场的大方向，是因为除了韩国、日本和卡塔尔中国就是亚洲最合适的世界杯举办国，是因为中国在成功举办奥运会之后必然向举办世界杯的目标迈进。如果没有对未来趋势的整体研究分析，国际足联就贸然提出让中国申办世界杯，既不会获得中国的认同，反而会被误认为是嘲讽。

买房送老婆与肯德基半价桶

2013年10月，肯德基的“半价桶”广告让许多人“很受伤”。明明是数量减半价格减半，为了博眼球，却非要号称所谓的“半价桶”，不少消费者大呼上当受骗。虽然人气是赚到了，然而恶评满地，品牌知名度攀升，美誉度和忠诚度却同步下滑。——“原以为是半价的全家桶，结果里面的东西也缩水了一半。如果我早知道的话，绝对不会买的。”“再也不吃肯德基了！太伤自尊了！”

市场竞争激烈，产品名称需要策划，无可厚非。在某种程度上，营销策划就是对消费者的“忽悠”。但忽悠不等于欺骗，如果变成了欺骗，那就是自绝后路。若“忽悠”功夫了得，大家一笑置之，记住了你。若“忽悠”功夫拙劣，大家一怒恨之，也记住了你，不过是记住再也不要上你的当。很不幸，肯德基的“半价桶”——自认为很与众不同的“忽悠”作品，因为涉嫌欺骗，搬起石头砸了自己的脚。

2012年广东佛山有一房地产开发商曾经打出一条很雷人的广告——买房送老婆，立马全城沸腾。买房子就送个老婆给你？有路人开始YY，不过售楼处的解释是“买我们的房子送给老婆，老婆必然高兴”。——开发商给大家画了一个很大的“饼”。有点让人哭笑不得，不过还不至于感觉上当受骗。这就好比在北京大家经常说的“新马太一日游”（新街口、马甸、北太平庄），大家也不会当真，只不过是给压力山大的苦逼生活增添一点快乐罢了。及至后来，有诸多类似“买车送老婆、买钻戒送女友”等广告，大家也见怪不怪了。

无论是“半价桶”还是“送老婆”，其实都是利用汉语的博大精深，激发消费者的联想，通过画饼的方式“忽悠”其强化记忆、达成购买。有“忽悠”得好的，一个全新的产品能迅速打开市场。十几年前有一个广告，至今我仍然印象深刻，那就是高圆圆代言的清嘴含片，一句非常挑逗的广告语——“想知道亲嘴的味道吗？我说的是清嘴含片”让人一下子记住了产品的名字。其时，在含片市场，金嗓子、江中、健民、西瓜霜等一批成熟品牌已经占据了大半江山，作为后来者如果要异军突起是非常困难的，清嘴含片通过独特的品牌命名与充满遐想的广告语，一炮打响，上市后销量突飞猛进。

当然，也有很多画饼“忽悠”过头的，最终自毁品牌。如欧典地板、三鹿奶粉、双汇瘦肉精、酒鬼酒等等。“忽悠”要有底线，无底线的忽悠必然遭到消费者用脚投票的命运。肯德基在中国已发展多年，培育了一大批忠实粉丝，为了短期利益铤而走险搞什么“半价桶”，真是赔了夫人又折兵。

乔丹体育“画饼”的代价

2012年2月23日，迈克尔.乔丹发表声明称已向中国一家法院提起诉讼，指控乔丹体育未经许可“蓄意且毫无顾忌”使用其姓名，并且误导中国消费者。“未经我许可便利用我的中文名字、球衣号码23号，甚至试图利用我孩子的名字开展商业活动，我感到非常失望。我采取这一行动的目的是保护我所拥有的姓名权及品牌。”

乔丹状告乔丹体育，终止了后者IPO上市的步伐，并导致搁浅两年多。

乔丹体育表态称，其对“乔丹”等注册商标享有专用权，受法律保护。1997年以来，乔丹体育在国内注册了131个商标，有汉字、字母与图形，其中大部分都与“乔丹”相关。“乔丹”汉语字样、汉语拼音、运动员运球图形等元素都在其列，此外还有“小乔丹”、“乔丹王”、“桥丹”、“丹乔”等相近的保护性商标。在乔丹体育注册的商标中，杰弗里乔丹、马库斯乔丹、JIEFULIQIAODAN、MAKUSIQIAODAN等字样赫然在列。这几个商标与迈克尔·乔丹两个儿子的英文名字、中文音译名字相同。有意思的是，乔丹体育的品牌也获得了中国官方认可，如国家质量监督检验检疫总局的“国家免检产品”、“中国名牌产品”，国家工商总局的“中国驰名商标”。

因为品牌的“先天性知名度优势”，乔丹体育的广告投入非常少，借着飞人乔丹的影响力，乔丹体育闷声发大财。十多年来，乔丹体育“潜伏”于中国的三四线城市及乡镇市场，以其以假乱真的乔丹形象成功地使数千万消费者埋单。十多年来，两个乔丹相安无事，乔丹体育的潜伏计划，似将大功告成。如果没有这次的官司之争，乔丹体育成功上市募集资金，必将实现二次腾飞。然而事与愿违，潜伏计划被打乱。看似飞人乔丹搅局，实则在乔丹体育注册的那一天，就已埋下了一颗地雷。

作为乔丹的忠实球迷，我对乔丹体育的侵权行为感到愤慨。作为消费者，我对乔丹体育多年来的“擦边球”式宣传如吃苍蝇般难受。这与国际足联给中国画饼如出一辙，甚至有过之而无不及。国际足联是想让中国足协、球员、球迷屡战屡败之后能够继续热爱足球、发展足球，是想让世界上人口最多的国家不要轻易放弃足球运动，因此画了一个很大的饼。而乔丹体育给消费者画的这个饼，在性质上已然超越国际足联，是一种赤裸裸的欺骗。

十多年来，乔丹体育在不断的发展壮大中似乎迷失了自己，真把自己当美国乔丹了。而且在多年的市场运作中，因为其针对的三四级市场消费者甄别意识相对较弱，绝大部分消费者将“乔丹体育”与“美国乔丹”直接划等号了。上海的一家体育用品营销机构2009年对400人进行的一次调查显示，在中国的小城市中90%的青少年认为乔丹体育是迈克尔·乔丹的中国品牌。就连SOHO中国CEO张欣也在微博上说：“我一直就以为乔丹运动服是乔丹的，就像‘李宁’那样。直到乔丹起诉这家运动服公司，才知道完全没有关系。”如果没有“乔丹”这个品牌而是变成“王丹”、“李丹”，这家体育用品公司还能走多远？还有多少消费者愿意埋单？

再看看近年来发展凶猛的361度，其在创业之初采取了与乔丹体育同样的策略，即命名为“别克鞋业”，但其时刻没忘自己终究是个假洋鬼子，于是在“别克”之外又注册了一个子品牌“361度”，并且在公司发展壮大中不断地让“361度”亮相，最终彻底将“别克”品牌转换成“361度”品牌，实现了成功蜕变。

此前，耐克曾经起诉乔丹体育商标侵权，未能如愿，乔丹体育躲过一劫。此次迈克尔·乔丹以姓名权之争卷土重来，乔丹体育如何应对？有姚明、易建联之姓名侵权案在先，有中国入世十年之国际背景，有苹果iPad商标之争，两个乔丹之间的官司，将如何收场，一时间恐难以定论。

乔丹体育这一次注定是凶多吉少，无论这场官司的结果如何，乔丹体育的品牌美誉度和忠诚度，已江河日下。虽然，乔丹体育早已依法注册，根据“先注册先得益”的国际惯例，乔丹似乎不能把乔丹体育怎样；虽然，法院还没有公布此案的结果，而不管是从注册角度还是民族保护角度，乔丹体育败诉的可能性都很小；虽然，乔丹为何偏偏在耐克的最新产品“乔丹篮球鞋”即将上市之际状告乔丹体育，耐人寻味。

从目前的迹象来看，乔丹体育不可能放弃“乔丹”这块金字招牌了，那如何告别假洋鬼子的身份获得消费者的谅解与认同？唯一的办法就是低下高傲的头颅，心平气和地与迈克尔·乔丹进行对话，获得使用其相关权益的正式授权。虽然乔丹是耐克的代言人，但只要坐到谈判桌上，一切皆有可能。英国首相丘吉尔不是说过吗——“没有永恒的朋友，也没有永恒的敌人，只有永恒的利益。”

“别克”在度过生存期后对品牌果断“壮士断腕”，才有了今天“361度”的新生与成就。361度能舍弃别克，乔丹体育为何不能舍弃乔丹？

下半场

世界杯赛场那些事

“米卢之前，中国足球为什么一直打不进世界杯？米卢的“快乐足球”理念有什么赢球的奥秘？品牌是什么？是占领用户心智，是口口相传。“快乐足球”就是米卢赋予中国足球的品牌精髓，从这个角度来看，米卢堪称是品牌大师。定位决定地位，思路决定出路。”

第九章
神奇教练米卢的“快乐足球”
——“正本清源”做品牌

和队员一起打台球，玩保龄球，这是世界杯预选赛的训练现场？没错！

2001年以前，对于中国足球，大部分国人的心态与今天别无二致，“哀其不幸怒其不争”或是最好的写照。神奇教练米卢蒂诺维奇的到来，改变了中国足球，为广大球迷圆了一次世界杯之梦。对于很多中国人而言，对于世界杯的了解，相信是集中在2001年、2002年。2001年10月7日，中国男子足球队昨晚在沈阳五里河体育场以1：0战胜阿曼队，宣告中国人将首次登上世界杯足球赛决赛圈的赛场。

米卢之前，中国足球为什么一直打不进世界杯？米卢的“快乐足球”理念有什么赢球的奥秘？品牌是什么？是占领用户心智，是口口相传。“快乐足球”就是米卢赋予中国足球的品牌精髓，从这个角度来看，米卢堪称是品牌大师。

定位决定地位，思路决定出路。

中国队冲击世界杯九战八败

1. 1958年瑞典世界杯

新中国成立后，中国国家队曾集体去匈牙利留学。1957年，年轻的中国足球与世界杯足球赛有了第一次亲密接触，中国队首次参加了世界杯预选赛，但未能获得出线权。当时的主力球员包括年维泗、张宏根、陈成达、曾雪麟等优秀选手。中国队的第一个对手是印度尼西亚队，首场比赛在雅加达举行，中国队在全场占据优势的情况下最终以0：2饮恨客场。第二场比赛在北京举行，中国队以4：3取得了国际比赛的第一场胜利。根据当时的比赛规则，双方需要通过附加赛决定出线资格。在缅甸举行的附加赛中，中国队以0：0战平对手，因累计净胜球少而被淘汰出局。中国队第一次与世界杯说再见。

2. 1982年西班牙世界杯

十年“文革动乱”，足球被禁止了。1980年，“冲出亚洲，走向世界”的口号喊响重新回到国际足坛的中国足球，中国队在苏永舜教练带领下，在第十二届世界杯预选赛亚洲和大洋洲区比赛中第二次冲击世界杯。中国队与科威特、新西兰和沙特阿拉伯队一起进入第二阶段比赛。但沙特阿拉伯队最后一战不可思议地净输新西兰队5球，使后者的积分、净胜球均与中国队相同。按规定中国和新西兰队要进行附加淘汰赛，中国队最终以1：2不敌新西兰队，列小组第三而功亏一篑。

3. 1986年墨西哥世界杯

1985年，刚刚获得1984年亚洲杯亚军的中国队在主帅曾雪麟率领下第三次向世界杯发起冲击，当时队中主力有古广明、赵达裕、李华筠和贾秀全等特点鲜明的球员。在亚洲区预赛小组赛中，中国队首战客场以0：0战平香港队，随后以4：0和6：0两胜澳门队，8：0和4：0大胜文莱队，只需在最后一场主场北京对阵香港队的比赛中打平即可获得小组出线权。最关键的时刻中国队犯了轻敌错误，5月19日，在北京主场对香港队的比赛以1：2失利，只列小组第二名，未能进入第二阶段的比赛。一些球迷因为不能接受中国队失利的现实而出现了一些不冷静、不理智的言行，导致酿成轰动一时的“5.19”事件。“5.19”成为中国足球最惨痛的记忆。

4. 1990年意大利世界杯

1989年，曾经带队进军汉城奥运会的功勋教练高丰文出任中国队主帅，率领包括贾秀全、麦超、高升和唐尧东等名将的中国队第四次向世界杯发起冲击。分在亚洲区预选赛第五小组的中国队，在同孟加拉、泰国、伊朗等队的6场比赛中仅失一场，顺利进入了六强赛。六强赛中国队首战胜沙特阿拉伯队；次战阿联酋队率先攻入一球，眼看着胜利即将到手的时候，却在最后3分钟被对手反超比分；再战韩国队以0：1告负；随后1：0战胜朝鲜队。在最后一场同卡塔尔队的比赛中，中国队又是在一球领先的情况下最后3分钟被对手连入两球。两个“黑色三分钟”，彻底粉碎了中国队进军意大利世界杯的梦想。

5. 1994年美国世界杯

1993年，从德国请来的施拉普纳成为中国队第一位外籍主教练。施拉普纳率领傅玉斌、区楚良、谢育新以及高洪波、范志毅等队员，参加了第十五届世界杯足球赛预选赛。然而，这位洋教练也没能给中国球迷带来好运。预赛阶段分在亚洲区A组的中国队在约旦伊尔比德先后以两个0：1不敌也门队和伊拉克队，小组赛就折戟沉沙。

6. 1998年法国世界杯

1997年，戚务生接过中国队的教鞭，第六次冲击世界杯。第十六届世界杯决赛阶段比赛的参赛队由24个队扩编为32个队，亚洲区也由2支出线队增至4支，但中国队依旧没有把握住机会。中国队以5胜1平的战绩顺利进入十强赛。在十强赛中，中国队在大连2：0领先的情况下，被伊朗队连扳4球。在德黑兰，中国队再次以1：4大败给伊朗队。随后又在主场2：3告负卡塔尔。最终，中国队3胜2平3负积11分，以1分之差未能晋级。

7. 2002年韩日世界杯

在神奇教练米卢的带领下，中国队首次进入世界杯足球赛决赛圈。

8. 2006年德国世界杯

2002年12月，球员时期拥有着辉煌经验的荷兰籍主教练阿里汉正式成为中国国家队主教练。在2006年世界杯亚洲区预选赛小组阶段，中国队前4场比赛中取得了4战全胜的成绩。在第5场客场0：1输给科威特队后，由于净胜球比对手少两个，国足陷入了前所未有的危机中，在广州同中国香港队的比赛就成了背水一战，不仅要获胜，而且要尽可能地多进球。但在11月17日的比赛中，中国队以7：0大胜香港，而科威特在主场以6：1大胜马来西亚。中国队与科威特在相同积分、相同净胜球情况下，科威特凭借进球数多的优势晋级，中国队屈居小组第二被淘汰。赛后，中国足协的“计算能力”受到了嘲笑。

9. 2010年南非世界杯

2007年9月，两位洋教头杜伊、福拉多共同执教中国队，征战2010年世界杯。2008年6月14日晚，中国队在天津水滴球场1：2输给伊拉克，提前宣告小组出局，与南非世界杯说拜拜。一如四年前的广州天河，中国足球又一次在小组赛阶段即遭淘汰，而且这一次排名垫底，输得更惨。连续两届小组赛被淘汰，无疑成为中国足球的耻辱纪录。

10. 2014年巴西世界杯

2011年8月，西班牙著名教练卡马乔来到中国，正式成为中国国家男子足球队的第26任主教练。2011年9月6日，世界杯亚洲区预选赛中国队在客场1：2不敌约旦，这也是中国队27年来首次负于约旦队。尽管最后一场中国队4：0大胜新加坡队，但是由于同组的伊拉克3：1胜约旦队积12分，与约旦携手进入2014年巴西世界杯亚洲区预选赛10强赛，中国队被淘汰。继德国世界杯、南非世界杯之后，中国队又一次在亚洲区预选赛小组赛即被淘汰，堪称“扶不起的阿斗”。

神奇的“快乐足球”

中国人称博拉·米卢蒂诺维奇为“米卢”，这种简称虽不符合外国人的习惯，不称名也不道姓，但这种颇具中国特色的称呼透着十二万分的亲切，中国人喜欢这么叫，米卢蒂诺维奇也喜欢听。

作为足坛神奇教练，他在带中国国家足球队夺取世界杯决赛圈出线权之前，曾先后在几个足球弱国担任国家队主教练。从1986年以来，连续带领4支国家队（墨西哥、哥斯达黎加、美国、尼日利亚）杀入世界杯决赛圈16强，成为足球历史上的唯一，充满了传奇色彩。

米卢蒂诺维奇生于1944年9月7日。从小喜欢足球，曾效力于南斯拉夫著名俱乐部贝尔格莱德游击队，先后转会法国摩纳哥队和尼斯队，瑞士的温特图尔队。巅峰时期曾入选南斯拉夫国家队，1977年退役。作为队员，米卢并没取得惊人的成绩。

退役后，米卢改行当起了教练。1983年他漂洋过海，远赴墨西哥执教国家队，为在墨西哥本土举行的1986年世界杯赛做准备，率墨西哥队第一次打入世界杯八强。墨西哥足协非常感激米卢，希望他能继续留任。但四海为家的米卢喜欢挑战，先后又应聘担任阿根廷一家俱乐部队和意大利乌迪内斯队的教练，取得了不错的成绩。不久，足球弱国哥斯达黎加足协盛情邀请他出任国家队主教练，虽然收入并不高，但米卢义无反顾地走马上任，率领这支由业余球员组成的弱旅首次打入世界杯决赛圈。1990年6月在意大利世界杯赛上，米卢率哥斯达黎加队击败瑞典和苏格兰等欧洲强队，一举打入16强。7个多月的时间，米卢就创造了奇迹般的成绩。从此，米卢声名鹊起，获得了传奇教练的美名。

美国国家队看中了米卢带弱队能出好成绩的优势，特聘他出任美国国家队主教练。1991年，米卢坐在了美国国家队主教练的位置上，带队为1994年在美国举办的世界杯赛做准备。米卢没有教华而不实的技术，他用一套简练实用的打法把并无多少大赛经验的美国队送入了16强，其中战胜了赛前被球王贝利看好的哥伦比亚队。这是美国队历史上的最好成绩。非洲劲旅尼日利亚队有许多素质一流的球星，但由于种种原因，这个国家的足球水平起伏很大。为了备战1998年6月法国世界杯赛，尼日利亚足协签约米卢。米卢很快地将尼日利亚队整合成一支攻击力很强的球队，一举打入16强。

当中国队在屡屡冲击世界杯受挫，在聘请了施拉普纳和霍顿两位洋教练也没能成功的情况下，中国足协毅然下定决心，高薪签约米卢，立志夺取2002年世界杯决赛圈出线权。2000年2月，“米卢”号正式启航。

见多识广的米卢多方调研后，意识到必须找出中国足球在世界杯征程上屡战屡败的症结，对症下药。

由于举国体育的特殊体制，中国的足球运动员背负了沉重的包袱，“想赢怕输”的心理在很多场比赛中展露无遗，而背着包袱踢球是不能取得好成绩的，领先的时候不知道该怎么踢，落后的时候就慌了神。米卢上任伊始便敏锐地捕捉到了这个制约中国足球发展的症结。

米卢不愿意看到球员的沉重心态，不管是平时训练还是大赛之前，只要有闲暇，米卢就会热情地与球员在一起玩各种游戏，打台球，玩保龄，甚至在训练课上玩网式足球。在玩的过程中，米卢从不轻易地输给对手，而是利用规则允许的漏洞要赖，占小便宜。久而久之，不管是他的助理教练还是队员，都习惯了这种游离于规则边缘的“聪明”玩法，并逐渐地运用到赛场上。结果，再紧张的比赛，中国的球员再也不会像过去那样一遇到不公平的判罚就跟裁判急，与对手吵，犯不该犯的错误。只要规则允许，不论合理与否球员们都必须遵守。这是游戏，也是人生。

米卢宣称足球应该是快乐的，不要赋予它太沉重的东西。刚到中国时，米卢独特的训练方法和固执己见的行事风格，引来了众多非议。他也承受着较大的压力。

时间可以证明一切。在米卢的率领下，中国队在世界杯预选赛亚洲区第九小组的比赛中，共打进25个球，仅失3球，以6战全胜的成绩进入十强赛。在十强赛上，中国队6场比赛5胜1平高居榜首。2001年10月7日，中国队在沈阳五里河球场1：0战胜阿曼队，提前两轮打进世界杯决赛圈，圆了中国足球44年的梦想。

看完十强赛，无论是足协官员还是球迷都承认，心理稳定是中国队最大的进步。队员们在经历了十强赛后对米卢无不佩服。他的“快乐足球”理论是真正的寓教于乐，队员们没了负担，心理平和地对待每一场比赛，从而能够发挥出训练时最好的状态。

米卢特别强调团队意识，他认为队里没有不可或缺的球星，没有主力队员和替补队员之分，球队是一个整体。他要求队员从头到尾90分钟内保持高度的思想统一，遵守战术纪律，互相配合，整体作战，无论在场上还是场下都要尊重和支持自己的队友。为了让国脚充分领会团队精神，他为国家队播放了美国大片《热血男儿》，激励队员齐心协力。他妙手回春，化解了范志毅和郝海东之间长达10年的矛盾，增强了战斗力。

品牌长青始于定位

对于中国队晋级韩日世界杯32强，许多人认为有运气的成分，毕竟主办方日本、韩国“亚洲双雄”没有参加预选赛，而且中国队所在的小组没有伊朗和沙特两支西亚强队，因此预选赛的激烈程度有所下降。尽管此次世界杯有客观的因素在助力，然而不可否认的是，韩日世界杯以前的几届世界杯，中国队也曾经有过很好的出线机会，可惜最终都功亏一篑。米卢带领的国家队不仅顺利晋级，而且提前两轮出线，不能不说是神奇。

米卢带领中国队创造神话，“快乐足球”居功至伟。米卢之前，中国足球冲击世界杯44年无果，屡战屡败，屡败屡战，一次次的失利，一次次的泪水，让无数球迷揪心不已。无论土教练还是洋教练，都未能起死回生。米卢接手这样的烂摊子，可以说有很大的风险。那么他是如何将中国足球这个濒临倒闭的公司给盘活的？又是如何让中国足球的品牌形象发生一百八十度大转弯的？

1. 品牌诊断——功利足球

首先要找到问题的症结。世界杯在中国人的命运中是一个冲击的字眼，但是冲击却意味着一份沉重，我们常常选择一种风萧萧兮易水寒的悲壮情结，似乎除了此种悲壮之外，都无法充分表达我们的决心与份量。“想赢怕输”一直是中国足球的心理魔咒，这导致国足每每在关键时刻掉链子。“老江湖”米卢果断地发现了中国足球这块短板，并在接手中国队一年半的时间里，不间断地去补齐它。他说：“当你一门心思想赢得比赛时，很可能就会走入歧途。当时我用不断的比赛、经常性地输球，最后让队员们能平静地看待比赛的胜负。”

很多企业过于看重销售，就像中国队过于看重比赛结果，就会导致背负巨大的压力，从而陷入销量追逐的怪圈找不到突破口。比如2002年加多宝接手王老吉凉茶市场推广之前，王老吉主要在两广（广东、广西）销售，其他地区对王老吉凉茶仍然很陌生。当时企业市场人员向外省客户介绍王老吉的时候，大家第一反应是“这是啤酒还是酱油？”由于凉茶的区域性特点，在两广一带有很深的群众基础，然而消费者也普遍当作“药茶”服用，而养生则强调“是药三分毒”，如果王老吉是药，谁没事喝它？

2002年，加多宝接管王老吉之后，引入专业广告公司进行品牌诊断。经过系统梳理，发现王老吉的品牌缺乏一个清晰明确的定位，原来的广告语“健康永恒，永远相伴”其实是一个较模糊的概念，企业无法回答王老吉是什么，消费者更无法回答。

2. 品牌定位——快乐足球

功利足球在中国已经40多年，而深藏在背后的功利文化也已经两千余年。洋教头米卢能否将中国足球的品牌基因予以切换，如何切换？

这就需要谈到品牌定位。定位理论的首创者杰克.特劳特1969年指出，“定位就是让品牌在顾客的心智阶梯中占据最有利位置，使品牌成为某个类别或某种特性的代表品牌。这样，当顾客产生相关需求时，便会将该品牌作为首选。”

中国足球冲击世界杯屡战屡败，球迷十分不满，球员精神沮丧，中国足协面临巨大压力。受命于危难之际，米卢果断地提出了“快乐足球”的品牌理念，赋予中国功利足球全新的定位与基因。而正是“快乐足球”的定位与实施，使中国足球运动员彻底放下“想赢怕输”的心理包袱，从而能够全身心地投入到每一场足球比赛中，去享受足球运动带来的快乐，从而最终发挥出最好的竞技状态。中国队在2002年世界杯小组赛的胜利，与其说是战胜了对手，不如是说战胜了自己。

由此可见，成功的品牌定位足以改变市场的走势。加多宝公司与专业广告公司经过市场调查后发现，消费者在饮食时（特别是在享受煎炸、烧烤、香辣美食时）特别希望能够预防上火，而当时市场上的可乐、茶饮料、矿泉水、果汁等显然不具备“预防上火”的功能，而王老吉的“凉茶始祖”身份、中草药配方、125年历史等要素为其成功打造“预防上火”形象提供了有力的支撑，最终给王老吉明确了自己的品牌定位——“预防上火”。并且模仿可口可乐的外包装形式，大量生产红色罐装王老吉，强化“我是饮料不是药”。随着“怕上火喝王老吉”的系列广告等品牌推广活动的展开，王老吉的销售量直线上升，俨然成为凉茶的代名词，一个多年的区域性品牌一跃成为全国性的知名品牌。

无独有偶。劲酒是中国最富盛名的保健酒，在保健酒行业，其销售额、市场占有率、品牌知名度等各项指标均位居全国第一。保健酒是酒和保健品的复合品，这样的复合品很容易让当局者产生一种困惑：到底是当成酒来卖还是保健品来卖？市场的保健酒，除了劲酒还有鸿茅药酒、椰岛鹿龟酒、黄金酒，劲酒与其它保健酒的最大区别是：劲酒是当成酒来卖，而鸿茅药酒、椰岛鹿龟酒、黄金酒等酒是当成保健品来卖的。从结果看，劲酒显然是最成功的。如果把保健酒当成保健品卖，就大大提高了消费者的期望值，让消费者对产品的功效非常关注，如果喝完之后身体出现不适企业就非常被动。如果把保健酒当成酒来卖，消费者自然就不会过度关注产品的功能。劲酒从未直白地说自己的产品有些什么具体功能，而是诉之以充满人文关怀的“劲酒虽好，可不要贪杯噢”，给消费者的感觉就是反正比喝白酒好，何乐不为呢？另外一方面，虽然保健品利润高，但是保健品的需求量毕竟比酒的需求量要少，受众相对更窄。把保健酒定位为酒而不是保健品，可以说是劲酒取得市场成功的最重要原因。

在产品高同质化和分化的时代，必须为企业的品牌在消费者心目中占据一个独特而有利的位置，当消费者对该类产品或服务有所需求时，企业的品牌才能够在消费者的候选品牌类中跳跃出来。

哥聊的不是天，是寂寞！

在繁华的巴黎大街，曾经站着一个衣衫褴褛、头发斑白、双目失明的老人。他不像其他乞丐那样伸手向过路行人乞讨，而是在身旁立一块木牌，上面写着：“我什么也看不见！”街上过往的行人很多，看了木牌上的字都无动于衷。这天中午，一位著名诗人经过这里，他看看木牌上的字，问盲老人：“老人家，今天上午有人给你钱吗？”盲老人叹息：“我什么也没有得到。”说完神情非常悲伤。诗人听了，拿起笔悄悄地在那行字的前面加了几个字“春天到了，可是”，就匆匆离开了。晚上，诗人又经过这里，问那个盲老人下午的情况。盲老人笑着回答说：“先生，不知为什么，下午给我钱的人多极了！”前后为什么会有如此大的反差？因为盲人下午讨的不是钱，是春天。这就是品牌定位的巨大魅力。

3. 品牌传播——聚焦发声

米卢喜欢戴帽子，上面有一句经典的话“attitude is everything（态度决定一切）”，这个帽子几乎成了米卢标志性的招牌。快乐足球、态度决定一切，成为米卢、新中国队的品牌标签。通过聚焦于这两句核心信息，米卢将它贯彻到日常的训练中，在新闻通气会上反复讲，并通过载体（帽子、球衣、广告牌、海报等）进行现场呈现，再通过覆盖全国的电视台、报纸、网站，获得广泛的传播，使“快乐足球”的品牌理念深入人心。如果王老吉没有在中央电视台、地方电视台的广告轰炸，也不可能使“怕上火”的区隔定位能够获得全国消费者的认同。

4. 产品质量——努力赢球

当然，“快乐足球”无论多么玄乎，打铁还须自身硬，赢球才是硬道理。第四章也提到了，质量是企业赖以生存、发展、壮大的生命，对于球迷而言，精彩的比赛和最终结果是最最为关注的，这也就是球赛的产品质量。如果米家军打不进十强赛，打不进韩日世界杯，无论快乐足球还是梦想足球，都是白扯。

习大大萌翻了

2013年10月14日，优酷网头条区出现了一条名为《领导人是怎样炼成的》的动漫视频，这条视频播放到第2分35秒时，中共中央总书记、国家主席、中央军委主席习近平以卡通形象出现在网友面前，不少网友眼睛一亮，有的说“被雷到了”，称赞“习大大萌翻了”。

在视频中，习近平的卡通形象由标准头像加上卡通身躯组成，以他的晋升之路为例介绍了中国领导人的选拔过程，并与英美等国的领导人产生机制进行了对比。其他现任政治局常委以及毛泽东、邓小平、江泽民、胡锦涛等

前任国家领导人在视频中也先后以卡通头像出现。

以前，使用国家领导人的照片有着非常严格的规范，一般以刊发新华社照片为主，使用照片时也不能随意拼接、翻转，更不可能把领导人头像接到一个动画图像的身子上。过去领导人的形象比较严肃、刻板，这种把领导人卡通化的形式在很多人看来不可思议。

为什么会出现这种变化？因为新一届中央领导决定审时度势调整领导班子的定位，打造全新的亲民化领导人形象。如何亲民？如果一方面大讲特讲要亲民，一方面又高高在上，永远无法走进百姓心中。特别是对于已经在职场打拼的80后和陆续走上工作岗位的90后，他们是伴随着网络长大的一代，对于传统的生硬的说教式宣传，有着强烈的抵触心理。而漫画则是他们非常喜欢并容易接受的形式。

视频以动画的形式介绍了习近平从中国最基层干起，到县、市官员，再到福建、浙江、上海等省市一把手，然后从国家副主席，到党的总书记、国家主席的40余年从政历程，期间至少经历了16次大的工作调整，治理过的地区人口累计超过1.5亿。视频中以跳台阶的动画形式，比喻中国领导人的产生机制是“中国功夫”式的长期锻炼和选贤任能。在视频的末尾，有一段意味深长的总结：“条条大道通总统，各国各有奇妙招，全民总动员、一战定乾坤的票决也好，中国功夫式的长期锻炼、选贤任能也好，只要民众满意、国家发展、社会进步，这条路就算走对了。”看似漫不经心，实则反复推敲、精心锤炼而成。

这则视频选择在十八届三中全会召开前夕进行播放，意图非常明显，就是让中国的老百姓、国际社会更加了解中国的领导人和领导选拔机制。

从某种角度上说，动漫视频《领导人是怎样炼成的》以全新的形象定位、巧妙的呈现形式、合适的播放时间征服了网民，是一次非常成功的“国家公关”，新一届中央领导在老百姓心中的形象也更加亲民、更加可爱。

特别值得注意的是，2014年4月29日，新中国五代领导人的漫画像亮相正在杭州举行的第十届中国国际动漫节，再次引起了不少媒体和观众的注意。

海底捞为什么学不会

有本书叫《海底捞你学不会》，可是几乎所有的商学院都在研究海底捞、学习海底捞。海底捞为什么学不会？

中粮集团董事长宁高宁曾经说过：“为了搞清海底捞到底是怎么回事，我和夫人曾在北京一个寒风刺骨的夜晚悄悄到海底捞排队候餐，我们感受到的是一群态度不同的员工，他们乐观、主动，还带着强烈的自豪感，他们笑着的眼神中传达出诚恳和欢迎你来的意思，走起来很快像小跑，想让你满意的意图很强。”

创新的服务方式可以被竞争对手很快抄袭，但是店员发自内心的服务意识，是永远无法抄袭的。

成立于1994年的海底捞火锅店，可以说是餐饮市场的后来者，海底捞为什么能够在全国迅速崛起，成为大家吃火锅的首选品牌？

董事长张勇为海底捞制定的广告语是“好吃的火锅会说话”，如何让火锅说话？无论是涮肉，还是汤料，都已经被东来顺、小肥羊牢牢先行占领，海底捞如何突围？

民以食为天。中国人见面说得最多的一句话是“吃了吗”，虽然体现出以前一直吃不饱的状态，然而现在大家生活水平提高了，想到最先改善的还是自己的嘴巴。加上工作和生活需要，各种聚餐每天都在上演。于是乎，餐馆里经常人满为患，吃饭需要排队需要等待已经成为一种常态。等待，原本是一个痛苦的过程，海底捞却把这个时间段变成了一种愉悦：手持号码等待就餐的顾客一边观望屏幕上打出的座位信息，一边接过免费的水果、饮料、零食；如果是一大帮朋友在等待，服务员还会主动送上扑克牌、跳棋之类的桌面游戏供大家打发时间；或者趁等位的时间到餐厅上网区浏览网页；还可以来个免费的美甲、擦皮鞋。

你吃的不是火锅，而是服务。服务没办法吃，但是吃的过程却很舒服，体贴、温馨，从每一个细节中，让顾客感受到温暖，这就是服务的价值。在海底捞，顾客能真正找到“上帝的感觉”，甚至会觉得“不好意思”。但不得不承认，海底捞的服务已经征服了绝大多数的火锅爱好者，顾客会乐此不疲地将在海底捞的就餐经历和心情发布到网上，越来越多的人被吸引到海底捞，好吃的火锅果然会自己说话。

一个流传很广的故事是，一位顾客结完账，临走时随口问了一句：“怎么没有冰淇淋？”5分钟后服务员拿着可爱多气喘吁吁地跑回来：“让你们久等了，这是刚从超市买来的。”孕妇会得到海底捞的服务员特意赠送的泡菜，分量还不小；如果某位顾客特别喜欢店内的免费食物，服务员也会单独打包一份让其带走……

餐饮行业属于低附加值行业，虽然许多餐馆成天高呼“顾客是上帝”，然而真正能做到的少之又少。海底捞专注于每个服务细节，让每个顾客从进门到出门都体会到“五星级”的服务：停车有代客泊车，等位时有无限量免费零食提供，有免费擦鞋、美甲以及宽带上网，还有各种棋牌供大家娱乐；为了让顾客吃到更丰富的菜品可点半份菜；怕火锅汤溅到身上为顾客提供围裙，为长发顾客递上束发皮筋，为戴眼镜顾客送上擦眼镜布，为手机套上塑料袋；洗手间也有专人为你按洗手液、递上擦手纸巾。服务员不仅熟悉老顾客的名字，甚至记得一些人的生日以及结婚纪念日。服务员“五星级”的体贴服务使得每一位顾客在内心深处感到欠了海底捞的感情债，以致变成回头客和忠诚顾客，甚至帮助海底捞到处宣传。

套用小品里那句台词“哥聊的不是天，是寂寞”，海底捞卖的不是火锅，是服务。这就是海底捞的创新定位。肉麻式服务、变态服务……在海底捞，粉丝们真正能享受到“花便宜钱买到星级服务”，毫无疑问，这样贴身又贴心的“超级服务”经常会让人流连忘返，一次又一次不自觉地走向这家餐厅。

海底捞的成功，一方面是通过专注于服务的差异化定位征服每一位消费者，通过其口口相传影响其他的潜在消费者，当然另一方面不可忽视的是，在微博、微信等社会化媒体平台营造话题塑造口碑，比如微博上轰动一时的“人类已经无法阻止海底捞”。

巧乐兹神奇棒签玩转浪漫

一支雪糕棒可以发号施令，要求男朋友/老公做一件事——这不是天方夜谭，而是2014年正在全国上演的纪录片。每一位女生，都可以成为纪录片的女一号。

作为伊利冰品的主推产品，巧乐兹2003年一上市就创造了2亿多元的业绩，其“喜欢你，没道理”的品牌宣传口号，说出了年轻一代的心声。在前几年，巧乐兹主要依赖电视广告和代言人（张韶涵、罗志祥、Angelababy）的影响力，建立起品牌知名度以及在消费者心中的品牌地位。

2012年，巧乐兹的主要竞争对手和路雪可爱多推出了青春爱情观点系列微电影《这一刻，爱吧！》，整个微电影延续可爱多一贯的“青春爱情”路线，力邀亚洲当红偶像剧小生陈柏霖担任“爱情专家”，首创“爱情象限”理论，演绎当下青年男女的爱情观，微电影播出后受到80后90后的疯狂追捧，产品销量直线上升。

在冰淇淋市场，经过多年的发展，产品的同质化已经非常严重，很难从口味上与竞品做出区隔。走情感路线，进行情感营销，打造浪漫概念，成为冰淇淋品牌的共识。巧乐兹引入消费者喜欢的人气明星做代言人，并在广告中反复强化“喜欢你没道理”即可见一斑。

随着互联网的飞速发展和移动互联的快速普及，传统的宣教式电视广告已经难以打动新一代的80、90消费者。可爱多审时度势创作微电影，强化浪漫标签，已然走在了巧乐兹前面。巧乐兹将如何应对？

必须强化“浪漫”的定位，实现品牌与“浪漫”的强关联！只有将浪漫与巧乐兹绑定，实现捆绑记忆，抢占用户心智，才能将巧乐兹多年的品牌积淀转化为强有力的品牌资产和品牌壁垒，才能持续领先于和路雪。

如何强化？

2013年，在奥美的帮助下，巧乐兹创新性地在雪糕棒签上印上了“我喜欢你”，推出了“浪漫告白季”主题活动，鼓励男生通过巧乐兹的神奇棒签大胆地向心爱的女生发起表白，将年轻受众渴望体验浪漫感觉的偏好与“喜欢你，没道理”品牌主张进行巧妙结合。同时还推出了“伊利巧乐兹血型告白四部曲系列”，每一部微电影都引得网友极大关注。数十万网友参与了人人网平台的“浪漫告白季”主题活动，最后抽取了参与撰写告白故事的前50名免费去往丽江、济州岛、巴厘岛浪漫圣地旅游，并派专人陪同一路跟拍。巧乐兹的“喜欢你，没道理”品牌主张得到了延续，巧乐兹时尚、浪漫的品牌个性也展现得淋漓尽致。

有意思的是，2013年可爱多也没闲着，继2012年推出微电影并引发“爱情象限”大讨论之后，推出了《这一刻，爱吧2013》，再创“爱情时态”全新概念，演绎春夏之交的爱情狂潮。看来可爱多也要把浪漫进行到底！

如何既能与可爱多形成区隔，又能延续“浪漫告白季”的品牌基因？奥美、迪思、伊利三方团队经过多次头脑风暴，决定在浪漫告白季的基础上进行传承与创新，经过调查研究，我们了解到许多消费者觉得棒签上的文字太单一，玩得不过瘾，不由想起80后、90后情侣喜欢掷色子来确定谁做饭、谁洗衣服之类，何不把这种有意思的创意引入棒签？最后讨论表决时，没想到大家一致同意。

于是，2014年的主题创意“浪漫指令季”就新鲜出炉了。这一次，巧乐兹的棒签印上了十句不同的话，每一句话就是一个指令，无论你是女生

还是男生，只要打开的棒签上有一句指令，女生就可以要求男生去完成这项任务。怎么样？够有趣吧。而且只要上传照片，就有机会获得iPhone、iPad等大奖。如果你还没有尝试过，那就赶紧去商店见识一下吧。

可以预见的是，2015年，雪糕棒签又有新玩法。但无论怎么变，浪漫的核心不会变。这就是巧乐兹最成功的品牌定位。巧合的是，巧乐兹浪漫指令季4月中旬上线的时候，可爱多的微电影《这一刻，爱吧2013》也同步播出，不过这一次明确标出了终极版，看来可爱多微电影的创意或许已经穷尽。那就期待2015年巧乐兹的大片再次上演浪漫吧。

快乐营销"有种你吻我"

伊利每益添是伊利集团研发中心与丹尼斯克公司联合研发的高端活性乳酸菌系列饮品，能够帮助消化、促进健康。2014年初，每益添推出了"快消化 快乐活"的品牌价值主张，并在原来代言人杨幂的基础上引入一位新代言人阮经天，如何借势情人节策划微博互动活动，传递每益添快速消化的产品功能和快乐生活的品牌理念？

每年情人节期间，各种微博活动层出不穷，如果没有什么特色，信息很容易就被淹没，难以引起粉丝的注意。迪思传媒团队和伊利团队经过头脑风暴后发现，2014年情人节适逢元宵节，双节合一非常罕见，基于这一背景，我们意识到，这个情人节不能只打传统的情侣牌，活动策划中还应加入亲情的元素。

晒照片，因为简单易操作，参与度高，是微博活动最常用的形式。一般情人节期间会用奖品吸引粉丝晒情侣照，但是如果仅仅是情侣照，就与往年的情人节活动没什么区别，必须引入新的力量，激活品牌理念的"快乐"基因。

在不断碰撞中，一个大胆的创意浮出水面。用“吻”作为主题，鼓励大家大胆秀出自己的吻，除了情侣的吻，还有父母与孩子的吻，闺蜜之间的吻，甚至基友之间的吻，够雷人吧。

基本的创意思路有了，还得需要一个响亮的主题。

新代言人阮经天的加入不能忽略。以前，每益添主要定位于女性群体，市场增长非常稳定，销售人员发现，有一部分男性消费者也在长期饮用。2014年，伊利于是为每益添引入了一位男性代言人——第47届台湾电影金马奖最佳男主角阮经天。新代言人的加入，使原来过于温柔、斯文的微博角色需要发生转换，需要来一点更加生猛的血液。

有种你吻我！——够气势的主题吧，但又不显得霸道。无论男对女，女对男，或其他，都可以喊出“有种你吻我啊”。别一本正经地说喜欢我or爱我，有种你就吻我！让Kiss证明一切！无论是情侣、闺蜜、好基友，有种你就来参加！活动发起后，迅速引发大量网友围观讨论，参与晒照片。

通过一次微博活动，传播品牌理念与产品功能难以兼顾，在这次情人节借势营销的微博策划中，我们舍弃了产品功能，主要诉求“快乐活”的品牌理念，使粉丝在轻松愉快的氛围中记住活动、参与活动，与每益添品牌进行了一次互动沟通，对每益添这个品牌又多了一份信任。

邓亚萍兵败即刻搜索

2013年11月，邓亚萍和她掌舵的即刻搜索，成了焦点新闻。可惜，这样的焦点也宣布了一个时代的终结。光环四射的乒乓女王，2年花光了20亿投资，被无情的市场彻底地击溃。即刻搜索，即刻倒闭。

胜者王侯败者寇。邓亚萍兵败搜索引擎，其教训至少有三点。

其一，计划经济的思维撬不动市场经济。其实国家队从来就不是万能的，除非在垄断领域。不幸的是，邓亚萍天真地以为，国家队在充分竞争的互联网市场也能像两桶油、三大运营商一样全国山河一片红。邓亚萍喜欢说一句话：“我们本身代表的是国家，你（百度）不用打败我们，你应该多帮助我们，多给我们出主意。我们最重要的不是赚钱，而是履行国家职责。”其实打败即刻的不是百度，而是它自己。从邓亚萍这句话里就能看出这个公司完全没有市场化的思维，仍然以行政化的色彩经营互联网公司，这就注定了它的失败。

其二，没有差异化定位就没有持续的用户。很多行业都面临同质化越来越严重、消费者不知所措的现象，在竞争充分的互联网行业尤甚，这就需要提取品牌的差异化基因。面对谷歌当年在搜索引擎领域的霸主地位，百度是如何凸显差异化让用户接受的？在分析论证之后，百度确定了“百度更懂中文”的核心竞争优势，并策划制作了“刀客篇”、“唐伯虎篇”、“孟姜女篇”、“名捕篇”4个经典广告，使百度“更懂中文”的优势在与谷歌PK中深入人心。那么，面对百度的霸主地位，即刻搜索的差异化优势和定位又体现在哪里？不知道邓亚萍的团队有没有进行总结，反正我们不知道。不过据说它的搜索结果几乎没有任何广告，如果是真的，何尝不是打击百度的一个差异点？毕竟百度的竞价排名早已饱受诟病。不敢把皇帝拉下马，永远当不了皇帝，只有随时等着被宰。

其三，加速前进才能后发制人。后来者要想后发制人，要么在技术上能够进行革新取代先辈，要么就是加速度前进超越先人。腾讯后来居上即是技术上的创新（微信），百度后来居上则是加速度前进的典型。对于邓亚萍领军的即刻搜索而言，指望其技术上能有突破性的革新似乎不现实，那唯有以更快的加速度前进才能追赶先行者的步伐。然而，两年多我们并未看到即刻搜索有什么市场动作，哪怕是旨在提高品牌知名度的炒作，也很少。

赢
输

“章鱼哥”真能预测世界杯的比赛结果吗？当然不能。它之所以能够准确地预测出多场比赛的胜负，关键是在它背后有着一支强大的参谋团队。这支参谋团队根据数据分析、情报分析，基本上能够对一场比赛的走势做出判断。而“章鱼哥”的饲料是人为可以控制的，参谋团队利用“章鱼哥”的饮食习惯，可以将预判的结果，通过“章鱼哥”的行动来展现给全世界的球迷。

第十章
造势当学“章鱼哥”
——营销就要“没事找事”

2010年南非世界杯，一只小小的章鱼，其风头甚至要盖过齐达内、梅西。据说这只章鱼成功预测了多场比赛的结果。你信吗？反正我不信。

如果章鱼真能预测比赛结果，或许人类就要交出地球的统治权了。这是一个信息爆炸的时代，要想引人注目，要想信息不被淹没，就必须折腾点事出来。

阿基米德说：给我一个支点，我就能撬起整个地球。对企业来说，事件营销就具备成为这个支点的能力。大企业通过事件营销保持品牌的持续影响，而小企业通过事件营销避免自己与大企业在正面碰撞中的劣势，实现品牌露出。简而言之，企业都想“出点事”。

你的企业出事了吗？没出事？那你可不能再等了，赶紧整点事出来吧。

章鱼哥真能猜胜负吗

章鱼保罗，2008年1月26日出生于英国的多塞特，生活在德国的奥博豪森海洋馆，最爱食物为贻贝。章鱼保罗这个名字是取自于德国儿童作家波尔洛生所作的诗《章鱼保罗》。2010年南非世界杯期间，保罗成功预测了德国胜澳大利亚、加纳，输给塞尔维亚的小组赛赛果，和1/4决赛德国击败阿根廷，紧接着又成功预测德国对战西班牙0：1告负。然后又成功预测德国3：2击败乌拉圭，最后又成功预测了西班牙1：0战胜荷兰夺得世界杯冠军。南非世界杯预测准确率100%，8场全中！

2010年7月9日，当保罗为世界杯最后两场比赛做出预测时，全球至少有50位媒体记者齐聚水族馆，对它进行现场直播。甚至一向以时事报道著称的CNN也插播了保罗的预测画面。

忿忿的德国球迷开始在网络上发布“章鱼的五种烹饪方法”。西班牙首相萨帕特罗立即表示说，他将为保罗派遣动物保护团队，提供国家重点保护。而西班牙环境和渔业部长埃斯皮诺萨则半开玩笑地声称，将在欧盟部长理事会提议为保罗设立禁渔令，以避免它被德国人吃掉。

2010年10月26日，全世界大大小小的媒体都报道了一条新闻“章鱼保罗于德国当地时间10月25日夜间去世”。德国奥伯豪森水族馆经理斯特凡.鲍沃尔表示，会为保罗立一块墓碑，他还说：“对于一个海洋生物来说，这样做可能是很不寻常的，但是保罗在短暂的生命里赢得这样大的声誉，它值得我们用这种方式纪念它。”

如今，章鱼保罗早已不在了，即便如此，人们仍然没有忘记它。这不，动画电影《章鱼哥》终于赶在巴西世界杯之前上映了，在影片里章鱼保罗的儿子保罗二世接过父亲的预言接力棒，继续预测巴西世界杯的比赛结果，挑战父亲的预测成绩。

“章鱼哥”真能预测世界杯的比赛结果吗？当然不能。它之所以能够准确地预测出多场比赛的胜负，关键是在它背后有着一支强大的参谋团队。这支参谋团队根据数据分析、情报分析，基本上能够对一场比赛的走势做出判断。而“章鱼哥”的饲料是人为可以控制的，参谋团队利用“章鱼哥”的饮食习惯，可以将预判的结果，通过“章鱼哥”的行动来展现给全世界的球迷。

“章鱼哥”在全球引起轰动，最终得利的是德国奥伯豪森水族馆，通过“章鱼哥”保罗的预测判断，在全球范围内引起了关注，知名度得到了很大提升。在“章鱼哥”的影响之下，德国奥伯豪森水族馆官方网站点击率暴增，欲前往该水族馆参观的游客也大幅增加。

奥伯豪森水族馆负责人安娜.波特曼在接受记者采访时表示，大约90%的游客都会问“保罗在哪里？”她说：“我们无法确认保罗到底给我们带来了多少额外的客源，也许几周之后，世界杯热潮过去了，我们才能大致了解保罗究竟吸引了多少人。当然，我们也希望人们能够继续来看保罗。‘保罗猜球’当然是一次有意为之的推广活动，但我们起初确实没有想到，保罗的知名度会变得那么高，以至于我们接到了来自世界各地的采访请求，大概有一百多次，这是我们始料未及的。”

没有故事的品牌注定短命

有人说，人的大脑上存储记忆的地方只有6英寸宽，就像汉堡那么宽。网络空间虽然巨大，网络资源虽然取之不尽，但实际上网络营销是在占领网民“6英寸”的地盘。

一代伟人毛泽东说，“在意识形态领域，如果马克思主义的东西不去占领，那么非马克思主义的东西就要去占领。”在市场营销领域其实也是一样的，人的大脑空间是有限的，所以如何迅速“占位”是很重要的，也是很需要技巧的。

如何在被信息填满的消费者脑袋中成功占领一片领地？有这样一则笑话：

布什说：“我们准备干掉4000万伊拉克人和一个修单车的。”

CNN记者：“一个修单车的？！为什么要干掉一个修单车的？”

布什转身拍拍鲍威尔的肩膀：“看吧，我都说没有人会关心那4000万伊拉克人。”

这个冷笑话说明了一个道理：公众的注意力总是被不同寻常的事情所吸引。

“烟王”褚时健，一个备受争议的风云人物，一个特定时代的政策牺牲品。2012年，在被人遗忘了多年后，84岁的他奇迹般地复出，而且带来了一个全新的产品“褚橙”。

女儿在狱中自杀身亡，自己又身陷囹圄，这对于一个70多岁的老人来说，不可谓不是他这一生中摔得最痛跌得最惨的一跤。王石感慨地说：“如果我遇到他那样的挫折、到了他那个年纪，我会想什么？我知道，我一定不会像他那样勇敢。”

然而他并没有自暴自弃，而是在保外就医后承包了2000亩荒山开种果园。这时他已经有75岁了，身体不好，他所要承包的荒山又刚经历过泥石流的洗礼，一片狼藉，当地的村民都说那是个“鸟不拉屎”的地方。然而，他成功了！

值得注意的是，褚橙原名“云冠冰糖橙”，在竞争激烈的水果市场中并无特别之处，因此销售很艰难。后来褚妻马静芬打出一条“褚时健种的冰糖橙”的横幅，很快销售一空，“褚橙”的名字也很快被叫开了，“云冠”反倒被渐渐淡化。经媒体追踪报道后，褚橙背后励志的故事被无限放大，通过电商平台的助推，褚橙销量直线上升。哥卖的不是橙子，是励志！可见品牌名称和品牌故事是何等重要。

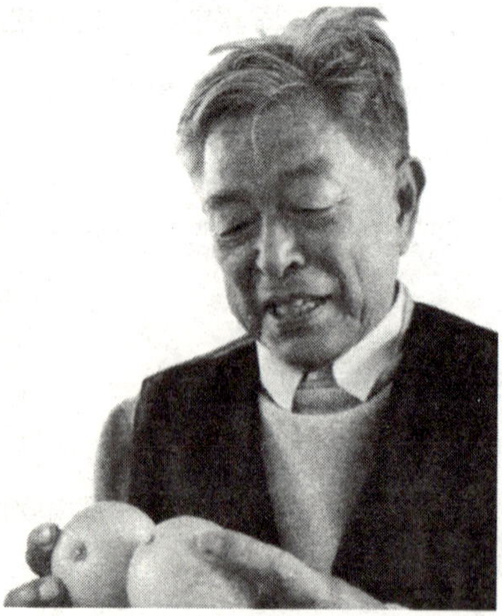

传统消费者行为模式AIDMA理论认为，消费者从接触商品信息到最终达成购买，会经历五个阶段：A

（Attention）引起注意，通过媒体广告、终端促销等方式获知商品信息，并引起对该商品的注意；I（Interest）对信息产生兴趣，进而对商品产生兴趣；D（Disre）培养欲望，消费者对该商品形成购买欲望；M（Memory）形成记忆，通过广告等传播形式的反复作用加强记忆，形成对该商品的深度认知；A（Action）促成行动，最终购买该商品。

随着互联网的普及，无论是谁都能很容易接触到各种信息的今天，当消费者注意到商品、服务或广告之后，开始对感兴趣的信息主动进行深入发掘，并将获得的信息与他人分享，这种主动的信息接触越来越普遍。也就是说，从企业（信息发送方）到消费者（信息接收方）的信息传递之外，消费者自主进行的信息搜索与信息分享这两大行为特征对最终决定购买起到越来越重要的作用。消费者行为模式从AIDMA变成AISAS，前两个阶段与AIDMA模式相同，但第三个阶段S为Search，即消费者主动进行信息的搜索；第四个阶段A为Act，即达成购买行为；最后一个阶段S为Share即分享，将使用体验与其他人进行分享。这是一个乐于分享的时代，因此，如果企业的营销传播足以引起网民关注，就会引发网友的主动传播。这也就是“没事找事”的最大魅力。

Web2.0最大的贡献就在于互动，这也是它与传统媒体最大的差别。它通过关系把人们联系在一起分享观点、价值，并进行交流和沟通，形成“让大家告诉大家”、“一传十十传百”的口碑传播。在BBS、SNS等社区内网站，信息、媒体、受众形成“三合一”的局面，人人都成了信息源的传播者、制造者，比传销更公开、更迅猛、更可信的病毒式营销，正在悄悄地向每一个网民侵蚀。一不留神，人人都成了“病毒携带者”。

将传统的营销事件打破、切割成一个个残缺不全的碎片，让网民发挥想象的空间、自娱自乐，会收到意想不到的效果，如封杀王老吉、可口可乐在线火炬传递、长安奔奔个性婚礼车队等。

没事找事的方法

“没事找事”的营销方法古已有之，中国历朝历代农民起义，大凡起事者会请谋士造势，在鱼肚子里弄一个“天书”，或以其他方式弄一个口诀、民谣之类，教会小孩，四处传播，形成人造的“口碑效应”。

在国外，对于“没事找事”也乐此不疲。2009年5月6日澳大利亚大堡礁“护岛人”的全球选拔工作结束，幸运儿英国人本·索撒尔获得了这份“世界上最好的工作”，他将有6个月的时间徜徉于白沙碧海之中，向世人展示大堡礁的风情美景，这波从当年1月9日开始掀起的全球“大堡礁”推广活动达到了高潮。为提升大堡礁的国际知名度，澳大利亚昆士兰旅游局策划了此次网络营销活动：在旅游局官网面向全球发布招聘通告，并为此专门搭建了一个名为“世上最好的工作”的招聘网站，招聘大堡礁看护员。网站提供了多个国家语言版本，短短几天时间网站吸引了超过30万人访问，导致网站瘫痪，官方不得不临时增加数十台服务器。“世界上最好的工作”共吸引来自全球200个国家和地区的近3.5万人竞聘，包括11565名美国人、2791名加拿大人、2262名英国人和2064名澳大利亚人，来自中国的申请者就有503位。这样一次招聘活动吸引了全球的目光，据昆士兰旅游局称，整个活动公关价值已经超过7000万美元。

2010年，韩寒披露，在他的新作《1988：我想和这个世界谈谈》限量版中，每本书附送了价值3000元的足金。“‘书中自有黄金屋’，我用最直接最粗俗的方式印证一回。”此事一经公开，立即引起了舆论很大反响。有人称韩寒的形象因此“再一次高大起来”，认为他是在用“最实在的方式彰显知识的价值与力量”。和以往一些限量版、珍藏版图书的营销方式有所不同，《1988》没有采用卖包装的盈利形式，而是倒贴钱，赔本赚吆喝，这自然容易博取读者好感，也和韩寒自身形象十分契合。

2012年，1300年前过得颇为凄苦的“诗圣”杜甫的形象被彻底颠覆了：“杜甫”他老人家不但被“穿越”到现代，骑摩托、逛超市、打篮球、路边摆摊卖西瓜，甚至还变身成骑着扫帚的哈利·波特……最后连成都杜甫草堂博物馆都参与进来，大呼：包容有尺度，娱乐有底线。而有意思的是，名不见经传的杜甫草堂博物馆，自从“杜甫很忙”之后，他们也开始很忙起来，接待来自全国各地的游客。到底是杜甫草堂博物馆炒作了杜甫，还是网友的无厘头救了杜甫草堂博物馆？恐怕永远是一个解不开的谜。无论如何，感谢杜甫给悲催的2012年带来一丝欢乐。

“没事找事”的方法有很多，下面主要介绍一下最常见的五种方法，即借热点、造概念、绑名人、反潮流、随机变。借热点，亦即借助重大事件、节假日进行搭车，获得免费的传播资源，要点在于将借助对象与品牌本身能进行有机结合，不然每年都有那么多品牌在借势，为什么我们能记住的却廖廖无几。造概念，亦即将复杂的专业术语转化为普通消费者能听懂、能快速达成记忆的关键词。绑名人，亦即绑定名人沾点光，给品牌贴点金，当然前提是获得名人的授权，如果没有授权就会引发纠纷。反潮流，亦即当许多品牌都在借势热点策划营销事件时，反其道而行之。随机变，亦即根据临时发生的突发事情随机应变，引导舆论，巧妙转化为品牌的传播机会。

“没事找事”一定要把握好分寸，若内功欠佳、处理不当，不仅不能达到预期效果，还会“搬起石头砸了自己的脚”。例如电视剧《康熙王朝》中，八王爷就苦心积虑地利用一个道士编造了一个自己适合继位的事件，结果非但没有得逞，反被精明的康熙皇帝识破，从而推动了康熙的信任。

借热点：杜蕾斯五环和鞋套

五只不同色彩的套套组成一个奥运五环的标志。“不是每个男人，都想成为世界上最快的那个。”——看到这个广告，真是让人忍俊不禁。杜蕾斯不愧是世界安全套第一品牌，连借势奥运会的广告都这么有水平。由于杜蕾斯的赞助金额未达到规定标准，因此并非2012年伦敦奥运会官方赞助商，如何做到既不违反奥组委的规定，又能巧妙联系奥运？这支广告相信没有让你失望。

说起借势营销，杜蕾斯绝对是老手。

2011年6月23日下午5点多，有的公司已经下班，有的即将下班，一场突如其来的暴雨袭击了北京城。对于普通人而言，这只是一场暴雨，或觉得耽误了回家的时间叹一声气而已，或觉得干燥的首都早该来一场雨了。对于营销人而言，这绝不是一场普通的暴雨。起码，杜蕾斯的营销团队已经开始头脑风暴了，围绕借势的话题，大家争得不可开交。最后决定要借势，要快，要与暴雨赛跑。

如何借势？必须找到杜蕾斯与暴雨之间的关联点。把杜蕾斯戴在头上躲雨？能撑那么大吗？是躲雨重要还是走路重要？北京的地下排水系统，那可没法和南方城市比的，一会儿的功夫积水就很深了。

得了，套脚上吧！创意就这样出炉了。17：58，名为“地空捣蛋”的草根微博，发出了第一条微博：北京今日暴雨，幸亏包里还有两只杜蕾斯，并配了3张图，阐述了用杜蕾斯避雨的方法——第一步，撕开随身携带的杜蕾斯，第二步把杜蕾斯套到鞋上，第三步放心涉水前进。“杜蕾斯鞋套”就这样诞生了。随着杜蕾斯官方微博的评论和大V的相继转发，鞋套事件迅速升温。

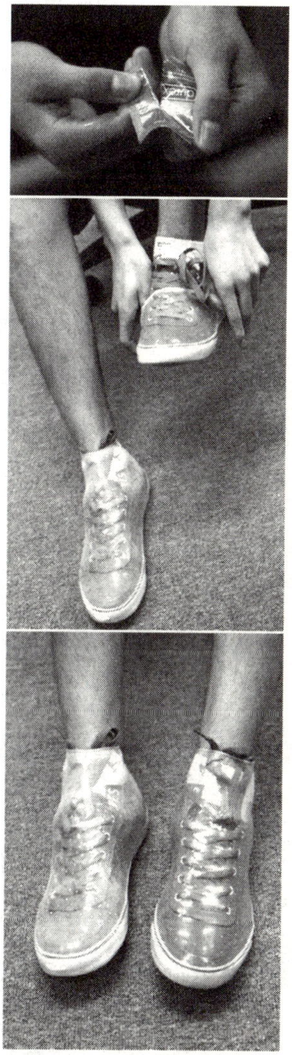

2011年6月23日晚，“地空捣蛋”发出的微博在不到两分钟的时间内就被网友迅速转发了100多次，且转发人数在不断增加。18：30，该条微博转发已经超过1万，杜蕾斯官方微博的维护人员忙得不可开交，众多网友的评论需要回复。20：00时微博转发数量超过了3万条，24：00时超过5万8千条。当天，这条内容牢牢占据了新浪微博转发排行榜第1名，把北京暴雨引发的热点话题远远抛在身后。

不可否认，杜蕾斯几乎是所有官方微博中最喜欢和粉丝沟通的，这主要体现在紧抓微博热点以及不断与意见领袖即时互动。例如，曾经有网友把益达口香糖的广告词改成：“兄弟，油加满……你的杜蕾斯也满了”并@了杜蕾斯，随后杜蕾斯立马回复道：“杜蕾斯无糖避孕套，关爱牙齿，更关心你。”

造概念：1+1哥德巴赫猜想

2009年以前，东风日产在中国车坛的地位并不像今天这么光鲜，没有一款能够让业界为之一震的主打车型，没有十分突出的销售名次，大家对东风日产的印象更多地停留在公务车蓝鸟、阳光，而这种固有的印象无法有效转化为在乘用车大众消费市场的品牌优势。可以说，东风日产在乘用车市场的地位并不牢固，用“前有堵截、后有追兵”来形容一点不夸张，所谓前有堵截亦即南北大众（一汽大众和上海大众）、上海通用、北京现代、一汽丰田势不可挡，后有追兵亦即被奇瑞、吉利、比亚迪等国产品牌紧紧追赶。

基于这样的背景，东风日产在2009年启动了“1+1哥德巴赫猜想”，这样一个很有话题的概念很快就吸引了媒体的注意力，国内主流媒体争相报道。究竟如何理解“1+1哥德巴赫猜想”呢？“1+1”是指全车系市场占有率第一、主打车型天籁市场占有率第一，之所以称之为“哥德巴赫猜想”，是因为数学上的“1+1”一直没有被人证明，中国大数学家陈景润也只是证明了“1+2”，说明实现“1+1”确实是有难度的。“1+1哥德巴赫猜想”是东风日产市场销售总部副总部长杨嵩的杰作，“1+1”可以理解成是东风日产要实现的市场目标，也可以理解成营销战略。

正是在“1+1”的战略指导下，东风日产加快了新产品上市的步伐，和经销商的合作关系也更加紧密，同时也赢得了更多消费者的信任，近几年东风日产已稳踞中国车市前五强。东风日产“1+1”是一次相当成功的营销，对于市场营销工作有哪些启发？

启发1：打造形象化、易记忆的概念。“1+1”的本质其实就是两个市场占有率第一，这个是许多市场、销售一线人员经常挂在嘴边的一句话，可以说一点都不新鲜，新鲜的地方就在于把两个第一绑在了一起，而且和数学上著名的“哥德巴赫猜想”进行了捆绑，使原本很普通的关于市占率的描述马上“高大上”起来，听众马上被勾引起来想一探究竟。

启发2：挖掘优势资源放大品牌影响。东风日产旗下的车型很多，如蓝鸟、阳光、天籁、轩逸、骊威等，但是没有一个车型能够在细分市场排名第一，因此消费者很难留下深刻印象。如何挖掘企业的现有优势，让消费者能够形成核心记忆？除了对2008年6月上市的新天籁重点发展外，东风日产找到了一个“全车系”的角度，我不是单一车型没优势吗，那我就打“集体冠军”的概念，就像中国体育虽然田径不行但是在奥运赛场拼金牌总数一样。

启发3：分解营销目标实现概念落地。“1+1”的概念有了，也能自圆其说，那得想方设法去努力实现吧，不然如果只是空中楼阁海市蜃楼，那就是一阵风，对于品牌的长远发展毫无价值。对此，东风日产以城市为单位进行各个击破，也就是说，“1+1”这个双第一的目标并不是要一下子在全国实现，而是分解到各个城市，这样既降低了“哥德巴赫猜想”的实现难度，又有了源源不断的话题，可谓一举两得。据统计，2009年东风日产在13个城市22次实现“1+1”，2010年东风日产在47个城市共86次实现“1+1”，2011年东风日产在83个城市共196次实现“1+1”，实现了品牌与销售在各区域市场上的“双丰收”。

绑名人：克林顿夫人的内裤

日本有一个女性内衣品牌叫三木，创立三年一直销路不畅，老板有个好朋友叫植田二郎，是日本上智大学新闻系传播学与广告学教授，一次两人喝酒闲聊就谈及三木的品牌问题，三木老板恳请植田二郎能否为他想想办法，植田二郎虽然答应了，但一直忙于自己的工作，一时也想不出什么好主意来。植田教授考虑了一个星期，决定冒一次险，如果不采取措施三木公司可能会倒闭，如果冒险不成功大不了还是死，那就死马当作活马医。

植田教授带了一部分资金飞到纽约，他有一个学生在《读卖新闻》驻纽约记者站做摄影记者，有机会接触世界各国的政要人物，他给了学生500万日元的特别雇佣金，让他专门追踪克林顿总统的夫人希拉里，并给她拍照。

于是这位摄影记者就每天追踪总统夫人，只要她在公共场所出现，他就会拼命拍照。有一天，希拉里穿着正式的套裙，坐在沙发上放开双腿的那一瞬间，抓拍到了“裙里风光”。当这张照片送到植田手上时，植田如获至宝。

三个月后，克林顿夫妇访问日本，在抵达东京的当天，日本主要报纸的头版都刊登了三木内衣的广告，广告主画面就是这张照片，广告词只有一句话：“告诉日本男人一个秘密，希拉里穿的是三木牌的内裤。”

这则广告连同三木内衣一时间成为克林顿访日新闻报道战中一个最大的兴奋剂，媒体的神经一下子被挑逗起来了。沸沸扬扬的相关报道一拨又一拨，把山树内衣狂炒得不亦乐乎。严重积压的三木内衣顿时打开了销路，仅在三天内就卖得精光，甚至有人一次性就买了几十件。

克林顿夫妇看到这则广告后十分恼火，美国国务院新闻发言人曾经考虑通过外交途径起诉三木公司，后因克林顿的高级顾问劝说，此事不了了之。该顾问告诉克林顿，这是三木公司的商业炒作行为，如果打官司，希拉里获胜毋庸置疑，但是无论官司谁输谁赢，得利的都将是三木公司，第一夫人已经被三木利用一次了，不能再被他利用第二次，现在三木内衣已经卖遍日本，如果跟他打官司产品有可能卖遍全世界，所以还是不理为好。

反潮流：星巴克抬头行动

你有没有这样的经历：同学聚会时大家简单寒暄两句便不停看手机，然后互相拍照，上传到微信群，点菜，上菜，再拍照，上传到微信群。世界上最遥远的距离不是相隔一方，而是你坐在我跟前，却只能用微信聊天。

快节奏的生活方式和高科技的移动设备让大部分上班族终日保持着紧绷状态，习惯了埋头处理各项工作事务，从而忽视了与家人、朋友之间的面对面交流。2013年10月，星巴克联合中央人民广播电台音乐之声、腾讯微博和凤凰都市传媒，在全国范围内发起了一项反潮流的“抬头行动”，号召大家抬起头来，面对面用心交流。鼓励人们用一杯咖啡的时间，让自己停下来歇一小会儿，抬起头，欣赏周遭风景、与最爱的人聊聊天。在10月16日活动当天，星巴克还为每一位顾客免费升杯，以此希望人与人之间的情谊不断升温。

粉丝们可以在活动主页上参与投票、对朋友的投票发表评论并且转发给好友。在活动刚刚开始的24小时之内，超过50万人投票支持这次活动。数千人积极响应此活动，表达对面对面用心交流的渴望。短短两天时间，便有超过200万名网友支持该活动。

星巴克有着非常深厚的咖啡文化积淀，这种文化的核心便是强调人与人之间的真挚情感交流。在被喻为“第三

空间”的星巴克门店，顾客一边品尝着香醇的咖啡，一边与亲朋好友畅谈。移动互联的发展打破了空间的界限，同时在某种程度上也大家的实际距离变得更加遥远，大家都忙于工作忙于赚钱，很难聚在一起面对面的进行交流。星巴克“抬头行动”的创意正是要呼吁大家不要忘记了人性之间最真挚、最原生态的东西，而这也是其咖啡文化的核心。在这里，人与人之间的交流没有距离感和疏离感，一切都回归到最真实的状态。

随机变：不约而至的鸽子

坐落在华盛顿市、高52层的美国联合碳化公司总部大楼落成了，如何提高公司的知名度呢？董事会天天为此发愁。

有一天，发生了一件怪事。一大群不期而遇的鸽子飞进了大楼的一间房间，也就一个小时的时间，这群鸽子就把这个房间弄得脏乱不堪，员工们软硬兼施都赶不走，而且鸽子越来越多。数以千计的鸽子几乎把这里当成了家，羽毛、鸽粪遍地都是。如何处理“鸽患”，大家一时束手无策。

该策划人员发挥价值的时候了，公司的策划团队碰撞出一个大胆的创意，向董事会汇报后得到了许可。于是，立即下令关闭所有门窗，不让一只鸽子飞走。

他们首先与动物保护委员会取得联系，请求能够迅速派人来处理这件有关保护动物的事，以便不伤害这些鸽子，使他们更好地生栖。动物保护委员会十分重视，立即派人前往该公司总部大楼处理此事，并且还带着网兜，因为要保护鸽子，必须小心翼翼地一只只捉。

接着，他们又告诉了各大新闻媒体，告诉大家有一群奇怪的鸽子飞进了一座大楼，而且动物保护委员会将去现场捉鸽子。毫无疑问，这是一个非常有话题的社会新闻，电视台、广播电台、报社蜂拥而至，竞相进行现场采访和报道。

动物保护委员会整整花了3天时间才把鸽子全部捕捉完，这3天内媒体进行了连续报道，使公众对事件产生了浓厚的兴趣，大家的注意力完全被吸引到联合碳化钙公司和那座刚竣工的总部大楼上来了，并且口口相传，奔走相告。趁此机会，公司首脑纷纷在荧屏亮相，表示把支持保护动物视为神圣职责，并向公众介绍公司的宗旨和业务。一夜之间就树立起良好的企业形象，声名鹊起。

感谢这群不约而至的鸽子。

2002年世界杯 土耳其VS.韩国
洪明甫
伊尔汗
苏克
苏克
A
B

“每一届世界杯，国际足联都会颁布许多世界杯之最，让球迷们津津乐道，乐此不疲，正是这些有意思的“世界杯之最”，大大促进了世界杯品牌的曝光。每个人的大脑记忆的信息是有限的。大家往往只对绝对量的第一、最多有比较深刻的印象，而对于第二、第三，则会从大脑中自动排除掉。那么第一究竟是怎么炼成的?”

第十一章 津津乐道的世界杯之最——做细分市场领导者

世界上最高的山是什么山？珠穆朗玛峰。第二高呢？不知道。

第一个超女是谁？李宇春。第二个呢？不记得了。

夺得世界杯冠军最多的国家是谁？巴西。第二多呢？不知道。

每一届世界杯，国际足联都会颁布许多世界杯之最，让球迷们津津乐道，乐此不疲，正是这些有意思的“世界杯之最”，大大促进了世界杯品牌的曝光。例如，赢得世界杯最年轻的球员和进球届次最多的球员，都是贝利，他因此获得“球王”的美誉。年龄最小的世界杯金球奖获得者是1998年22岁的罗纳尔多，年龄最大的世界杯金球奖获得者是2006年34岁的齐达内。

每个人的大脑记忆的信息是有限的。大家往往只对“第一”、“最…”有比较深刻的印象，而对于第二、第三，则会从大脑中自动排除掉。那么，究竟如何炼成“第一”以抢占大脑有限的空间？通过专营某个特定领域，小公司常常能成功地与比自己大得多的行业领导者共存。如何成为特定领域的市场领先者？

你知道多少“世界杯之最”

参加世界杯次数最多的国家是巴西，共20次；夺得世界杯冠军最多的国家也是巴西，共5次；世界杯赛场总进球数最多的球员还是来自巴西，罗纳尔多共打进15球。

获得世界杯冠军最多的是球王贝利，共3次（1958、1962、1970）。

赢得世界杯最年轻球员的是球王贝利，1958年他年仅17岁。

赢得世界杯最年长球员的是意大利的佐夫，1982年他作为队长夺冠时已40岁高龄。

进球届次最多的是球王贝利，4届均有进球（1958年6球，1962年1球，1966年1球，1970年4球）；来自德国的乌维·席勒4届也均有进球（1958年1球，1962年2球，1966年2球，1970年3球）。

世界杯进球持续性最好的是德国的克洛泽，他在2002、2006、2010连续3届世界杯每届至少攻入4球。

世界杯头球进球最多的是克洛泽，2002年、2006年、2010年世界杯共打进7球，。

世界杯技术最全面的射手也是克洛泽，14个进球分别用7个头球7个脚下攻入，其中右脚5球左脚2球。

唯一包揽世界杯金靴奖和银靴奖的球员也是克洛泽，2002银靴奖、2006金靴奖。

年龄最大的世界杯金球奖获得者是2006年的齐达内，34岁。

年龄最小的世界杯金球奖获得者是1998年的罗纳尔多，22岁。

第一位获得世界杯金球奖的守门员是2002年的卡恩。

最年轻的金靴奖得主是德国的托马斯·穆勒，2010年南非世界杯他年仅21岁。

单届世界杯进球最多的球员是法国的方丹，他在1958年世界杯6场比赛攻入13球。

最快进球产生于2002年，土耳其前锋哈坎·苏克在对韩国比赛中开场仅11秒即破门。

进球年龄最小的球员是1958年球王贝利对威尔士破门，年仅17岁零

239天。

进球年龄最大的球员是1994年喀麦隆的米拉，在对俄罗斯时破门时他已经42岁零39天。

世界杯出场次数最多的人是德国的马特乌斯，5届25场共2048分钟。

参加届次最多的人是德国的马特乌斯，共5届（1982至1998），还有墨西哥的卡巴亚尔，共5届（1950至1966）。

连续出场决赛场次最多的球员是巴西队的卡福，1994年、1998年、2002年连续三届决赛出场。

最年长的出场球员是喀麦隆的米拉，1994年对阵俄罗斯时他42岁零39天。

最年轻的出场球员是北爱尔兰的诺曼·怀特塞德，1982年对阵南斯拉夫出场时年仅17岁零41天。

世界杯出场时间最短的球员是1978年突尼斯的拉比迪，在和墨西哥比赛时出场2分钟；1986年阿根廷的特洛比亚尼在和西德的决赛中替补踢了最后2分钟。

最快被换下的球员是1998年在和奥地利比赛中，意大利的内斯塔开场4分钟就因伤被贝尔戈米换下；2006年在对瑞典时，英格兰的欧文也是开场4分钟就因伤被克劳奇换下。

第一个作为球员和教练都夺冠的人是巴西的扎加洛，1958年和1962年作为球员，1970年作为教练。

唯一作为队长和主教练都夺冠的人是德国的“足球皇帝”贝肯鲍尔，1974年作为球员兼队长，1990年作为主教练兼领队。

唯一两次赢得世界杯的教练是意大利的波佐，1934年和1938年。

最年轻的教练是1930年阿根廷首战对法国，当时他们的教练胡安.何塞.特拉穆托拉年仅27岁零267天。

最年长的教练是1954年法国和墨西哥交锋时法国的教练加斯顿.巴雷乌，他已经70岁零194天。

最年轻的首发阵容是1930年南斯拉夫对阵巴西，南斯拉夫首发的平均年龄是21岁零258天。

最年长的首发阵容是1998年德国对伊朗，德国首发的平均年龄是31岁零345天。

世界杯赛场上最悬殊的比分有三场，都是9个净胜球。1982年匈牙利VS萨尔瓦多10：1，1954年匈牙利VS韩国9：0，1974年南斯拉夫VS扎伊尔9：0。

单场一队进球最多的记录是1982年匈牙利VS萨尔瓦多10：1。

单场进球最多的是1954年奥地利7比5瑞士（12球）。

最多连胜场次是11场，巴西，2002至2006。

最多连败场次是9场，墨西哥，1930、1950至1958。

最多连平场次是5场，比利时，1998至2002。

得红牌最多的球队是巴西，共11张。

单场比赛红黄牌最多的是2002年德国VS喀麦隆（4黄变2红）和2006年葡萄牙VS荷兰（8黄变4红），均为16黄。

决赛红黄牌最多的是2010年西班牙对荷兰（13黄1红）。

最多红牌场次是2006年葡萄牙对荷兰，4张红牌（科斯蒂尼亚、德科、范布隆克霍斯特、博拉鲁兹）。

最快的红牌是1986年，乌拉圭的塞尔吉奥·巴蒂斯塔在对苏格兰开场仅56秒就被罚下。

最快的黄牌是1994年，俄罗斯的古尔卢科维奇在对瑞典第1分钟时就吃到黄牌。

第一个罚入点球的球员是1930年墨西哥的曼努尔·罗萨斯，对阿根廷。

第一个罚丢点球的球员是1934年巴西的巴尔德马尔·德·布里托，被意大利的萨莫拉扑出。

最长不失球纪录是意大利的守门员曾加，1990年曾5场比赛共518分钟不失球。

观众最多的一场比赛是1950年世界杯循环圈最后一战，巴西对乌拉圭，巴西马拉卡纳球场，官方记载观众人数为199854人。

观众最少的一场比赛是1930年乌拉圭世界杯第一轮，罗马尼亚对秘鲁，300人。

单届被犯规最多的球员是阿根廷的马拉多纳，1990年共遭对手53次犯规。

第一支世界冠军队队长是乌拉圭的何塞·纳萨兹。

第一个世界冠军队主教练是乌拉圭队的阿尔韦托·苏皮塞。

第一届卫冕冠军无直接参赛权的世界杯是2006年德国世界杯。

淘汰赛阶段使用过加时赛“金球制”的世界杯是1998年法国世界杯、2002年韩日世界杯。

第一位在单场决赛中打进3球的球员是1966年英格兰世界杯，英格兰队的格奥费·赫斯特。

第一场以互射点球分出胜负的决赛是1994年美国世界杯决赛，巴西3：2意大利。

第一是怎样炼成的

世界上最高的山是什么山？珠穆朗玛峰。第二高呢？不知道。

第一个超女是谁？李宇春。第二个呢？不记得了。

夺得世界杯冠军最多的国家是谁？巴西。第二多呢？不知道。

……

每个人的大脑记忆的信息是有限的。大家往往只对“第一”、“最…”有比较深刻的印象，而对于第二、第三，则会从大脑中自动排除掉。那么，究竟如何炼成“第一”以抢占大脑有限的空间？

1. 专注于做大产品的市场份额

销量才是硬道理，在市场份额上占据绝对领先，就必然成为当之无愧的“第一”。要实现销量的领先，方法有很多，比如通过降价抢占竞争对手的市场，或者通过研发推出新产品占领市场，或者通过促销的刺激达成购买。不过这些都难以持续性地获得市场领先，最有效的办法就是做大整个行业的市场蛋糕，市场总需求的扩大会给全行业带来好处，有利于减少行业内部的矛盾，提高企业的声望，企业亦能从中获得较大的回报。最典型的如王老吉/加多宝壮大凉茶市场、东风本田深耕做大SUV市场。

2. 换个角度挖掘自身优势，包装成“第一”的概念

不是本质在影响世界，而是对本质的描述在影响世界。对于“第一”这件事，只要你愿意找，总是能找到的。只不过有的时候找得巧妙，消费者能记住，有的时候比较牵强也没人理会。如第一款和弦手机、第一款音乐手机、第一款智能手机等。

2005年，司迈特饮水机在几家媒体发布了一篇文章《数字直击：市场占有率第一等于品牌第一吗？》，指出“市场占有率的高低并非完全是由品牌的好坏决定的，决定市场占有率的因素有很多：产品的质量、品牌的影响力以及产品价格高低等等。但从中国市场现状来说，价格是其中相对重要的因素，在市场占有率方面扮演着重要的角色。美的居高不下的市场占有率与其一直以价格冲击低端市场是分不开的。”

文章进一步指出“市场占有率的获得跟品牌的影响力没有必然的联

系，因此它们之间更不能划上等号。美的和司迈特都扮演着领军者的角色，美的的市场占有率稳居第一，但是据最新饮水机市场的品牌调查显示，司迈特以1.28的品牌指数位居‘第一军团’之首，远远高于美的的0.96。”

3. 对现有产品改头换面，开创全新品类

如果在某一既定的品类无法做得更好，就要采取“替代”策略，从行业层面进行全局颠覆，用一个新的品类替代这一品类，这是最给力的竞争法则。香皂做不过舒肤佳，就不玩香皂，做什么？液体香皂应运而生。洗衣粉干不过雕牌、汰渍，就不玩洗衣粉，玩什么？液体洗衣粉！这正是蓝月亮洗衣液迅速获得成功的根本原因。

4. 挖掘全新的功能，开创全新品类

上面讲的是通过对现有产品的改良创造一个新品类的做法，但是很多行业的很多产品或服务，很难完全被替代。这个时候就需要去挖掘现有产品的全新功能，突破固有的思维，才能开创全新的品类。比较典型的就是苹果公司的iPhone手机、平板电脑，乔布斯可以说是固执地开创了一个人类从未接触过的全新领域和市场，并遥遥领先于后来的模仿者。

品类创新的关键是功能分化，例如在瓶装饮料领域最初是碳酸饮料，后来出现瓶装水和瓶装茶饮料。瓶装水由最初的纯净水分化出矿泉水、矿物质水，矿泉水又进一步分化出高端矿泉水。瓶装茶饮料分化出绿茶、红茶、乌龙茶等。

5. 赋予品牌文化内涵，提升品牌附加值

附加值是由于产品创造并满足了客户更高层次的需求而使企业获得的超额回报。品牌附加值是指通过赋予品牌附加的、心理的、社会的或更

高层次的需求内涵，从而使这种内涵满足了消费者高层次的需求，使品牌具有了更高的价值。蒙牛开创了高端牛奶新品类，使用全新的品牌“特仑苏”，并通过国际钢琴巨星郎朗代言，使特仑苏成为高端牛奶的代名词。上世纪80年代，丰田在消费者心目中“低档、省油、廉价车”的形象已根深蒂固，要改变公众心智中固有的观念非常难。1983年，丰田专为高档车推出一个全新品牌“雷克萨斯”（Lexus），其读音与“豪华”（Luxury）一词相近，使人联想到该车是豪华轿车。雷克萨斯仅仅用了十几年的时间，在北美便超过了奔驰、宝马的销量，1999年起连续至今位居北美豪华汽车销量第一。喜之郎是果冻市场的第一品牌，其“水晶之恋”果冻在情人节期间可以卖到18元一个，就是因为这个果冻不仅好吃、有营养，关键是代表着爱，代表着情感，价值度在无形之中便升高了。

C-RV持续领先的秘诀

2011年，汽车行业流传一篇非常经典的文章《CR-V为什么就没有“七年之痒”》，道出了东风本田CR-V持续7年领先SUV市场的秘诀。三年过去了，CR-V依然领先，而且成为首款累计销量超百万的SUV车型。

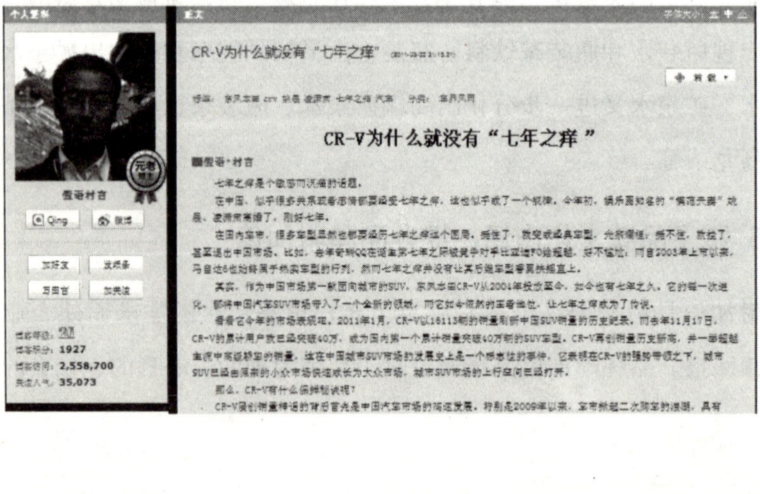

从2004年东风本田推出首款城市SUV车型到2014年实现百万销量，弹指一挥间已经十年，而CR-V开创了一个全新的时代。CR-V为什么能够持续领先甚至长时间加价销售？

①普及品类教育，改变固有认知，做大市场蛋糕。

2003年SUV车型在中国累计销售13.3万辆，仅占乘用车市场的6%，那个时候大家提到SUV就会想到吉普、路虎，市场认知普遍停留在越野车的概念。2004年，东风本田引入CR-V车型，创造性地提出了“城市SUV”的概念。在东风本田的普及教育下，许多消费者意识到：原来SUV不止是越野车，也可以是在城市里自由行驶的舒适、时尚、运动的多功能轿车。观念的突破一下子打开了行业的市场空间，在CR-V的带领下，城市SUV市场以及其所属的SUV大类开始了一路狂飙。2010年SUV市场年销量132万辆，与2003年相比增长了10倍，年增幅38.95%，CR-V无疑成为最大的受益者。

②质量为先，以精品打动客户。

如果说普及品类教育、做大市场蛋糕是CR-V领先的前提，那么过硬的产品质量则是CR-V持续领先的根基。流畅的车型、恰当的比例，相比同级别车型拥有更符合主流人群审美观的帅气外形。内饰设计出色，材质精良，相比同价位车型更具诱惑力。采用4轮独立悬挂设计，车辆在行驶中具有更好的平衡性，转向力度轻盈，驾驶轻松畅快，拥有完全比拟轿车的驾驶感受。正是这些过硬的产品优点，CR-V才能快速得到车主的认同。

③口碑传播，强化领先地位。

据统计，许多消费者都是通过朋友之间口口相传的推荐购买的CR-V，这是由产品魅力带来的自发的口碑传播。此外，CR-V在各大汽车论坛持续、主动进行口碑传播，也大大提升了车主和准车主的信任，并总结提炼出“七个第一”进行反复传播，即销量第一、节油第一、安全第一、质量第一、产品魅力第一、环保第一、保值率第一，进一步强化了品牌的影响力和美誉度，CR-V由此形成了强大的生命力。虽然后来有上海大众途观和北京现代ix35的冲击，然而CR-V作为SUV霸主的地位仍然无法撼动。

蓝月亮开创洗衣新时代

中国人最开始是用棒头敲打衣服，清洁力差且劳动繁重。到了清朝末期，才有了肥皂，去污能力得到提升，但是碱性伤手而且不适于硬水洗涤。上世纪六十年代后，洗衣粉开始进入中国，配合着洗衣机的使用，在一定程度上简化了劳力，去污力进一步提升。然而洗衣粉存在许多缺点：不易溶解、碱性很强、伤衣物纤维、伤手、不易漂洗、过水次数多、在高硬水地区及低温情况下去污力大大打折等等。传统洗衣剂的不足，决定了它不能满足现代人注重生活品质和追求健康时尚的需求。

洗衣液替代洗衣粉，并不是蓝月亮的首创，在蓝月亮之前已经有企业进军该市场，然而老百姓并不认可，原因有二：一是由于中国洗衣液市场尚处于起步阶段，鱼龙混杂，产品质量参差不齐，市面上充斥着一些洁净力较差的洗衣液，让不少消费者产生了一种认知误区，认为洗衣液的去污力不足；二是在消费者的传统观念中，他们更关注的还是洗衣剂能否把衣服洗干净，而对洗衣过程中的“健康和保护”的需求关注度相对较低，因而迁就了洗衣粉。

2008年，蓝月亮突破性推出了具有超强去污力的深层洁净洗衣液，堪称洗衣液市场上的革命。它能深入衣物纤维，轻松去除各种顽固污渍。并且，由于它的中性温和配方，不伤衣物不伤手，给消费者带来了全新的洗衣体验。相对洗衣粉等传统洗衣剂，洗衣液具有更节能环保、易漂洗、少残留等诸多优势，因此刚一上市就获得了消费者欢迎。

品类创新初尝胜果，蓝月亮并没有就此满足。2010年，蓝月亮站在新的高度，敏锐地捕捉到了消费者对于色彩的需求，果断地推出了在洗衣剂市场上的具有里程碑意义的产品——亮白增艳洗衣液。它针对衣物本身原有的荧光增白剂流失而变黄变旧的问题，在洗涤过程中补充荧光增白剂，调理衣物色彩，使衣物焕发光彩、亮丽如新。亮白增艳洗衣液将洗衣理念从原来的洁净、护理升华到了色彩调理，蓝月亮也因此拥有了更多铁杆粉丝。

为什么是蓝月亮第一家引爆洗衣液市场，而不是跨国巨头宝洁、联合利华、花王？也并非本土百亿双雄纳爱斯与立白？因为洗衣液与洗衣粉是直接替代关系，无论宝洁还是纳爱斯都是洗衣粉市场既得利益者，他们都不愿意看到“碧浪洗衣液PK碧浪洗衣粉”或者“雕牌洗衣液PK雕牌洗衣粉”这个自相残杀的局面过早出现，而且巨头们无意担当洗衣液品类教育消费者的任务，直到蓝月亮主动打响洗衣液品类战争第一枪。

在大规模广告轰炸和杨澜代言的示范作用下，“蓝月亮=洗衣液”这个概念逐渐深入人心。由于是新品类的创造者，消费者接受了洗衣液也就自然而然接受了蓝月亮，而其他品牌再想进入洗衣液市场有所作为就已经很难了，蓝月亮成为当之无愧的品类冠军。

苹果偷袭诺基亚

三人行，必有诺基亚。曾经，这是一个多么响亮的广告。

2003年，我在波导手机北京分公司工作。诺基亚是我们学习的一号对象。2013年，十年过去了，诺基亚身在何处？呼风唤雨、叱咤江湖的芬兰老大，何以被后来者苹果公司打败？

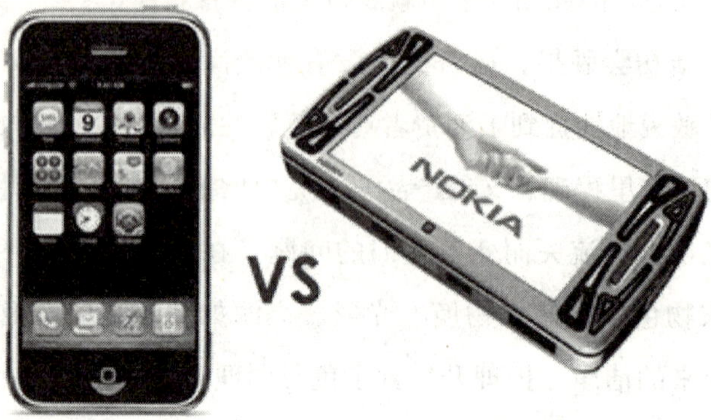

不得不说一个人，乔布斯。正是他，让全世界黯然失色，他让中国所谓的自主创新颜面无存。因为他让所有的智能手机销量直线下降，所有的平板电脑都得叫PAD。他不用做广告却能获得果粉的狂热追捧。

乔布斯改变了商业规则，他不按照消费者的需求来研发产品，消费者明明要USB接口要光驱他却偏偏不设置，他要告诉消费者“你未来会喜欢我”。十年前当大家还不知道云计算为何物时，他却已预感到所有的数据都可以存储在“云端”。他这分明是在向所有的竞争对手挑衅：你们根本不在我眼里。

在乔布斯理念的指导下，苹果公司从来不搞大规模生产，每次都限量发行吊人胃口，而且最开始的苹果产品，只在设计师、音乐家、艺术家这些窄众人群中使用。直到全球销量剧增后，他依然不肯降价或推出功能稍低一级的产品。

乔布斯将冷冰冰的电子产品变成了独一无二的艺术品，其价格因此远高于普通的电子产品。在他的“煽动”之下，对他的个人崇拜、对苹果产品的追求已经像宗教一样狂热。从苹果专卖店每一次新品发布时通宵排队的盛大场面便可见果粉之疯狂。

将顾客进行小众化细分，始终把目标客户的需要和期望视为最重要的，并尽力识别、理解、挖掘消费者的需要和期望，作为决策的主要依据，这正是苹果能够超越、击败诺基亚的真谛。过去十年，诺基亚作为通信行业的巨头，占据绝对优势，诺基亚手机也以信号好、质量稳定著称，然而当80后、90后逐渐成为消费主力，他们的价值观与60、70年代有较大的差异，如何走进他们的内心？固守在以往成功的观念里，最后只能被人戏称“砸核桃”而将市场拱手相让。

CCTV5
0 1
FRANCE : SENEGAL

“世界杯的魅力在于激情四射的对抗，更在于比赛结果的无法预测，让人们充满期待。几乎每届世界杯都会爆出冷门，杀出黑马，上演以弱胜强的好戏。世界杯赛场的黑马是如何诞生的？大家印象中的弱队又是如何变成强队的，强队为何会让人大跌眼镜？我们将获得怎样的营销启示？”

第十二章 世界杯“黑马”频现 ——差异化营销赢市场

世界杯的魅力在于激情四射的对抗，更在于比赛结果的无法预测，让人们充满期待。几乎每届世界杯都会爆出冷门，杀出黑马，上演以弱胜强的好戏。

2010年南非世界杯，沉寂了30年的乌拉圭杀入四强，成为一匹当之无愧的黑马。2006年德国世界杯没有黑马。2002年韩日世界杯韩国借着主场之威令人不服地淘汰意大利和西班牙，称不上黑马，首次参加世界杯就击败卫冕冠军法国队、并打入八强的塞内加尔才是真正的黑马，和巴西、中国同在一个小组的土耳其斩获季军亦堪称黑马。1998年法国世界杯，首次参赛的克罗地亚不仅顺利进入八强，而且在1/4决赛中3：0击败德国战车，震惊全世界。1994年美国世界杯，双双杀入4强的保加利亚和瑞典让人刮目相看。再往前数，著名的黑马有1990年击败卫冕冠军阿根廷的喀麦隆，1986年的比利时，1982年和1974年的波兰，以及1970年的乌拉圭，1966年的朝鲜。

世界杯赛场的黑马是如何诞生的？大家印象中的弱队又是如何变成强队的，强队为何会让人大跌眼镜？我们将获得怎样的营销启示？

818世界杯赛场的黑马

19世纪，英国政治家杰明·狄斯雷斯在《年轻的公爵》这部小说中描写了一个精彩的赛马场面。比赛刚开始，两匹夺冠呼声最高的良种马一路领先，眼看其中一匹胜券在握，全场为之狂呼。不料在接近终点时，忽然有一匹不起眼的黑马从后面奋力追赶上来，风驰电掣地把两匹良种马抛在后面，领先抵达终点，夺得了冠军。从此，“黑马”一语不胫而走，由赛马场上的俚语，发展成体坛上的惯用语，不时出现在新闻报道中，当一个初出茅庐的运动员或运动队出了好成绩、得了冠军，赛后的新闻媒体便会以“出现黑马”加以报道赞誉。

1966年英格兰世界杯，朝鲜作为亚非拉唯一的代表爆出世界杯足球赛历史上最大的冷门之一，朝鲜以一球击败意大利后杀进8强。身着红衣、身材瘦小的朝鲜球员被戏称为“红色蚊子”。小组赛时没人看好朝鲜队，博彩公司甚至给朝鲜开出了1赔1000的获胜赔率。甚至连朝鲜队自己也没想到能晋级，所以他们提前退掉了旅店房间。战胜意大利队的当晚，他们不得不一边庆祝，一边在米德尔斯堡大街上寻找还有空余床位的旅店。朝鲜队在小组赛中的进攻踢法赢得了米德尔斯堡球迷的支持，3000名当地球迷跟随他们前往利物浦，为1/4决赛助威。

1970年世界杯是值得乌拉圭队回忆的一届。那届乌拉圭队是南美冠军，实力强盛，在预选赛上竟未失一球，并最终又一次取得第4名。依靠入选最佳阵容的门将马苏基耶维茨的出色发挥，小组赛中2：0轻取以色列，0：0逼平欧洲冠军意大利队，虽然最后一场0：1不敌瑞典，仍以小组第二晋级八强。1/4决赛对前苏联，加时赛只剩最后5分钟，还是0：0，埃斯帕拉戈的进球帮助乌拉圭1：0击败了前苏联队进入四强。这届半决赛令人血脉偾张，巴西VS乌拉圭，意大利VS西德，全部都获得过世界冠军。面对贝利领衔的巴西队，乌拉圭队全场处于下风，尽管第20分钟率先攻入一球，终以1：3失利，随后在三四名之战中0：1负于西德队。而以424阵型强悍进攻闻名的桑巴军团，不仅半决赛报了1950年决赛在巴西主场被乌拉圭爆冷的一箭之仇，还在决赛中4：1横扫意大利队，夺回了失去8年的金杯。

1986年世界杯，这届赛制的变化是，6个小组前两名和4个成绩最好的第三名入围16强，之后进行淘汰赛。比利时第一场小组赛就1：2输给了墨西哥，但击败伊拉克，并战平巴拉圭，让他们杀入16强。比利时1/8决赛面对的是苏联，尽管苏联前锋别拉诺夫独中三元，依然无法阻止3：4的失利。90分钟时双方2：2战平，加时赛德莫尔和克莱森的进球帮助比利时4：2领先，比赛结束前9分钟别拉诺夫攻入点球后，苏联人无法再进球，徒呼奈何。

1990年世界杯揭幕战，“非洲雄鹰”喀麦隆出人意料地击败马拉多纳领衔的卫冕冠军阿根廷，顺利晋级，淘汰赛首轮2：1战胜哥伦比亚，1/4决赛2：3不敌英格兰，止步于八强。38岁的喀麦隆老将罗杰.米拉为了世界杯特地复出，并且成为本届比赛中最耀眼的球星之一，他也以大大超过一流球星平均退役年龄的记录被人们亲切地称为“米拉大叔”。

1994年世界杯的最大黑马是保加利亚，此前他们从未在世界杯上赢过1场球，但在斯托伊奇科夫的带领下，他们创造了世界杯上黑马传奇之一。小组赛波加利亚3场取得2场胜利，轻松杀入第二轮，他们又在点球大战中3：1淘汰了墨西哥。1/4决赛面对卫冕冠军德国队，斯托伊奇科夫和莱切科夫的进球帮助保加利亚2：1大爆冷门。可惜的是，在半决赛中他们输给了意大利队，三四名决赛又被瑞典横扫。

前南斯拉夫宣告解体后才独立的克罗地亚是不折不扣的世界杯新兵，然而他们在1998年法国世界杯的表现赢得了所有球迷的尊敬。1/8决赛1：0击败罗马尼亚，1/4决赛3：0淘汰强大的德国舰队，半决赛中1：2惜败于冠军法国队。最终克罗地亚队2：1战胜强敌荷兰获得了季军的好成绩，同时也让苏克、博班等人在世界足坛上留下了光辉的一页。

2002年世界杯第一次来到亚洲，非洲新军塞内加尔、横跨欧亚大陆的土耳其和本土作战的韩国，都创造了各自的世界杯最佳名次。如果说韩国16强淘汰意大利、8强淘汰西班牙都充满了争议，那么塞内加尔和土耳其则给人带来了一股清新的感觉。塞内加尔与两支世界冠军球队法国、乌拉圭和丹麦同在一个小组，赛前被认为是垫底的。然而在世界杯揭幕战中，塞内加尔1：0击败法国震惊全世界，随后又1：1逼平丹麦，3：3逼平乌拉圭，正是塞内加尔的精彩表现，使得卫冕冠军法国和曾经的世界杯冠军乌拉圭早早地打道回府，随后塞内加尔在1/8决赛中2：1击败欧洲劲旅瑞典队。终结塞内加尔前进步伐的正是本届世界杯的另一支黑马土耳其，土耳其1：0击败日本后，8强战通过加时赛1：0淘汰了黑马塞内加尔，到了半决赛，如果不是外星人罗纳尔多惊为天人的一脚捅射，巴西队很难以1：0过关。

2010年南非世界杯是南美球队的盛宴，5支球队齐齐入围16强，4支球队晋级8强，乌拉圭又率先杀入半决赛，成为本届赛事一大黑马。乌拉圭在名帅塔瓦雷斯的率领下在小组赛几乎没有遇到挑战，0：0平法国，先后击败南非和墨西哥，16强决战先斩韩国，8强战又通过点球大战葬送了非洲黑马加纳，成为了真正的一黑到底。乌拉圭拥有众多效力欧洲主流联赛的球员，具备丰富的大赛经验，加上塔瓦雷斯赋予球队的严格战术纪律，福兰、苏亚雷斯等球星的突出作为，共同造就了四强奇迹。

企业和球队一样，也在不断地进行着强弱转化，只不过企业临场发挥好坏的影响不像球赛那样直接和明显。任何一个强大的企业都有可能变得弱小，任何一个弱小的企业都有可能变得强大，世界杯赛场上以弱胜强的一幕通常会在企业的市场竞争中出现，对于领先的企业而言是一记警钟，对于弱势企业而言却意味着巨大的市场机会。

以弱胜强需要运气，更需要胆识和谋略。黑马之所以能成为黑马，首先是有做黑马的胆量，俗话说不想当将军的士兵不是好士兵；其次是打破固有的思维定势，通过苦练内功打造差异化的竞争优势，才能达到出其不意的效果；最后是把握机会，临门一脚决胜对手。

打破思维定势

先跟大家分享一个小故事：一个在北京生活了几年的美国佬，一天去餐馆吃饭，和另外一个美国佬朋友海聊了起来，可能是因为同在北京生活了几年，他们说起了流利的汉语普通话。有位坐在旁边的老太太可能没怎么见过外国人，开始觉得很好奇，越看越来劲，看了半天听了半天，最后老太太自己说了句话——我连斗大的汉字都不认得几个，咋能听懂外国话呢?

有个哑巴走进商店，他立起他一只手的食指放在柜台上，然后另一只手握成拳头做敲击状，售货员拿出锤子，哑巴摇摇头。售货员拿出钉子，哑巴笑了，冲售货员比大拇指，满意地走了。这时，走进一个瞎子，他准备买剪刀，请问，这个瞎子该怎么做?

这是一个快速反应的小测验。我曾经问过几个朋友，有的人就告诉我"用手指做剪东西的手势"。一个瞎子，在商店里用手指不停地剪来剪去，不会吓着小孩吧?

在一般人的印象中，北京就是一个干旱之城；在老太婆的眼中，金发碧眼的老外说的一定是洋话；在部分人的眼中，买剪刀与买锤子一样要通过手势来呈现；在一些老板看来，B2B的商业模式与B2C有着天壤之别，因此不需要花钱做品牌。这，就是思维的定势。

在围棋中，定势是相当重要的，不懂定势不用定势会被认为不专业，也可能被同行唾弃，也必定将输给对手。在市场营销中，定势却可能害死人，做死一个品牌，而打破定势经常会收到意想不到的效果。

广州有个叫鹿港小镇的餐馆，那里的菜没啥特别的，装修也没多少个性，但是它里面的服务员全都是短发，几乎板寸，不是男的，靓女耶！估计有很多回头客或生客是冲着它不一样的服务员去的。因为传统意识里，饭店里的女服务员不可能留板寸，就算有也不可能全都是。

1980年代，派克公司新换的一个领导人曾在董事会上拿着派克公司最好的钢笔问公司的其他董事："谁是我们最大的竞争者？"有人回答说是夏尔比公司，因为夏尔比公司也生产高档自来水笔，而且质量与派克公司不相上下；有人说是一家圆珠笔公司，因为现在的消费者越来越多地使用圆珠笔；还有人说是电话公司，因为人们越来越多地使用电话沟通而不再写信等等。但是派克新任领导人的发言出乎所有人的意料，他认为派克公司的最大竞争者是一家高级打火机公司，因为80%购买派克钢笔的人的另外一种选择就是购买这种品牌的打火机。而事实证明，正是因为打破了思维定势，找准了差异化的产品定位，派克钢笔才能成为全球中高端礼品的首选产品。

在产品同质化日趋严重的今天，任何产品或服务想要征服目标消费者脱颖而出，必须有其独特的市场定位，而定位与目标人群的契合度，则是胜出的关键。

在众多品牌的感冒药中，创新性提出"白天吃白片，黑夜吃黑片"的"白加黑感冒药"，依靠其独特的"分时感冒药"概念，成为形象与销售俱佳的感冒药品牌代表。白加黑感冒药是由启东盖天力制药厂生产的。1992年，该企业研究人员受国外"Bufferin Cold"感冒药的启发，在为产品明确定位时没有急于界定人群、特别的功效和价格，而是从产品品类上创新定义自己所属的品类，不再是一片药一个品类，而是一片代表白天服用的"白药片"加上一片代表黑夜服用的"黑药片"，统称为"分时感冒药"，使其区分于传统感冒药。1994年，第一盒感冒药"白加黑"在启东盖天力片剂生产车间下线，中国感冒药市场因此由过去多品牌拼一种药的格局，转变为普通感冒药和分时感冒药两个不同品类争夺感冒人群的格局，而在分时感冒药品类中，盖天力的白加黑品牌是唯一的代表和市场占有者。数据显示，"白加黑"在上市后仅半年时间，就迅速打开了当时只有三九、康泰克、康得等品牌把持的感冒药市场，"白加黑"变得路人皆知、家喻户晓，销量占据了西药感冒药市场的16%，销售金额达到16亿元，在西药感冒药市场的销售金额中仅次于康泰克位居第二位。

奥巴马邻居的房子为何没人买

美国总统奥巴马上任后不久，就离开芝加哥老家，携妻子米歇尔和两个女儿入住白宫。面对多家媒体的采访，奥巴马深情地表示，他非常喜欢位于芝加哥海德公园的老房子，等任期满了之后他还会带着家人回去居住的。这个消息可让比尔高兴坏了，因为他是奥巴马的老邻居。

几年前，比尔曾经和人打赌，他信誓旦旦地说自己到了2010年一定会成为百万富翁，眼看期限只剩1年了，他的目标还没有实现。现在，机会终于来了。他的房子因奥巴马而身价百倍。能和全世界最著名的人物之一美国总统奥巴马做邻居，这是多么难得的事情呀！因此，他满怀希望地将自己的房子交给中介公司出售。

为了推销自己的房子，比尔还特意建了一个网站，全方位介绍自己的住宅：这幢豪宅拥有17个房间，近600平米，非常实用舒适。更重要的是，奥巴马曾经多次来此做客，还在他家的壁炉前拍过一个竞选广告。这是一栋已经被载入史册的房子！比尔相信，有了这些卖点，他的房子一定能卖出300万美元以上的高价。

不出所料，这个网站很快就有几十万人点击浏览，然而，让比尔大跌眼镜的是，关注房子的人虽多，但没有一个人愿意购买。到底是什么原因让买家们望房却步呢？

为了弄明白究竟是怎么回事，比尔仔细地查看了网站上的留言。原来，大家担心买了他的房子之后，就会生活在严密的监控之下。是呀，奥巴马和他的妻女虽然都去了白宫，但这里依然有多名特工在保护奥巴马的其他家人，附近的公共场合也都被密集的摄像头所覆盖。只要出了家门，隐私权就很难得到保护。更要命的是，等奥巴马届满回来之后，各路记者又会蜂拥而至。那时，邻居们的生活必将受到更严重的干扰。到那时，每天出入这里恐怕都将受到保安和特工像对待犯人那样的检查和盘问。这样的居住环境，跟在监狱又有什么区别呢？就连朋友们估计也会因为怕麻烦而不敢上门了！

就这样，过了1年多房子依然没有卖出去。比尔心急如焚，他此前向家人承诺过，房子卖出后就全家一起去度假，但一直不能兑现诺言。他和朋友打的赌也眼看就要输了，正在这时，一个叫丹尼尔的年轻人找到了他。

丹尼尔告诉比尔想买房的原因，他和奥巴马一样都有黑人血统，奥巴马是他的偶像，不过，他还从未和奥巴马握过手。如果他买下这里，就有机会见到总统了。

房子终于有买主了，比尔激动得差点掉泪。虽然丹尼尔非常愿意买比尔的房子，但问题是他手上没有那么多钱。比尔好不容易遇到一个买主，当然不愿轻易放过，他做出了很大的让步，最后两人签下了如下协议：房屋总价170万美元，丹尼尔首付30万美元，余款分5个月付完，房子在首付款付清后归丹尼尔所有。

比尔很高兴，虽然房子的最终售价远远低于当初他期望的300万，但20多年前他买下此房时只花了几万美元，因此还是赚了很多。何况，上了年纪的他早想落叶归根，搬回乡下的农庄了。

拿到首付款后，比尔给丹尼尔留下了自己的账号，然后带着家人出去旅游了。出发那天，他得知丹尼尔将房子抵押给银行贷了一笔款。等半个多月后回来，比尔发现丹尼尔竟将这栋豪宅改造成了幼儿园。原来，丹尼尔本来就是一家幼儿园的园长，因此在这里办个幼儿园不是难事。

当房子的用途从居住改为幼儿园之后，那些过于严密的监控就显得很有必要。这个毗邻奥巴马老宅的幼儿园成了全美最安全的幼儿园，不少富豪都愿意把孩子送到这里来。

为了给幼儿园做推广，丹尼尔还联系到了不少名人来给园里的孩子们上课。这些名人中有不少是黑人明星，他们为奥巴马感到骄傲，也为能够给奥巴马隔壁的幼儿园讲课而激动，再加上这里是记者们时刻关注的地方，来这里与孩子们交流，自然能增加曝光率，因此名人们都很乐意接受丹尼尔的邀请。

第一个月，丹尼尔用收到的首期学费轻松地支付了比尔30万。幼儿园开张两个月后，奥巴马抽空回老家转了一圈，顺便看望了一下他的新邻居们，这一下丹尼尔幼儿园更加有名。越来越多的名人主动表示愿意无偿来与孩子们交流。更有很多家长打电话，想让自己的孩子来此受教育，为此多付几倍的学费他们也乐意。

很多广告商也开始争先恐后地联系丹尼尔，他们想在幼儿园的外墙上做广告，这里的曝光率实在太高了，不做广告太可惜了。为此，丹尼尔打算进行一次拍卖广告墙的活动。想来参加竞标的品牌很多，但是像烟、零食、酒这样的广告，无论出多少钱，丹尼尔都不允许他们参加竞标。

5个月后，比尔就收齐了房款，终于在2010年年末如愿以偿地成了百万富翁。不过，比尔明白，这场交易中最大的赢家并不是自己，而是奥巴马的新邻居——幼儿园园长丹尼尔。

在书店里卖榨汁机的勇气

在书店里卖榨汁机？你没有看错，这是2007年发生的一件真实的事情。北京市西单图书大厦，人潮涌动，一位专家现场讲授健康养生知识，旁边一位帅哥即兴榨出新鲜果汁，而在图书大厦购书的读者既能免费听讲座，也可以免费品尝美味果汁，并可预订榨汁机。

从2007年到现在，榨汁机在中国仍处于导入期，一方面因为榨汁机进入中国市场较晚，而更主要的原因是消费者还没有形成饮用鲜榨果汁的消费习惯。榨汁机作为新型厨房家电产品，普及率还不高。传统型厨房家电虽已普及，但新型厨房家电仍未被消费者普遍接受，目前仍是一种生活品味和生活时尚的代表。

从品牌占有情况来看，飞利浦、九阳两大品牌占据整个榨汁机市场大半江山，美的作为行业新军，产品数量、品类和市场占有率相对有限。尽管美的在小家电上有着无人能憾的品牌优势，美的榨汁机面临着很大的市场挑战：其一，如何引导消费者的消费观念，改变“榨汁机是奢侈品”的认知，树立榨汁机是大众消费品的观念至关重要；其二，受众关注度非常有限，尤其是媒体对榨汁机这个窄众市场关注度不高；其三，如何将美的小家电的品牌优势转化为美的榨汁机的优势，迅速提升美的榨汁机的品牌认知，提高美的榨汁机的市场地位，拉动产品销量。

基于以上背景，作为美的榨汁机的营销顾问公司，迪思传媒团队经过调查研究和深入分析，给美的榨汁机定位为“榨汁机黑马”的角色，提出了“策划一本书，打造一个概念，掀起一场论战，营造一次体验，强化一个代言”的核心策略。

策划一本书：既然是黑马，那就不能按照传统新品发布的套路出牌，大家不买榨汁机是因为对榨汁机的重要性不了解，没有把它当成生活必需品。因此首先需要教育市场，告诉大家为什么要经常喝果汁。经过多方努力，我们找到了武警总医院营养科主任吕利，深入沟通之后，出版了一本营养学书籍《健康加碱法——果蔬汁的神奇力量》，在这本书中指出人体酸碱平衡的重要性，创造性地提出了“健康生活需要加点碱”的观点，详细分析了果蔬汁对于促进人体酸碱平衡、保持身体健康的重大作用，并在书中巧妙植入了美的榨汁机的产品图文信息。

打造一个概念：书有了，接下来要做的就是打造概念。通过策划一系列公关话题，如《危险，小心酸性体质可能致癌！》、《酸性体质是“百病之源”》、《十大女明星瘦身大揭密》、《营养专家新书泄密：健康，酸碱平衡最重要》、《缺碱就得喝果汁？买个榨汁机怎么样？！》等等，教育公众形成“健康要加碱，加碱就买美的榨汁机”的认知。

掀起一场论战：“自卖自夸”的方式已难以征服网络时代的消费者，必须将网民发动起来进行讨论，才能形成口碑效应。经过研究，我们发现一个绝好的题材，“红楼梦中人”选秀黛玉组三强选手程媛媛在做客新浪聊天室时，曾直言不讳地说：“天天都在训练，有三关，拓展关、背诵关、体重关，定期检查。体重要求保持在80斤，所以我现在一直都不敢吃饭，买了榨汁机天天喝果汁。”以程媛媛这句话为切入点引出话题，探讨“节食果汁瘦身”是否科学，随后武警总医院营养科主任、著名营养专家吕利提出质疑，在网络上形成程媛媛“节食果汁瘦身”VS营养专家吕利“健康加碱”针锋相对的局面，引发网友论战。相关话题如《为进“大观园”，“黛玉”喝了多少果汁？》、《营养专家说：喝果汁可以减肥，但不能滥用》、《吕利PK程媛媛，八成是为了炒新书吧》，在天涯、猫扑、瑞丽女性网等论坛受到大量点击和评论。

营造一次体验：2007年7月14日，在北京西单图书大厦举行“夏日健康课堂暨《健康加碱法——果蔬汁的神奇力量》全国首发、签售仪式”，营养专家吕利现场讲授健康养生知识，美的榨汁机工作人员即兴榨出新鲜果汁，在图书大厦购书的读者既能免费听讲座，也可以免费品尝美味果汁，并可预订榨汁机。

强化一个代言：2007年8月4日，美的榨汁机聘请《健康加碱法》一书的作者、武警总医院营养科主任吕利为“美的榨汁机营养顾问”，共同打造“健康新理念，美的新生活”的高品质生活理念，掀起全面“加碱风暴”。传播美的榨汁机倡导“果蔬汁加碱”的健康生活新方式，以人为本，推崇全民养生，同时进一步突出产品的七大优势，实现产品与图书的强关联传播。

美的榨汁机这个项目，我们突破了传统的新产品上市发布会形式，策划了图文并茂的健康养生图书来教育消费者，并结合产品的核心卖点提取出“健康要加碱”的核心概念，通过结合明星减肥等热点话题吸引网友围观、论战，创造性地将家电产品的推介搬到了书店，使读者能够现场感受鲜榨果汁的魅力，从而实现口口相传的口碑传播。

在新书首发和签约仪式上，有很多参加活动的读者纷纷询问美的榨汁机的相关信息，关注度非常高。在新书首发仪式一周后，美的榨汁机在北京市场的销量环比增加了45%，而2007年7月销量环比增加了75%。另外，中怡康的相关数据显示，美的榨汁机的市场占有率迅速提升，位列国内榨汁机市场前四强，国内品牌三强。美的榨汁机已然成为当之无愧的黑马。

轮胎能当月饼卖吗

2006年中央电视台《绝对挑战》有一期节目，是一个轮胎企业招聘营销总监，在“实力作证”环节，要求选手在规定时间内把轮胎卖给非汽车运输等相关企业。三位选手的表现各有千秋，其中一位选手大胆地把轮胎包装成月饼，显得颇有创意。

把轮胎当成月饼卖，是一种很好的创意营销。由于市场上的新产品功能日趋同质化，而竞争日趋激烈，迫使厂家和商家不得不绞尽脑汁出创意。类似的例子还有很多。如招商银行“迷你卡”，把银行卡当成女人的装饰品来卖。TCL“钻石手机”、波导“女人星”手机刚上市时价格都是近万元，这么贵的手机还有不少人抢着买，卖的其实已然不是手机，而是一种地位一种荣耀。其实很多奢侈品像手表、汽车等，都是把商品当成地位卖。

此外，还有把书论斤当成白菜卖，把打火机当成礼品卖，把药品当成健康卖，把房子当成家卖，把超女光盘当成FANS的精神寄托卖……当雀巢咖啡天天在你耳边喊着“味道好极了”你却仍然无动于衷时，你总会不经意地朋友一起走进星巴克、上岛品尝着咖啡，它们的咖啡与雀巢的味道有多大区别，天知道！但毫无疑问，雀巢卖的是咖啡，星巴克卖的是一种小资情调。

要成功地实现创意营销，下面三点很重要。

（1）找到产品与创意二者的关联点。如轮胎和月饼，外形都比较像，通过月饼这一载体赋予轮胎这一笨重、黑乎乎的东西“团圆”、“美好”的新形象和产品内涵，寓意轮胎会带给大家圆满的事业和美好的生活，产品附加值无形中会增加N倍。再如，蒙牛酸酸乳和超级女声，核心关联在酸、甜，加上“酸酸甜甜就是我”的广告歌曲，让大家一下就记住了、接受了蒙牛酸酸乳和它的系列产品。而有的白酒企业也想借机搭车，则会感觉不伦不类，因为白酒与超女的关联度几乎为零，硬要绑在一起只会成为笑柄。

（2）明确你的目标客户。这次二号选手最终没有卖出“月饼”轮胎，很重要一个原因就是没有想清楚自己的目标客户是谁。包装成“月饼”的轮胎应该说是一个奢侈品，可是他直接找了利润率相对较低的蛋糕店（大众、中低端客户），而没有去找西餐厅、酒吧等高端客户。有些企业的产品广告创意做得很好，就是因为没有搞清楚目标客户，结果事倍功半销量难有提升。如当年在北京地铁里很流行的一个广告“喜欢，有什么不可以”，阿尔卡特手机的广告，画面很小资，广告诉求也很明确，可惜很多人说看不懂。这就是法国企业不了解中国文化，不了解消费者的核心需求，在NOKIA大谈“科技以人为本”、TCL大玩钻石、波导傍着李纹大玩战斗机的时候，阿尔卡特玩什么花哨的“有什么不可以”，自然没人买账。后来不是玩不下去了被TCL吞并了么，再后来TCL也不要它了。

（3）创造打动客户的价值诉求。赵本山能够把“拐”卖给原本健康的范伟，关键是让对方产生一种错觉：自己的腿有毛病、非常需要“拐”。尽管我不提倡有点骗人的忽悠法，但其创造和挖掘客户需求还是值得借鉴的。这期卖轮胎的节目中最终胜出的3号选手，就是通过一个DV短片《疯狂的轮胎》，并许诺在中间插播酒吧的宣传片断在全国播放，从而充分说服了酒吧老板，掏出3000元购买了那个笨重的原价2800元的轮胎。因为她买的已经不是一个轮胎，而是一个广告。

情人节玩"嘿咻"公关

在互联网领域，奇虎360公司是一匹当之无愧的黑马，从免费杀毒软件到"3Q大战"，再到"小三大战"、"三百大战"，为了能够出名，这个公司几乎是以耍流氓的形式在不断地四处挑事。虽然官司屡屡打败，被判了不少赔偿，然而相对于获得的巨大知名度和市场份额，区区赔偿简直不值一提。

2014年情人节，360公司再次一黑到底，策划了雷人的"嘿咻情人节"，当然目的也非常明显，就是抢占搜索引擎市场。

360员工与比基尼模特的火辣"床照"

在搜索引擎领域，自从谷歌退出中国市场后，百度就是无法撼动的霸主了，搜狐旗下的搜狗、腾讯旗下的搜搜势头凶猛，三强面前，360并没有什么优势。如何制造话题吸引关注，是360搜索一直在思考的问题。

2014年情人节被称作千年一遇的“超级情人节”，2014和2月14的数字巧合营造出这个情人节的特别之处。360公司延续了一惯大胆出位的套路，将“嘿咻”这个敏感的词语提取出来进行放大，主题直接定为“嘿咻情人节”。够刺激吧？别急，还有更刺激的。

“嘿咻情人节”如何落地呢？主要包括两个方面，一是请“男神”、“女神”到公司和员工合影拍“床照”，360公司特意邀请了四位身材火辣的模特，不但有波涛汹涌的比基尼女模特，还有两位身材魁梧健壮的男模特。从360员工分享的图片看，摆拍现场在墙上立起来一个类似床的背景，员工只要站在那里就可以拍一个具有创意的“床照”了，看来360的员工们度过了一个不寂寞的情人节。雷人吧？羡慕吧？

“嘿咻情人节”的另一个大动作是请网友测试情人节的“嘿咻指数”，只需在360搜索的输入框内搜索“某某和某某的嘿咻指数”，例如“汪峰和章子怡的嘿咻指数”，搜索结果中就会显示出两人的嘿咻指数，除此之外，还会显示两人的嘿咻运势和详细解析。“嘿咻指数”测试在2014年情人节中已经掀起年轻人的一股热浪，各种指数纷纷被网友恶搞，一张

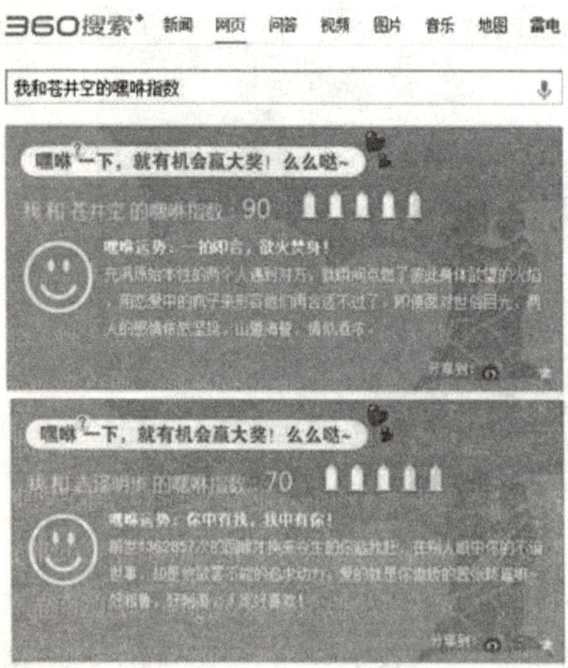

“我”和各大日本女星的嘿咻指数在微博里迅速走红。

没过两天，360公司发布了“嘿咻情人节”的相关数据，将这个话题再次推向高潮。数据显示，活动当天“嘿咻指数”搜索总数达到4000万次。在网友搜索自己与明星的“嘿咻指数”中，刘亦菲凭借一直保持的优雅女神形象成为全国男人最喜欢的女神，每100个用户中就有3.94人测试了自己与刘亦菲的“嘿咻指数”，第2到10名分别为范冰冰、章子怡、苍井空、林志玲、杨幂、张柏芝、高圆圆、邓紫棋、李冰冰。在男神方面，全民偶像王力宏排名第一，汪峰、周杰伦、张杰、李敏镐、吴奇隆、谢霆锋、韩庚、金秀贤、刘德华等明星排在2到10名。除了自己和明星的“嘿咻指数”外，明星之间的嘿咻指数也是网友关心的话题。“汪峰与章子怡的嘿咻指数”搜索量排名第一，其次是最近大火的韩剧《来自星星的你》中的“千颂伊与都敏俊”，排名第三竟然是“李云迪与王力宏”。

360搜索大胆出位的“嘿咻”公关，紧扣产品的核心功能“搜索”，借势情人节热点及“东莞事件”余热，研发出“嘿咻指数”的个性化产品，并利用明星、模特来公开挑逗大众神经，通过微信、微博大号及时进行传播，引发了无数网友转发、评论、主动搜索，在情人节期间形成了一轮口碑冲击波，取得了事半功倍的效果。

“从某种角度上讲，竞争企业之间的营销战就是一场运动战，就像一场激烈的足球比赛一样。掉在水里不会淹死，呆在水里才会淹死。在营销运动战中，面对突发情况反应的速度决定了品牌未来的高度。结合世界杯赛场上不同球队闪转腾挪、排兵布阵的谋略，总结出营销运动战的四大主要招式：快速模仿、先发制人、绝对反击、釜底抽薪。”

第十三章
世界杯赛场的闪转腾挪
——打好营销“运动战”

《孙子兵法》里有句话——水因地而制流，兵因敌而制胜。故兵无常势，水无常形；能因敌变化而取胜者，谓之神。

世界杯的舞台同样如此，充满了变化。1998年法国队成功夺冠，而2002年世界杯，法国队却被非洲新军早早就送回老家。2002年韩国队斩杀强敌进入四强，而2006年打完小组赛直接卷铺盖走人。无论西班牙的冠军之路被多少球迷所不满，认为没有赢巴西/阿根廷/意大利/英国这四支强队中的任何一支，但它最终捧起了2010年大力神杯。

如果主教练能够审时度势，及时调整排兵布阵的策略，可能会收到意想不到的效果。

从某种角度上讲，竞争企业之间的营销战就是一场运动战，就像一场激烈的足球比赛一样。掉在水里不会淹死，呆在水里才会淹死。在营销运动战中，面对突发情况反应的速度决定了品牌未来的高度。

快速反击的经典比赛

1982年世界杯半决赛，法国与西德之间的较量成为世界杯足球史上的经典赛事。浪漫优雅的法国队依靠过人的天赋与永不退缩的钢铁战车西德人相遇在半决赛的舞台，他们截然不同的风格和打法，使得两队的较量精彩纷呈。西德队在比赛中先入一球，随后被法国队追平比分，两支球队进入加时赛。在加时赛中，法国队很快射入两球以3：1领先，让法国队觉得胜利在望，然而谁也没有想到竟然出现了惊天大逆转。法国队的两粒进球没有打垮对手，西德队的鲁梅尼格在没有替换队员的情况下，带伤作战，神奇地将比分追成3：3平。点球大战中，西德队门将舒马赫扑出了对方的2个点球，成为西德晋级决赛的英雄。

1990年世界杯1/4决赛，喀麦隆对阵英格兰，当时的英格兰有普拉特、加斯科因、莱因克尔、希尔顿等名将，英格兰率先由普拉特头球打进1球，落后的喀麦隆疯狂反扑，下半场他们利用米拉大叔的两个助攻2：1反超英格兰。双方继续你来我往，直到比赛进行到80几分钟，当所有人都以为喀麦隆将又一次创造奇迹的时候，英格兰获得点球，莱因克尔把比赛拖进加时赛。加时赛中，又是点球，又是莱因克尔，英格兰依靠莱因克尔的两个点球最后淘汰喀麦隆。

1994年世界杯1/4决赛，巴西与荷兰的对决成为经典。昔日名震绿茵的荷兰三剑客只剩下里杰卡尔德一人了，不过罗伊、维茨格和博格坎普的崛起，仍然让人看到了橙衣军团的希望。上半场尽管双方都没有进球，但却踢得很开放，观赏性极佳。第53分钟，贝贝托左路突破传中，罗马尼奥跃起脚背弹射入网。10分钟后，在罗马尼奥的掩护下，贝贝托也打进一球，巴西2：0领先。然而，过了不到2分钟，博格坎普就利用边线球的机会扳回1分，第76分钟荷兰队温特头球攻门打开塔法雷尔把守的城池，扳平了比分！巴西人奋起反扑，终于在第81分钟获得一个任意球，3：2锁定胜局。这场胜利也打开了巴西队通过“四冠王”的巅峰之路。

1998年世界杯1/8决赛，英格兰与阿根廷强强碰撞，这对宿敌历来不分伯仲，谁都有可能取胜。两队开场后就打起了攻势足球，阿根廷首先利用点球打入一球，之后，青春靓丽的18岁少年欧文横空出世，他先是突入禁区为英格兰博得一个点球并由席勒罚中，接着便是接后场长传带球干净利落的晃过阿根廷几名后卫突入禁区，在门将封堵前将球挑进球门。落后的阿根廷大举进攻，英格兰也绝不保守，双方继续你来我往，在上半场将要结束的时候，阿根廷在禁区前沿的右侧获得任意球，2：2扳平比分。下半场比赛风云突变，贝克汉姆在被对手犯规到地后，报复性地起脚轻勾西蒙尼，西蒙尼顺势倒地，裁判果断掏出红牌，贝克汉姆黯然离开了球场，相信全世界无数贝克汉姆的球迷尤其是女球迷在这一刻流下了伤心的泪水。少一人作战的英格兰渐趋保守，比赛也陷入沉闷直到点球决战，英格兰悲情地告别了世界杯。

2010年世界杯半决赛，荷兰挑战乌拉圭。荷兰在此前5场比赛中保持全胜，1/4决赛更是2：1逆转淘汰5星巴西，士气正盛。乌拉圭1/4决赛遭遇120分钟点球惊魂，最终在点球大战上涉险过关。开场后，双方踢得非常小心谨慎。荷兰在第18分钟取得领先，斯内德分球，范布隆克霍斯特30码外左脚怒射，皮球像出膛的炮弹一样飞向大门右上角，穆斯莱拉显然准备不足，球飞进死角。乌拉圭在第41分钟扳平比分，弗兰右脚扣过马泰森28码外左脚远程发炮，皮球在空中划出一道诡异的弧线影响了斯特克伦博格的判断，荷兰门将只能眼睁睁看着皮球入网。荷兰在第70分钟再次将比分反超，斯内德禁区边缘右脚大力低射，前点接应的范佩西处于越位位置，虽然他没有碰到皮球，但罗宾侠站在进球线路上干扰了穆斯莱拉的判断，斯内德的低射直接窜进了大门远角。三分钟后，荷兰再下一城以3：1领先。就在荷兰人准备欢庆胜利的时候，风云突变，补时第2分钟乌拉圭任意球打出精妙配合，佩雷拉在禁区边缘左脚抽射，斯特克伦博格扑救不及，2：3！最后阶段乌拉圭人还有绝杀机会，他们的远射打在荷兰球员身上疑似手球，但因为没有慢镜头无法确认，主裁判伊尔马托夫随后也吹响了全场比赛结束的哨音，乌拉圭球员集体入场围攻裁判要求解释。最终荷兰以3：2的比分淘汰对手晋级决赛。

营销运动战的招式

《孙子兵法》里有句话——水因地而制流，兵因敌而制胜。故兵无常势，水无常形；能因敌变化而取胜者，谓之神。世上唯一不变的东西就是变，而最后的应对策略就是以变制变。在营销战争中，一切竞争形势都在不断地发生变化，市场游戏规则也在不断修改，没有永远奏效的战略。因此，企业只有根据动态的竞争环境进行战略战术上的不断创新，才能先人一步抢占战略的制高点，使自身在市场竞争中立于不败之地。

掉在水里不会淹死，呆在水里才会淹死。在营销运动战中，面对突发情况反应的速度决定了品牌未来的高度。

要打好营销运动战，就要避免在静止状态下与强势对手进行决战，而要不断寻找对手的弱点，不断进行创新，连续进攻。对于自身来说，持续创新能够让企业保持恒久的竞争力，永远以我为主，牵制对手；而对于竞争对手来说，持续的创新则会让他们找不到主攻方向，也就无法有效地组织防御和抵抗。

结合世界杯赛场上不同球队闪转腾挪、排兵布阵的谋略，总结出营销运动战的四大主要招式：快速模仿、先发制人、绝对反击、釜底抽薪。

招式1. 快速模仿

当你与对手不是一个重量级的时候，模仿是一条快速提升市场战绩的捷径。很多第一次进入世界杯决赛圈的球队，由于缺乏大赛经验过分紧张，导致发挥失常颗粒无收。而有的球队则模仿、学习世界强队的打法，尽管略显稚嫩，也能赢得观众些许掌声。

当然，模仿不等于抄袭和照搬，如果在模仿的基础上能够加入一定的创意，将更加圆满。赶驴网模仿赶集网的广告进行借势营销，就非常值得肯定。

招式2. 先发制人

无论在赛场上是强队还是弱队，都要尽可能做到先发制人，有数据表明，在世界杯赛场上，先进球的一方一般都能取得比赛的胜利。进攻就是最好的防守，进攻总是制胜的法宝，一味防守只能被动挨打。进攻虽不是万能的，但没有进攻只有防守的球队是绝对不会成为胜利者的。作为企业在营销中进攻就显得更重要。竞争对手不会因你的防守而罢手，他们一定会得寸进尺，置你于死地。只有奋起发反击，发动凌厉的攻势，才会让对手退缩，赢得市场竞争的胜利。

2012年5月以来加多宝与广药王老吉的对决，充分说明了先发制人才能步步制人。加多宝通过四次战术调整，即正宗战术、改名战术、绝对领先战术、相对领先战术，次次都给广药王老吉以致命打击。

招式3. 绝地反击

有的时候，不管是强队还是弱队，都有可能在赛场中处于落后的位置。这个时候最重要的是不能气馁，学习意志强大的德国战车，不到最后一分钟决不放弃，寻找绝地反击的机会。日系车在中国市场的起伏，印证了“坚持就是胜利”的真理。

2012年9月份打砸烧日系车的情形相信大家记忆犹新。值得注意的是，在发生打砸烧日系车事件不久，日产、丰田、本田三大日系车企，针对此前在抗议日本政府非法“购岛”游行中意外受损的中国本地车主、4S店，分别推出了不同程度的补偿方案，如换购、免费维修，负担医疗费、店面修缮费等。正是这样的温情，使部分举棋不定的车主坚定了对日系车的信任。为了重新吸引中国消费者的关注，挽回失去的市场，2013年日系品牌集中向中国市场投放了多款新车型，如全新跨界车杰德、全新一代

RAV4、改款锐志、混合动力版凯美瑞等等。正是这种坚持、不放弃，使得日系车重新焕发了雄风。2012年9月日系车在华市场份额缩减至10%以下，而2013年10月的销量达到27.28万辆，整体市场份额已恢复到17%。

招式4. 釜底抽薪

在世界杯赛场上，为了赢取比赛的胜利，有时候会不择手段。比如通过犯规战术将对方的核心球员撞伤，或迫使其做出出格的动作自取灭亡，如1998年世界杯贝克汉姆被阿根廷球员激怒后报复性地绊倒对方，被红牌罚下，使英格兰早早离开世界杯。

2002年，奥克斯空调在宁波当着百余名媒体记者的面，公布了一份《空调成本白皮书》，大曝行业内幕。白皮书称，一台1.5匹冷暖型空调的生产成本仅为1378元，加上370元的销售费用、80元的商家利润、52元的厂家利润，市场零售的标准价应该是1880元。奥克斯公布的“标准价”与市场上售价最高的同型号空调相比低了1/3。此言一出，业界哗然。奥克斯当仁不让地博得了消费者好感，空调成本的曝光使许多长期以来依靠高广告投入来维持“优质优价”的企业深感头痛，大家都输了，而奥克斯成了最大的赢家。

赶集网与赶驴网

2011年春节刚过，人们就在电视、地铁上看到了姚晨为赶集网代言的广告。姚晨乐呵呵地赶着一头小毛驴，哼唱着“我有一头小毛驴我从来也不骑，有一天我心血来潮骑它去赶集”的儿歌……广告最后姚晨说：“赶集网，啥都有！”整个广告片妙趣横生，给人留下了深刻印象，取得了巨大成功。如今街头巷尾，还经常有人哼唱起这首儿歌。据说有的小孩在地铁里哭闹，看到这个广告后竟然破涕为笑，还有的人特地找到地铁工作人员，破天荒地要求把广告声音调大一点，说“听不清姚晨在说什么”。

广告播出的时间既赶上了春节期间节目收视率的高峰，又恰好成为姚晨宣布离婚后的首次代言出镜，自然火得不得了。由于可爱的驴子过于抢镜，许多观众记住了姚晨赶驴，就是忘记了网站的名字叫赶集网，有很多观众也在网上不断搜索想找到赶驴网。短短十多天内，“赶驴网”的百度指数就从几十飞涨到了成百上千次。知名度一直低于赶集网、58同城的百姓网，敏锐地嗅到了一次商机，他们在2011年2月14日抢先注册了拼音域名的赶驴网，并打出广告“赶驴网，啥没有？”其信息全部来源于百姓网。一个多月之后，百姓网关闭了赶驴网，网友搜索域名等相关信息时将自动跳转到百姓网。

赶集网在中央电视台的广告投入据说高达4亿元，而百姓网注册赶集网只不过花了区区几百元，性价比可见一斑。

加多宝挑战王老吉后来居上

去吃火锅，习惯性地说“一人一罐王老吉”，服务员拿来加多宝，大家若无其事地喝了起来。——这就是加多宝的神奇！

2012年母亲节，通过仲裁，广药从“养母”加多宝手中抢回了“儿子”王老吉，对于加多宝有点始料未及。也许加多宝此前想过会有这么一天，不然也不会不遗余力地推广矿泉水品牌“昆仑山”，但没想到这一天会来得这么快。更没想到的是，王老吉被“生母”广药领回家后严重水土不服，广告乏力、渠道缺货，而痛失“养子”的加多宝，四处突围，终于通过“改名”路线一举超越王老吉。

从某种角度上讲，两个竞争企业的营销战就是一场运动战，就像一场激烈的足球比赛一样。加多宝与王老吉的这场比赛，一开始加多宝的处境非常不利，为什么加多宝能够后来居上？主要原因就在于加多宝能够审时度势，根据赛场的变化快速调整广告策略，先发制人不断进攻，从而给予对手致命一击。虽然加多宝经常玩一些违规的小动作，甚至多次被黄牌警告，但是比赛是残酷的，市场也是残酷的，赢球才是硬道理。

纵观2012年5月以来加多宝广告的变化，不难看出四次快速进攻的过程。

第一次快速进攻：正宗战术。广药收回“王老吉”商标之初，加多宝推出的广告是“怕上火喝正宗凉茶”、“正宗凉茶，加多宝出品”，现在回过头来看是比较谨慎的，当然这个广告也受到许多消费者和经销商质疑，“正宗”二字难有明确的标准，就算讲“正宗”起码王老吉比后来者加多宝正宗，广药未能予以针对性打击，实为加多宝之幸。

第二次快速进攻：改名战术。“正宗凉茶”的广告投放了仅仅一个月便停播了，加多宝肯定早已意识到其中的问题，很快我们看到了一个全新的广告，正是这个广告直接将王老吉置于死地。且看：“怕上火，现在喝加多宝！”（虽然原来一直喝王老吉，现在开始喝加多宝，为什么呢？）“全国销量领先的红罐凉茶改名加多宝”（因为王老吉改名了！哦，原来如此）“还是原来的配方，还是熟悉的味道”（哦，只是名字改了，配方和味道都没变）。其实，加多宝的这个广告同样有致命的问题，“改名”之说实为一家之言自说自话，且市场上王老吉商标的凉茶仍在合法公开销售，从未改名，但广药显然没有抓住又一次的反击机会。非但没有反击，就连广告声势也远远不及加多宝。在央视和多个地方电视台，加多宝广告此起彼伏，甚至在有的电视台，王老吉红罐的广告刚一出现，加多宝紧接着就来个红罐改名的广告，咄咄逼人，针锋相对，王老吉明显处于下风！

在广州白云机场入口处，有一个巨幅广告“正宗凉茶王老吉从未更名”非常惹眼。然而这支广告来得太迟了。针对加多宝的改名广告——“怕上火，现在喝加多宝！全国销量领先的红罐凉茶改名加多宝”，王老吉早就应该推出针锋相对的广告——“怕上火还喝王老吉！180年正宗凉茶王老吉从未更名！”可惜，广药似乎对官司更感兴趣。广药天天纠缠于官司乐此不彼，可以说是帮了加多宝一个倒忙。正是在与广药的官司战中，让更多人认识、了解加多宝，并同情、支持加多宝。加多宝抓住消费者的心理大打情感牌，品牌知名度直线上升。

我曾经在2012年10月大胆预测——加多宝的改名广告只是其阶段策略，待到大部分消费者都认为王老吉改名为加多宝了，而广药又通过打官司证明王老吉没有改名之时，加多宝再也不会用改名广告了，而大部分消费者怕上火也不喝王老吉了，到那时广药只不过是又多赢了一场官司而已。这一预测不幸被言中。

第三次快速进攻：绝对领先战术。2013年12月，广州市中级人民法院一审判决加多宝立即停止使用改名广告，对此加多宝方面早有心理准备，早在法院判决下达之前，加多宝已经陆续撤下改名广告，并推出了全新的以数据说话的广告——“中国每卖10罐凉茶，7罐加多宝”。看到这个广告，广药再次“很上火”，指责加多宝虚假宣传。加多宝的粉丝看到这个新广告，也许只会欣慰地一笑。这则新广告实际上是将“加多宝凉茶”和“加多宝公司”进行了概念偷换，毕竟2012年5月之前的红罐“王老吉”都是加多宝公司负责生产和销售的。对于广药方面的质疑，加多宝底气十足，根本就没有提前些年生产的红罐“王老吉”，而是直接引用“国家统计局中国行业企业信息发布中心”公布的2012年最新数据进行佐证。而广药除了指责、起诉之外，似乎已无路可走，反而还暴露了自己2012年实际销量与预期差距较大的尴尬，可以说再次被加多宝牵着鼻子走。

值得注意的是，北京零点市场调查公司针对全国9个城市的最新调查

数据显示，王老吉仍是影响力最大的凉茶品牌，“无提示提及率”王老吉高达88.5%，加多宝为64.9%。如果把这个数据运用好了，广药或将迎来全面反攻。

第四次快速进攻：相对

领先战术。“中国每卖10罐凉茶7罐加多宝”的广告再次受到质疑和起诉之后，加多宝一方面积极解释、应对，一方面又推出了全新的广告“加多宝凉茶全国销量遥遥领先”。这句广告语与“中国每卖10罐凉茶7罐加多宝”并没有本质的区别，只不是把绝对数据变成了相对描述。但其实已经无伤大局了，毕竟“10罐凉茶7罐加多宝”的广告已经深入人心。2014年3月底，加多宝在官方网站上打出了“连续7年荣获中国饮料第一罐”的广告，并以新闻的形式在电视台、网络进行大面积传播核心信息。

面对加多宝一次又一次的最新广告，广药不断指责质疑，疲于奔命，不思进取，结果既错过了反击的最佳时机，又给予了加多宝不断曝光、不断调整广告策略的机会。在广药与加多宝的这场运动战中，广药可以说是“完败”。对于加多宝的态度，相信很多人和我一样，从2012年5月为之“打抱不平”到后来“谨慎乐观”，再到现在“全面看好”。

当然是中国队！
马诺小姐，南非世界杯
你支持哪个队？
SOUTH
AFRICA
FIFA

“世界杯创立之初，旨在宣扬足球是一项天生的男性运动，沉湎于男性的张扬、暴力与热爱，几乎是将女性章节一笔带过。如今，80多年过去了，世界杯却已离不开女人。女主播、太太团、球迷宝贝和歌手超模，她们的存在让世界杯更加精彩。国际足联、媒体、商家，为何要将女人拉进世界杯的队伍？”

第十四章
纯爷们的球赛为啥拉女人入伙
——得女人者得天下

世界杯创立之初，旨在宣扬足球是一项天生的男性运动，沉湎于男性的张扬、暴力与热爱，几乎将女性章节一笔带过。

如今，80多年过去了，世界杯却已离不开女人。足球不再是男人的专属品，女人足球的热爱呈现出有过之而无不及之势。她们为心爱的球队摇旗呐喊，以独特的方式享受这全世界球迷的节日。女主播、太太团、球迷宝贝和歌手超模，她们的存在让世界杯更加精彩。尽管，有不少人认为世界杯是“足球女牛盲”四年一次的闹剧。

国际足联、媒体、商家，为何要将女人拉进世界杯的队伍？因为他们很清楚，虽然男人才是世界杯的核心观众，虽然对于男人看球赛这件事女人没有决定权，但是女人们对于世界杯有越来越多的话语权，荷兰一家妇女组织甚至发起一项非暴力不合作运动，号召妇女们不要给家里那个因熬夜看球而贪睡的死男人做早餐。如何避免女人对男人看球赛的反感？如果将她们也拉入看球的队伍，问题岂不是迎刃而解？

世界杯离不开女人

2010年，国际足联主席布拉特计划增派女裁判执法男足世界杯。布拉特的这一想法并非空穴来风，早在2006年，法国人内莉·维耶诺差点成为德国世界杯赛的巡边员，她曾经成功执法2003年女足世界杯主裁判，如果如愿以偿，她将成为男足世界杯历史上第一位女性裁判。

2010年南非世界杯期间，新浪、搜狐、腾讯、网易4大门户网站纷纷策划专题如《女人也爱世界杯》，以吸引更多女性观看世界杯。自2002年以来，沈冰、陆幽、王梁等一批女记者、女主播，陆续走进CCTV-5演播大厅，引起许多女粉丝尖叫，虽然她们对足球一知半解，虽然她们经常闹一些低级笑话。

拜金女马诺看好中国队

凭借江苏卫视《非诚勿扰》“宝马车中哭泣”一炮走红的马诺，人气高涨。2010年南非世界杯期间，视频网站流传着一段有意思的视频，央视名嘴刘建宏问马诺南非世界杯期间支持哪个队，马诺郑重回答：“中国队。”一语雷翻众人。在该视频后，数百网友争相留言：“看马诺主持世界杯就是看一场无厘头的笑话。”此外，还有部分网友表示此举疑似网站的借机炒作，因为世界杯无疑将是这个夏天最大的关注点。

一个负责足球，一个负责眼球，可以充分看出男女搭档的黄金魅力。

无独有偶。2002年世界杯期间，刘建宏与美女沈冰的全新搭档，相信许多观众记忆犹新。沈冰主持世界杯，仁者见仁，智者见智。中央电视台《东方时空》一位编辑认为：“使用沈冰绝对是一个败笔，她很漂亮，但缺乏灵性，特别是对足球一窍不通，经常问些不可思议的问题。”的确，以前的足球评论都是非常专业、资深的评论，沈冰带给大家的是一个非专业的视角，有时甚至显得稚嫩、弱智。然而，正是这种近乎弱智的表现，却赢得了许多女性观众的认同，产生了一种共鸣。在调查采访中发现，很多女球迷以前根本不看足球，沈冰的出现让她们对世界杯、对足球产生了兴趣，只要沈冰出现，她们都会如期守在电视机旁看世界杯。

足球寡妇的另类营销

英国曾经有一位女士与丈夫闹离婚，控告第三者，结果竟是足球。这场闹剧已经够荒诞了，但荒诞就有传播价值。一家叫宇宙足球厂的老板巧妙地利用了这个机会，主动上门当上被告，赔偿该女士10万英镑，成为人们讨论的话题，轰动整个英国和欧洲大陆。面对很多媒体采访，他总是说，这件事正说明我厂生产的足球的巨大魅力。结果用10万买了一个100万、甚至1000万的宣传效果。

在世界杯期间，那些球迷会整天目不转睛看比赛，冷落妻子，让她们变成“足球寡妇”。正是看准这一点，2006年德国世界杯期间，瑞士旅游局在德国电视台的黄金时段推出了一则名为“女孩，我的爱”的广告片，大打美男牌，希望德国的“足球寡妇”能够抛开自己的老公，到瑞士观光。

“亲爱的女孩们，为何不逃离今夏的世界杯，到一个男士少花时间在足球，多花点时间在你身上的国家？”这样的广告词极具鼓动性，更何况广告画面中还有农场工作的阳光美男、崇山峻岭间的攀岩帅哥，甚至还有前一年的“瑞士先生”担任挤奶工人。

男人爱足球，女人爱什么？在瑞士旅游部门的心目中，这个问题的答案也许是——帅哥。无独有偶，香港卖场也曾经打出过类似的广告：每个女人都会输给同一个情敌——足球，但是幸好她们还有同一个情人——Shopping!

“她时代”的营销策略

据统计，每年全球消费总额18.4万亿中的12万亿是由女性主导消费。资料显示，中国女性年消费额是男性的7倍，美国斯坦福大学研究报告也表明，10个购物狂中有9个是女性。全国妇联调查显示，78%的已婚女性负责家庭日常开销和购买衣物，在购买房子、汽车和奢侈品等大额商品时，23%的已婚女性能独立做出决定，其余77%的女性会与配偶商量后做出决定，而她们的想法将会对最终决定产生重大影响。

根据第六次人口普查统计，我国女性消费者有6.5亿之多，占全国人口的48.73%。女性消费者不仅数量大，而且在购买活动中起着重要作用。她们不仅对自己所需的消费品进行购买决策，在家庭中，她们还承担了母亲、女儿、妻子、主妇等多种角色。在商业越来越繁荣的今天，女性消费成为不可忽视的力量。中国未来消费市场很大程度上掌握于女性消费者手中。

没有女人的消费，80%以上的消费品公司会倒闭。没有女人的网购，82%的淘宝品牌将不复存在。女人的一生就是一部以消费为主线的商业大片。对于任何公司来说，不管所处的是哪种行业，如果对这一消费群体有任何的漠视、怠慢甚至于一点点疏忽，都会顿失生机。

女性饮品、女性杂志、女性网站、女性汽车以及女性电视节目正在大张旗鼓地占领市场。在越来越多的商业领域，以男性为“重心”的消费主

义正转变为以女性为“中心”的消费主义。

因此，可以毫不夸张地说，中国市场消费已经进入“她世纪”。面对消费“她时代”，企业应该全力研究女性的消费特征，做好消费“她时代”营销策略，把握无限商机。俗话说：“女人的钱最好赚”，这句商界谚语如今不再是化妆品与时装的专利，在女性掌握了钱包的今天，谁把握住女性消费者的消费心理，谁就拥有潜在的无限商机。因此，在这个消费“她时代”，企业的产品应该“她”化，即尽量去“迎合”掌握消费“决策权”的女性。

女人最喜欢分享晒单，她们发现某个好东西或者不好的东西，总是忍不住告诉别人，在自己的圈子里面散播。女人总是比男人细腻，相对来说比较容易受到外界的干扰，一点风吹草动就可以让她们心跳加速，更不用说那些震撼的大降价、促销活动、让利大酬宾了。广告对女性的效果更好，与她们的情感特点不无关系。

女人都是时尚崇拜动物，享受生活，追求时尚，所以她们在购买化妆品、服饰等产品时，较多地侧重于产品设计、外观包装，在意美的效果，期望通过使用流行、时尚、新颖、奇特的产品来强调自我的唯一性。

因此，给她们贴上时尚化、个性化、尊贵化的标签，对于刺激女性主动消费是非常必要的。

朵唯手机与“他她水”

一项调查显示，近八成消费者提到女性手机，第一反应就是朵唯手机。

2009年的手机市场，正是国际品牌全面崛起而本土品牌全面溃败之际，也是功能机正处巅峰而智能机技术尚未成熟之际，无论从实力、从技术、从竞争等多个方位来看，当时弱小的正处于初创期的朵唯并没有非常明显的市场机会点。但是，4年时间过去了，朵唯在激烈动荡且变化的手机市场上不仅活着，而且还在稳步发展，这不能不说与朵唯选择并坚守“女性手机”这个核心价值，并践行“立足于小而聚焦于美”的策略戚戚相关。

在竞争残酷的手机行业，新品牌要站稳脚跟实属不易，而年轻的朵唯之所以能牢牢占据一席之地，除却产品创新等因素，成熟的品牌营销功不可没。无论是创建初期斥千万重金力邀舒淇代言强化女性手机的专属标签一炮打响，为品牌奠定女性特征的个性化符号，还是持续投入《全家一起上》、《美丽俏佳人》、《天天向上》、《我爱记歌词》等金牌栏目，或者后来植入冯小刚电影《非诚勿扰2》，实现与代言人的捆绑营销，都为品牌知名度和美誉度的提升立下汗马功劳。

新媒体方面，朵唯同样营销有术。2012年10月，恰逢新品D9上市，@朵唯女性手机(昵称朵儿)发起了“朵享大使”的招募活动：粉丝说出自己申请成为“朵享大使”的理由，转发+@，就有机会获赠新款大屏、双核、高清拍照的D9手机一部。参考舒淇的特点，“朵享大使”的甄选标准确定为：18–35岁的时尚女性、有一定粉丝基础和影响力、乐于分享身边所见所闻。从某种意义上说，“朵享大使”相当于朵唯的代言人。

朵唯在@星座爱情001、@治愈系心理学等垂直行业账号和较活跃的时尚、女性、抽奖类微群内发布活动信息。这样的精准推广效果颇佳，很快为活动汇聚了大量爱美、爱时尚、爱自拍的女性，且“活跃份子”居多。她们又纷纷邀请闺蜜和周围朋友参加，雪球越滚越大，充分调动了粉丝们的积极性。为期2个月的选拔如火如荼，众位“朵儿粉”八仙过海各显神通：行动派们为朵唯做蛋糕、制图片、拍视频；才子才女则舞文弄墨，“甄嬛体”、“代言体”、“朵唯Style”一应俱全。

饮料也要分男女？2004年，汇源推出中国首款男女饮料——“他

+”“她－”营养素水饮料，这个颇具创意的产品让“他她水”顿时成为2004年的明星。没想到的是，2005年当人们开始研究这个案例并准备模仿时，却发现“他她水”已经“伤”在半路上。

“他她水”的问题在于产品概念太多：饮料分男女，性别饮料，男他有利于增强体力，女她可以减肥。这些概念哪些对消费者才是有实效的，企业似乎并没有把握准。

从广告传播中我们看到“饮料分男女”始终是“他她水”最核心的诉求，但对于消费者而言，这只是吸引他们关注这个产品的一个噱头，但不成为吸引他们购买这个产品的利益点，对于一个男性消费者而言，并不会因为“他她水”推出了针对男性的“他＋”就要购买。而“他她水”传递的“中国首款男女营养素水”和“无菌冷灌装”等卖点似乎也脱离了消费者的需求，源于汇源技术的“无菌冷灌装”在饮料市场上一直没有成为被消费者认知的利益点。

统一“鲜橙多”诉求的“多C多漂亮”、激活的“健康活力”、农夫果园的“三种水果营养”都给了消费者一个比较明确的产品利益点。这个利益点可以是功能上的，也可以是形象上的，可以是理性的，也可以是感性的，但都需要与消费者建立某种利益上的关系。而“他她水”主要停留在企业自己的产品主张中，并没有通过广告、公关等大众传播手段传达给消费者，结果是消费者对这个产品缺乏认知。

如果说汇源的“他她水”只是一个短暂的辉煌，那么被纳爱斯寄予厚望的“男女牙膏”则成了一出无人问津的闹剧。口腔专家指出，牙齿本身是不分性别的，不论男女，每个人的牙质都差不多，对于牙齿保护来说，牙膏只起到辅助作用，其作用远不如牙刷。纳爱斯“男女牙膏”貌似很有概念，必然无法成功。

世界杯预言神仙
呜。。。
中国
上帝，我啥时候能夺冠？
韩国
日本
200
年
100
年

“中国队急于在世界杯舞台上树立自己的品牌形象和地位，却忽略了品牌战略是一项系统规划，虽然在短时间内达到了一定的目的，但是长远来看却得不偿失。企业需要根据实际情况，制定适合自己的中长期品牌战略，将品牌行为充分融入到营销的每一个环节，稳扎稳打、循序渐进，才能实现品牌发展的目标。”

第十五章
中国队的短命世界杯
——放长线才能钓大鱼

2002年韩日世界杯，中国队小组赛三战尽负，而且未进一球，尴尬地结束了自己在世界杯赛场的处子秀。

足球队11个人就好比是企业营销体系的各个组成要素，前锋、中场、后防哪条线弱了都不行，三条线之间、每条线内部衔接不好也不行，教练的指挥策划失误更不行。短视、急功近利，是中国男子足球的症结。2002年韩日世界杯中国队侥幸晋级32强，然而此后却一落千丈，甚至在2013年6月15日遭遇“泰囧”耻辱——主场1：5输给弱旅泰国队。

中国队急于在世界杯舞台上树立自己的品牌形象和地位，却忽略了品牌战略是一项系统规划，虽然在短时间内达到了一定的目的，但是长远来看却得不偿失。世界杯品牌84年屹立不倒，堪称“百年老店”。期间虽然有第二次世界大战的影响，导致1938年至1950年之间停办了两届，然而其他时间都保证了按照四年一届的规则推进，即便是遭遇墨西哥地震这样的不可抗力，依然无法阻挠国际足联和举办国的决心。企业需要根据实际情况，制定适合自己的中长期品牌战略，将品牌行为充分融入到营销的每一个环节，稳扎稳打、循序渐进，才能实现品牌发展的目标。

恒大夺冠勾引世界杯中国梦

2013年11月9日，在广州进行的2013年亚冠联赛决赛次回合角逐中，广州恒大队主场1：1战平韩国首尔FC队，由于双方首回合较量以2：2收场，因此两队总比分打成3：3平。不过，恒大凭借客场进球多夺得冠军，成为中国足球历史上第一支问鼎亚冠冠军的球队。

2002年世界杯之后一度沉寂的中国足球，突然又变得异常热闹起来。仿佛恒大夺冠了中国足球就有了很大希望，就一下子进入了世界豪门球队之列，世界杯就在向我们招手。真是好了伤疤忘了痛，2006、2010、2014这三届世界杯，连亚洲区十强赛都没有进入，就开始憧憬2018年世界杯的美好未来。不过据说欧足联主席普拉蒂尼提议从2018年俄罗斯世界杯起，决赛圈球队的数量从32支提升至40支，如果这一提议能够通过，苦逼的中国足球没准能够第二次进军世界杯舞台。

世界杯出线与否只是一个结果，但要取得什么样的结果，围绕着这个结果所要做的事，可以说是一个庞大的系统工程。它需要进行系统的设计和规划，但是，到现在为止中国足球连一个固定的技战术都还没有形成。一度是防守反击，一度又是抢逼围，说法很多，但就是无法确定。国家队主教练频繁更换，球员疲于应对……

2000年的足球史浪费了

足球运动最早起源于中国。早在春秋战国时期，就出现了“蹴鞠”或名“塌鞠”。最早的说法见《战国策·齐策》：“临富甚福而实……塌鞠”。到了汉代，由于社会经济的繁荣，蹴鞠得到了更大的发展，几乎是万人空巷。而且蹴鞠成了宫廷的主要体育活动。汉高帝刘邦的父亲初入皇宫时，曾因没有球踢而一直闷闷不乐。后来刘邦特意为刘太公建造了“新丰宫”，于是太上皇就可以和家乡的人一起蹴鞠取乐。这样的环境，也造就了汉武帝、汉成帝这样的“帝王球星”。另外，蹴鞠还成了军队训练的内容之一。

唐代是蹴鞠的鼎盛时期。比起汉代，此时的蹴鞠又有了新的发明创造。首先是“充气球”的出现，再次是球门的发明。其时的球门分为两种，一是球场内设置两个球门，两端各一个，A打B的门，B打A的门，运动量大，竞技性比较强，类似现代足球；另一种是在球场的中央设置球门，AB双方共享，球门高，进口小，估计只有巴斯滕那样的才会进得去。另外，还有不同球门的踢法，种类很多，有一人自踢，两人对踢，还有多人花样踢法。当时，唐代的MM们玩的一般都是非对抗性的蹴鞠，她们也就成了世界上最早的女足球员了。

到了宋代，两个球门的踢法已经不见了，主要流行一个球门或是不用球门。这种方式运动量不大，然而技术性和娱乐性都增强了。踢法是：先由A队球头踢球过门（门高估计三丈高、一尺宽），B队球员得球后，传给自己的球头，由球头射门，把球踢过门去为胜。

值得一提的是，清代由于民族风俗的关系，十分喜欢在冰上蹴鞠（最早的冰球运动）。玩时分为两队，每队数十人，球掷起后，两队争踢，以球在自己本方队员的脚下传递为乐。这个有点像我们玩球时的倒脚，只是我们是几个人传递，中间一人抢，通常都是“累个半死”方罢休。

20世纪初，现代足球由欧洲传入中国。“看戏要看梅兰芳，看球要看李惠堂。”这是三十年代在上海流传的一句话。在旧中国，一位体坛人物能够和京剧大师梅兰芳的名字相提并论，确实非凡。他以顽强的拼搏，高超的球艺，赢得了“亚洲球王”称号。其时，中国足球在亚洲逐渐发展强大，和李惠堂一起涌现出了第一批开天辟地式的先驱，第一次出现代表国家外战的正规球队。在1915年到1934年，中国获得了远东运动会的九连冠，并于1936年、1948年两次入围奥运会。

可惜，中国足球丰厚的历史资产并没有一脉相承，转化成世界杯舞台上的优势。

中国品牌与世界百年品牌的差距

凡事预则立，不预则废。意欲为大事者，必要规划于先，则事有可成，不预则必无所成，预于先，谋于前，而后则势如破竹，攻城拔寨，无战而不胜，无往而不利，得乎上者。

据统计，1984年当中国体育代表团重回奥运大家庭时，国内共有36家企业赞助，但到2007年，这些企业中却仅有李宁、健力宝等4家还在继续赞助。

冰冻三尺，非一日之寒。可口可乐赞助奥运会达86年之久仍不言弃，百事可乐用了50多年将自己的形象与“新一代”结合起来，沃尔沃讲“安全”讲了60年，宝马“驾驶的乐趣”持续了30年，耐克“just do it”推广了15年才被大家普遍接受，海尔用10年的功夫才将“真诚到永远”打造成独特的品牌识别。

武侠里经常有“寂寞高手”一说，如何达到“寂寞高手”的境界？事实证明，只有守得住寂寞才能成就“寂寞高手”的美名，否则极可能功亏一篑。君不见，张三丰、风清扬、王重阳这些“武林泰斗”在“天下无敌”前经受住了多少功名利禄的诱惑？经历了多少次动辄数年、寂寞无比的闭关修炼？君不见，纪律严明的李自成攻入北京后，面对富丽堂皇的宫殿，再也“耐不住寂寞”，纵容手下的将领和士兵勒索、抢劫，亲手葬送了几乎到手的江山。

太阳神、巨人、三株、秦池、飞龙、乐百氏、大宝、欧典……你还记得这些品牌的名字吗？虽然“巨人”今天“复活”了，但网游“巨人”已非昔日“巨人”。当年史玉柱耐不住寂寞，将“巨人”的脑黄金延伸到房地产领域，导致最后资金链断裂、品牌“归天”。而太阳神、三株、秦池、飞龙这些当年的“武林高手”，一朝得势，以为从此就“天下无敌”

了，便颐指气使、便“指点江山”、便“攻城略地”，而不思产品创新、不思深耕渠道、不思用户价值，最终只能眼睁睁地看着自己含辛茹苦、一手培育的品牌“入土”。而乐百氏、大宝，还有汇源，它们或是主动或是被动地栽在了“品牌套现”上，总之是“耐不住寂寞”。

短视，是中国企业的通病。据普华永道会计师事务所统计，中国中小企业的平均寿命仅2.5年，集团企业的平均寿命仅7～8年，与欧美企业平均寿命40年相比相距甚远。中国企业数量众多，但企业的生命周期短，重复走着“一年发家，两年发财，三年倒闭”的老路。

在世界经济日益一体化、国际市场日益全球化的今天，民族品牌迎来了前所未有的发展契机，面对巨大的市场诱惑，你是要做一个数十年如一日的“品牌寂寞高手”，还是要做一个尽快套现的“品牌投机分子”？

长城润滑油十年航天营销路

进入品牌竞争时代后，央企的品牌意识也在不断增强。中国石化于2002年正式成立了润滑油公司，考虑到品牌的分散、资源的分散既不利于消费者的认知，也不利于在市场上与其他品牌相抗衡，中国石化对旗下的多个润滑油品牌进行了合理有效的整合，取名“长城”。十多年来，长城润滑油的品牌形象已经深入人心，品牌价值也不断提升，得益于其品牌战略的统一性和持续性。

自从20世纪60年代起，长城润滑油就与中国的航天事业结下了不解之缘，从“两弹一星”到“长征”系列运转火箭，都可以看到中国石化润滑油产品的身影。对于中国消费者而言，航天是一个独一无二、不可替代的优势资源，航天技术是世界上技术最复杂、难度最大的巨型工程，更是一个国家科技实力和综合国力的代表，同时还代表着中国消费者的民族自豪感和爱国热情。

十多年来，长城润滑油在“中国的世界级润滑油品牌”这一品牌定位的指导下，始终围绕着高科技、高品质、国际化的品牌性格，制定开展系列化、连贯化、持久化的整合营销传播活动，并基于自身特有的航天基因，打造长城润滑油的差异化专属符号。我有幸见证了长城润滑油十年来的品牌历练之路和完美蜕变，并参与到部分项目的策划中。

从2003年的“神舟五号”开始，11年来持续以中国航天系列事件为焦点进行品牌传播，先后成功策划了“神舟”系列与“嫦娥”系列航天营销活动，以此引发目标受众的共鸣，引导社会媒体的舆论，传达中国石化长城润滑油基于创新探索、奉献航天事业的新国企精神，塑造品牌内涵，提升品牌形象。

2003年10月15日，“神舟五号”发射成功，这是中国航天史上的大事件，也让中国民众欢呼雀跃。长城润滑油为“神舟五号”提供了全程润滑保障，同时围绕“神舟五号”成功完成任务进行了新闻报道。2004年底，中国石化与中国航天基金会联合举办了新闻发布会，对外正式宣布了长城润滑油是中国航天专用油品唯一供应商。

2005年4月12日，在西昌卫星发射中心，“长征三号乙”运载火箭成功发射了“亚太六号”通信卫星，长城润滑油组织了部分渠道经销商现场观看航天发射，大大提升了渠道商对长城润滑油的认知度和信心。

2005年10月18日，长城润滑油组织在加油站、汽修厂等销售终端开展“先进科技，护航神六”的主题宣传活动，针对长城润滑油的消费者进行宣传，同时与爱卡网等媒体合作开展消费者体验活动，让消费者亲身体验长城润滑油的航天品质。

2007年11月10日，“假如我登上月球——长城润滑油杯儿童绘画活动”在北京拉开帷幕，北京、广州有数百名中小学生参加了此次活动，孩子们用画笔描绘出了自己对“月球生活”丰富多彩的美好向往和对中国航天的寄语。

2008年5月，长城润滑油与航天员杂志社、航天员训练中心共同举办第一届“长城润滑油中国航天员体验营”招募活动，面向全国进行招募。2008年7月，40余名来自全国各地的中小学生齐聚北京航天城，进行为期四天的长城润滑油中国航天员体验营活动。

从2009年起，“长城润滑油中国航天员体验营”便每年持续举办，截至2014年已经是第七届。

经过十多年航天营销的坚持与努力，航天已经成为长城品牌的一个重要的元素与符号，起到了无可替代的作用。说到壳牌，大家想到的首先是F1赛事，说到长城润滑油，大家首先想到的是航天。一次调查数据可以说明这一点：30%左右的目标人群是因为航天营销而知道长城，40%左右的目标人群是因为航天营销而更加喜欢长城，超过10%的用户因为航天营销而购买或使用过长城润滑油，50%左右的人因为航天营销而觉得长城品牌档次更高。

“诸葛亮”缘何败给“襄阳”

2010年12月9日，湖北省襄阳市召开更名工作会议，会上宣读了国务院和湖北省人民政府的批复。从即日起，襄樊市正式更名为襄阳市，原襄樊市襄阳区更名为襄阳市襄州区。至此，持续十年之久的襄樊改名之争，终于尘埃落定。60岁的“襄樊”让位于2000岁的“襄阳”，可谓众望所归。

2010年9月25日，2010襄樊诸葛亮文化旅游节上，有关专家建言，不妨将城市名称改为“诸葛亮市”，通过城市更名突出襄樊品牌特色，以此带动旅游经济。诸葛亮堪称中国“智慧之父”，在某种程度上，其知名度甚至比襄阳还要大，为何襄樊最终改名为“襄阳市”而不是“诸葛亮市”？事实上，华盛顿、巴黎、圣地亚哥等世界著名城市，都是以人名命名的。

襄樊改名为“襄阳市”而不是“诸葛亮市”，核心原因就在于长远、系统的城市发展规划，城市的未来发展需要借助“襄阳”的品牌历史发扬光大。

襄阳之名自古以来就为人们熟知。诸葛亮在襄阳城外古隆中隐居10年，“三顾茅庐”、“隆中对”就产生于此，《三国演义》120回中，有31回发生在襄阳。金庸的经典小说《射雕英雄传》，通过郭靖在襄阳城下的神勇，让更多中国人认识了古城襄阳。2001年金秋时节，央视主持人周涛在襄樊主持诸葛亮文化节时，频频将“襄樊”说成“襄阳”，足见“襄阳”的影响力之深，由此在《人民日报》上引出一场更名论战。解放后的襄樊因诸葛亮而更加出名，但襄樊却不需要在“诸葛亮”身上吊死。

襄阳市（襄樊）是中国历史最悠久的地区之一，早在60万年前，人类已在此繁衍生息。襄阳市被汉水分为南北两城，南为襄城，北为樊城。樊城始于西周，因周宣王封仲山甫（樊穆仲）于此而得名；襄阳筑城于汉初，以地处襄水（今南渠）之阳而得名。自东汉献帝初平元年（公元190年）荆州牧刘表徙治襄阳始，襄阳历来为府、道、州、路、县治所。襄阳市至今已有2800多年的建城史，华夏第一古城池至今保存完好。自古就是商贾云集和兵家必争之地，也是中原文化和楚文化的汇合地。先后演绎过卞和献玉、司马荐贤、三顾茅庐、马跃檀溪、水淹七军、李自成称王等重大历史事件。

从汉朝开始，襄阳便在中国的历史和文人的辞章里显山露水。宋玉、杜审言、孟浩然、皮日休、张继、李白、杜甫、米芾等历代文人名士留下诗篇书画，也使襄阳之名闻名遐迩，最为著名的当属杜甫诗句：“即从巴峡穿巫峡，便下襄阳向洛阳。”

襄阳市被汉水分为南北两城，南为襄城，北为樊城，1952年，取两城“首字”设襄樊市。改革开放前，襄樊便被湖北省政府和国家相关部门确定为与“苏锡常”齐名的国内重要工业城市。“苏锡常”即苏州、无锡、常州三个市。“苏锡常”是江苏最大的“优势板块”，也是最快的增长极。苏锡常总面积占全国的0.3%，人口占1.7%，进出口额却占17%，GDP排名全国第4。三个地方仅占江苏省17%左右的面积、人口，却创造了占全省40%的GDP和财政收入。

1986年襄樊被认定为国家历史文化名城，其中一个重要依据就是襄阳古城两千多年的历史。一个好地名，就是一个绝好的城市品牌，是谋划城市发展、扩大城市影响力的无形资产和战略资源。

湖北省政府咨询委员叶青教授透露，一位襄樊市政府官员曾向他倒苦水，他们到外地或海外考察，每当提到襄樊对方总是不知所云，改口说襄阳，几乎无人不晓。这绝非一面之词，调查发现，天津市有“襄阳道”，上海市不仅有繁华的襄阳路，还有赫赫有名的襄阳公园；香港、台湾，包括美国、日本等地，都有以襄阳命名的街道，韩国江原道还设有襄阳郡。

从襄樊市人民政府网站上，可以清晰地看到城市发展的目标是“活力高效的汽车新城，协调发展的区域中心，安全生态的园林城市，开拓创新的文化名城”。并在网站上赫然打出了“今日襄樊：中国大陆最适宜开工厂的城市”的广告。

可见，解放后襄樊从来就没有放弃过、改变过“工业城市”的定位，二汽很大一部分车间在襄樊即是明证，襄樊市改名“襄阳市”，依托二汽东风带动汽车产业发展，并可借助襄阳古城、诸葛亮的名气发展文化旅游产业。但如果更名为“诸葛亮市”，就有可能本末倒置，使原本清晰的城市定位与城市名称显得极不吻合。

“襄阳”作为城市品牌，比“诸葛亮”作为城市品牌的外延更宽广，更有利于文化旅游业的发展。因为“襄阳”承载了2000多年的历史，而“诸葛亮”只承载了三国文化。抓“三国文化”而弃“襄阳文史”是此前襄樊在发展旅游产业时的一大问题，在改名襄阳后必须正视这一点，做到旅游资源的全面开发、多点开花，比如借鉴平遥谷城、杭州宋城&步行街的成功经验，发展壮大旅游产业。

“没有哪项体育赛事，能够像世界杯一样将政界显要、巨商名贾、平民百姓、甚至酒鬼赌棍、三教九流各色人等都吸引凝聚到它的脚下。世界杯从举办之初并非仅被光环所笼罩，丑闻一直不断地充斥其中。这些无疑大大损害了世界杯的品牌形象，对此国际足联是如何应对的？企业在遇到负面危机时该如何面对、正确处理？”

第十六章
暴力、黑哨与假球
——莫让负面把品牌拖下水

没有哪项体育赛事能像世界杯一样，将充沛的体能与冷静的智慧、战斗的狂热与谋略的狡黠、个人的奋斗与集体的合作实现如此完美的结合。没有哪项体育赛事，能够像世界杯一样将政界显要、巨商名贾、平民百姓、甚至酒鬼赌棍、三教九流各色人等都吸引凝聚到它的脚下。世界杯从举办之初并非仅被光环所笼罩，丑闻一直不断地充斥其中。

和奥运会相比，足球世界杯的兴奋剂丑闻要少一些，这是因为足球是一项集体运动，而且意外和不可控因素太多，就算运动员服用了禁药，也未必能出成绩，毕竟药物是无法提高球员的技术和战术能力的。然而暴力、黑哨与假球，却一直没有离开过世界杯的赛场。这些无疑大大损害了世界杯的品牌形象，对此国际足联是如何应对的？企业在遇到负面危机时该如何面对、正确处理？

世界杯的那些丑闻

世界杯上最丑陋的政治闹剧发生在1938年。那一年的意大利与匈牙利在决赛相遇，法西斯首脑墨索里尼出于政治的需要，强迫队员夺取冠军，并带着50名荷枪实弹的军警在场外，准备意大利队一旦失败就行刑。最终意大利以4：2击败匈牙利夺取冠军，匈牙利球员斯扎波在决赛后说道：“虽然我们输掉了比赛，但我们救了22个足球运动员的生命。”而随后的第二次世界大战让世界杯停摆12年之久，这也是政治给世界杯带来的灾难。

1969年6月，为了进军墨西哥参加第九届世界杯，萨尔瓦多与洪都拉斯两国虎视眈眈。比赛前一夜，洪都拉斯首都特古西加尔巴的球迷到萨尔瓦多球员入住的酒店前“狂欢”了一夜，第二天，洪都拉斯如愿以1：0击败彻夜未眠的对手。在萨尔瓦多，一名18岁的女球迷因伤心过度，在电视机前开枪自杀。这个年轻的女球迷的葬礼成了名副其实的“国丧”，总统和军队也出席了出殡仪式。当洪都拉斯来到客场时，萨尔瓦多球迷在政府、警察以及军队的支持下，把臭鸡蛋、死老鼠扔进了洪都拉斯球员的房间。比赛最终以萨尔瓦多3：0取胜而告终，而有两名前来观战的洪都拉斯球迷更是被活活打死在球场外。作为“回报”，洪都拉斯开始屠杀在国内的萨尔瓦多人，两国甚至终止了邦交关系。1个月后，两个国家的军队集结在边境展开了一场局部战争，后来美国出面调停两国才签署停战协议。一共有近3000人在这场“足球战争”中丧生。

1978年阿根廷世界杯，各方一致看好巴西，但巴西与阿根廷踢平后，阿根廷需要以4：0大胜秘鲁队才能获得进军决赛的资格，而最终他们以6：0战胜秘鲁，使巴西因净胜球的劣势无缘决赛。秘鲁媒体后来声称，阿根廷政府赛前曾向秘鲁支付了5000万美元以便让自己取胜。

1982年的西班牙世界杯西德在小组赛中1：2输给了阿尔及利亚，但却在与奥地利的比赛中默契地以1：0取胜，依靠进球数的优势挤掉了阿尔及利亚，与奥地利携手进入第二轮。赛后，委屈的阿尔及利亚人向国际足联提出申诉，然而国际足联也只能表示无能为力。

1990年意大利世界杯，阿根廷队医曾颇为友善地让巴西队的布兰科等人拿走一瓶水喝，该场比赛巴西最终0：1告负。赛后布兰科透露自己在喝了阿根廷队医的水后有困倦的感觉。阿根廷主帅比拉尔多在15年后承认，这瓶水中的确掺入了一些类似镇静剂的药物。

1998年法国世界杯，法国警察尼维尔在德国队与南斯拉夫队的比赛结束后被德国足球流氓打伤，虽然最终保住了性命，但现在尼维尔依然无法像正常人一样说话和行动，更糟糕的是他根本记不起以前发生的事情。

2002年韩日世界杯，在意大利与韩国的1/8决赛中，厄瓜多尔裁判莫雷诺不仅判给韩国一个点球，还将意大利队的一个进球判为越位，在加时赛中还将托蒂红牌罚下，导致意大利以1：2被韩国队淘汰出局，无缘世界杯8强。赛后莫雷诺受到了全世界球迷的指责。

为了应对日益严重的裁判受贿、操纵比赛的现象，国际足联为2010年南非世界杯的87名裁判员开出了每人5万美元的工资，这一数字比德国世界杯上涨了25%，是韩日世界杯的2.5倍。仅此一项，国际足联就将花费435万美元。有些裁判仅仅作为备用，即使一场比赛都不吹，他们的收入与执法比赛的裁判的收入仍然相同。国际足联还为裁判们在南非期间提供舒适的生活条件，组委会承担了裁判的所有支出，比如裁判住在豪华酒店、乘飞机坐头等舱、出门乘高级轿车等。此外，国际足联还为裁判们配备了两名心理学专家，他们的任务就是让裁判们“保持正常和蓬勃向上的心态，从而充满信心”。这些费用加在一起又有数百万美元之多。不过巨额的投资并没有换来应有的回报，八分之一决赛英德大战第38分钟，兰帕德的远射越过球门线足足有91厘米，但竟被主裁拉里昂达误判进球无效，英格兰和墨西哥因为被误判相继出局，海因策的进球队友犯规在先，伊瓜因的进球越位在先，特维斯的进球更是越位超过一米。

2010年11月18日，国际足联道德委员会在苏黎世正式宣布，对国际足联6名涉嫌在世界杯申办过程中参与“贿选”和“串通”的足联官员，处以禁止参加“与足球相关的一切活动”和罚款等处罚。并据此正式通过有关裁决，禁止特马里参加与足球相关的一切国际、国内活动，并处以5000

瑞士法郎的罚金。此外，国际足联执委会委员阿莫斯·阿达穆及其他4名国际足联官员分别被处以2至4年内不得参加与足球相关的一切国际、国内活动，并分别处以10000瑞士法郎罚金。

2011年5月10日，据国际足联官方消息，FIFA已与国际刑警组织达成一致，余下8年每年出资不少于150万欧元。FIFA官网以“国际足联与国际刑警组织联手打击假球”为题称：“全球致力于打击足坛腐败，今天将成为具有划时代意义的一天。国际足联将成为史上对国际刑警组织赞助最多的民间组织，在未来10年中将成立足坛反腐化基金，以此教育和规范全世界球员、裁判员以及足协官员。”据悉，国际足联主席布拉特与国际刑警组织秘书长罗纳德-诺贝尔签订相关协议，其中规定国际足联分10年向国际刑警组织赞助2000万欧元。

布拉特认为，如果纵容世界杯赛场上的黑哨与假球，球迷势必会失去对这项世界第一运动的信心。布拉特说：“操纵比赛是对这项运动构成的巨大威胁之一，我们承诺一定会消灭这些黑恶势力。另外打击非法博彩和球员踢假球也至关重要，我们要保持此次大规模行动的完整性。很高兴可以与国际刑警组织联手，我们将进一步加强合作。”

对于世界杯赛场上的暴力、黑哨、假球等丑闻事件，国际足联并没有坐视不理，而是迅速应对，找到问题的症结，并通过严格筛选裁判、培训裁判、高薪养廉等措施加大对黑哨、假球的查处打击力度，通过与国际刑警组织的深度合作，打击足坛腐败和足球暴力行为，营造一个干净纯洁、竞技至上的世界杯赛场，及时挽回了世界杯在球迷心中的声誉。国际足联的这些做法，对于企业在应对、处理危机时有十分重要的借鉴意义。

危机公关当学麦当劳

这是一个最好的时代，也是一个最坏的时代。郭美美红十字会、山西老陈醋勾兑、归真堂活熊取胆、问题胶囊、酒鬼酒塑化剂、上海黄浦江死猪、中储粮黑龙江大火、农夫山泉标准门……

随着互联网的飞速发展，危机爆发的频率越来越快，规模越来越大，局面越来越难控制。金无足赤，人无完人，品牌危机防不胜防。可怕的不是危机，而是面对危机无动于衷。

当企业处于危机的漩涡之中，往往会遭受到来自社会、媒体、公众以及政府的多方关注，一举一动都将受到各方的质疑，因此，千万不要试图用沉默或者拖延战术规避危机。此刻，采取何种有效的方式和战略，是成功应对危机的关键。以下是危机处理的五大原则。

（1）快速反应原则。在危机出现的最初8～24小时内，公司的一举一动将是外界评判公司如何处理这次危机的主要根据。因此公司必须当机立断，快速反应，与媒体和公众进行沟通，从而迅速控制事态。危机发生后，能否首先控制住事态，使其不扩大、不升级、不蔓延，是处理危机的关键。

研究发现，企业首次回应危机的时间在8小时内，危机的平均持续时间为6天；回应时间在8至24小时内，危机的平均持续时间为7天；回应时间在1至7天内，危机的平均持续时间为15天；1周以上回应的，危机的平均持续时间则扩大为19天。

（2）真诚沟通原则。当企业处于危机漩涡之中，往往成为公众和媒体的焦点。一举一动都将受到质疑，因此千万不要有侥幸心理，企图蒙混过关。应该主动与新闻媒体联系，尽快与公众沟通，说明事实真相，促使双方互相理解，消除疑虑与不安。真诚沟通是处理危机的基本原则之一。

这里的真诚指“三诚”，即诚意、诚恳、诚实。如果做到了这“三诚”，则一切问题都可迎刃而解。

（3）承担责任原则。危机发生后，公众会关心两方面的问题：一方面是利益问题，无论谁是谁非，企业应该首先承担责任。即使受害者在事故发生中有一定责任，企业也不应首先追究其责任，否则会各执已见，加深矛盾，引起公众的反感，不利于问题的解决。另一方面是感情问题，公众很在意企业是否关注自己的感受，因此企业应该站在受害者的立场上表示同情和安慰，并通过新闻媒介向公众致歉，解决深层次的心理、情感关系问题，从而赢得公众的理解和信任。实际上，公众和媒体往往在心目中已经有了一杆秤，对企业有了心理上的预期。因此企业绝对不能选择对抗，态度至关重要。

（4）系统运行原则。在进行危机管理时必须系统运作，各个部门协调一致，企业内部全员参与，形成系统的联动效应，企业内部与外部管理双管齐下，绝不可顾此失彼。只有这样才能透过表面现象看本质，创造性地解决问题，化害为利。

（5）权威证实原则。危机发生后，企业不要自己整天拿着高音喇叭喊冤，没有权威的认可只会徒留笑柄，而要曲线救国，请重量级的第三者在前台说话，使消费者解除对自己的警戒心理，重获他们的信任。

毛主席说：手中有粮，心里不慌。建立一套科学、成熟的危机预警系统，是面对各种危机行之有效的方法。首先要形成良好的危机公关机制，如建立危机公关小组、加强危机公关应对培训、固定危机公关处理流程等；其次要树立快速反应的危机应对意识；再次要坚持统一规范的危机应对策略，统一新闻发言人，统一发言口径应对媒体；第四要寻求合适的对当事人问题的解决办法，所谓“解铃还须系铃人”；最后要保持与地方主流媒体良好的合作关系。

2012年3月15日晚上8点，中央电视台315晚会曝光麦当劳将超过保质期的食品再利用，多家媒体微博转发此新闻。21时50分，距央视播出不到2个小时的时间，麦当劳就迅速通过其新浪官方微博发表了道歉声明，堪称危机公关的典范。

麦当劳发表的致歉微博被业界公认为“麦当劳公关体”，其微博的独特句式也成为大家讨论的经典——“界定问题–表明态度–采取行动–沟通对象”，短短的138字却包含了多重意思，逻辑严密，措辞严谨。微博内容如下：

央视“315”晚会所报道的北京三里屯餐厅违规操作的情况，麦当劳中国对此非常重视。我们将就这一个别事件立即进行调查，坚决严肃处理，以实际行动向消费者表示歉意。我们将由此事深化管理，确保营运标准切实执行，为消费者提供安全、卫生的美食。欢迎和感谢政府相关部门、媒体及消费者对我们的监督。

第一句话界定问题性质，这里有3个关键词，“北京三里屯餐厅”强调了是麦当劳的一个店，而不是整个麦当劳，“违规操作”指出这个店不按麦当劳的规章制度办，而不是麦当劳的模式有问题，“非常重视”是肯定央视的舆论监督，同时暗指麦当劳中国将在内部进行整顿。第二句话表明态度，有4个关键词，“个别事件”依然强调不是麦当劳模式的责任，“立即调查”明确处理的速度，“严肃处理”是整顿的力度，“表示歉意”是对消费者的正式道歉。第三句话表达行动计划，有2个关键词，“深化管理”、“确保营运标准切实执行”，措辞巧妙，说明麦当劳的营运标准没有问题，问题出在执行层面。第四句话明确沟通对象。138字，字字千金！

“救火”三步曲

正所谓好事不出门，外事传千里，坏事从来没有像今天这样传得如此之快。于是，身处大大小小企业市场部/品牌部/企划部/公关部的各位同仁，无不整天紧张兮兮提心吊胆战战兢兢，因为一不小心就可能“惹火上身”。

发火了先做什么？不同的人有不同的做法。有的人会打119，有的人会急着打电话给领导汇报，有的人则是奋不顾身地救火，而有的人先逃命，有的人若无其事，还有的人趁火打劫发横财……

企业的危机就像一场突然袭来的火灾，经常没有任何征兆。发火了，我们是找119来救火，还是等着老板的最高指示？抑或置若罔闻听之任之？不管是自己救火还是请专业的“119队员”，最重要的是“灭火”！怎么灭法？最重要的有三点。

一是要迅速找到“火源”。星星之火，可以燎原，只有掐灭火源才能制止火势。互联网盛行的今天，新闻不再以天来计算，甚至以小时计算都有点慢了，应当分秒必争。在传统纸媒爆发危机的时代，留给我们的时间通常有半天或一天，而在Web2.0时代，几分钟时间一篇帖子可能就已经有了几千个跟帖。原来的每一个信息“消费者”都开始逐步变成信息的“生产者”，大家通过微信、微博、微视、博客等形式表达自己对大千世界的观点，人人都是自媒体，意见领袖一呼百应，昔日传统媒体独步天下的世界早已“换了人间”。

二是要有强效的“灭火器”。不管是请外援灭火还是自己灭火，灭火工具一定要过硬。专家、权威机构、名记……都是强有力的“灭火器”。危机发生后，消费者对品牌的偏爱与信任会转化为徘徊、牢骚、质疑、愤怒等情绪，因此就要依靠第三方权威声音来消除消费者的心理顾虑，进行

“信任重建”。

杜邦“特富龙”危机期间，该公司从美国总部请来三位负责“氟产品”的技术专家携带相关技术资料来到中国回答媒体记者以及消费者的问题，打消消费者疑虑。华为发生成都员工跳楼事件后，网上声讨、骂声一片，项立刚等IT“大腕”及时发表相关评论《妖魔化华为就是妖魔化奋斗精神》，及时扑灭了这场有可能蔓延的“大火”。

三是要变“火灾”为“火红”。塞翁失马，焉知非福。将品牌危机变成一次企业形象建立、品牌传播的机会。因为危机的发生和成立是有条件的，在某种情况下是“危险信号”与“威胁因子”，在另一种情况下可能变成了“机会”。刘翔退赛，一场典型的天灾人祸，事先没有一个赞助企业能预料到。同样是赞助商，有的在扼腕长叹，而耐克却连夜赶制新版广告“爱比赛，爱拼上所有的尊严，爱把它再赢回来，爱付出一切。爱荣耀，爱挫折，爱运动，即使它伤了你的心”，并在第一时间投放，及时转危为机，虽然刘翔退赛了，其市场一样红火。在“问题奶粉”风波中，蒙牛老大牛根生及时发表“大品牌要负大责任”的诚恳讲话，主动承担相关责任，获得了众多消费者的认同。虽然其产品销量受到了一定影响，但也将品牌美誉度的损失降到了最低程度。

1988年4月27日，美国阿哈罗航空公司一架波音737客机自檀香山机场起飞后因故迫降，一名空姐遇难乘客安然无恙。经深入调查后，波音公司解释如下：“这是一架已飞行了20年、起落9万多次的客机，按照技术规定，它早该退休了，金属疲劳是造成事故的最主要原因。”经此解释，事故之后波音公司的订货量不降反升。

日本东京东武百货公司曾经将一台只有外观的索尼CD样品卖给了美国记者基泰丝。发现这一失误后，东武百货先后打了35个紧急电话，最终找到基泰丝并给出满意的处理。原本写了一篇《笑脸背后的真面目》的批评稿、准备兴师问罪的基泰丝深受感动，重新写了一篇题为《三十五次紧急电话》的特稿。该文章发表后，引起社会广大回响，东武百货公司也因此名声鹊起，门庭若市。

素有娱乐圈“才女”之称的伊能静，曾经因为在新专辑中错把《念奴娇》里的“羽扇纶巾”念成“羽扇伦巾”，被歌迷批得灰头土脸，被迫在博客里道歉。后来，伊能静带着“修正版”专辑来到成都宣传，坦称已重新录音改正错误。伊能静“纶巾事件”尽管对其个人品牌造成了一定程度的损害，但其及时、诚恳道歉的态度，无疑为自己在广大歌迷面前树立了一个更加真实、可信、可爱的形象，对于其新专辑的推广不但不会减分，而且还会加分。而当年冯小刚面对媒体的猜忌和无端报道，妒火中烧、与娱记反目，使危机越来越危险。幸亏后来调整态度，才得以缓和与媒体的关系。

加多宝“对不起”催泪弹

广药王老吉和加多宝这对冤家，从2012年一直吵到2013年。2013年1月31日，广州市中级人民法院裁定，要求加多宝立即停止使用“王老吉改名为加多宝”或与之意思相同、相近似的广告语进行广告宣传的行为。广药如获至宝，举公司欢庆。面对如此打击，加多宝该如何应对？上诉？默默忍受？NO！2013年2月4日，加多宝官方微博开始泪流满面，连发4条微博，以“对不起”体标明自己的立场。短短不到2个小时，4条如鲠在喉不吐不快的哭诉式微博总计博得4万余次转发，评论超过1万余次。“对不起”迅速成为热门微博。

——对不起！是我们太笨，用了17年的时间才把中国的凉茶做成唯一可以比肩可口可乐的品牌。

——对不起！是我们太自私，连续6年全国销量领先，没有帮助竞争对手修建工厂、完善渠道、快速成长……

——对不起！是我们出身草根，彻彻底底是民企的基因。

——对不起！是我们无能，卖凉茶可以，打官司不行。

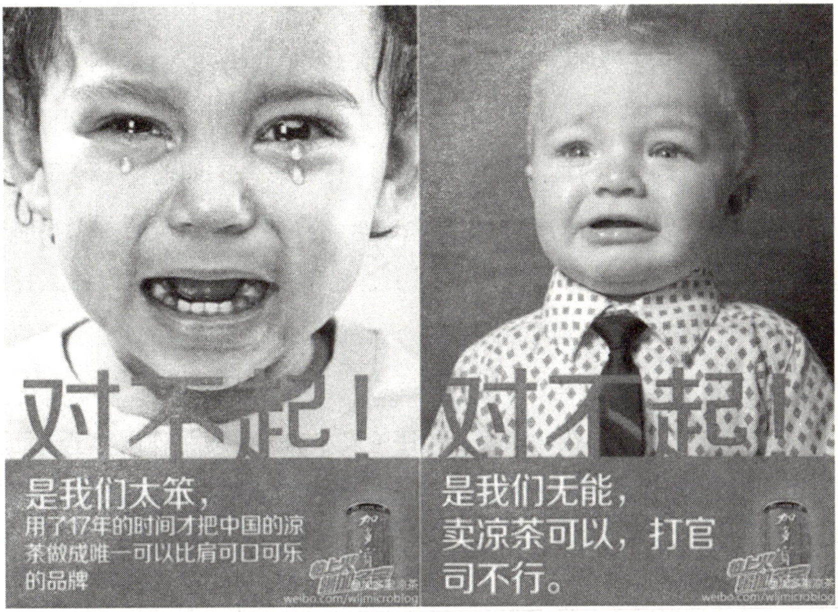

这4条文案以事实为依据，以情感为催泪弹，迅速扭转了因官司失败造成的负面影响，再次直击广药的软肋，获得了消费者的同情和认同。

天猫1.5米内裤“自黑式公关”

算错内裤尺寸，对于一家电商公司来说，可不是件小事，毕竟内裤的销量和用户基数是天量级的，稍有不慎就会得罪粉丝。而天猫在这件事情上体现出来的危机处理能力，完全可以用驾轻就熟、闲庭信步、智勇双全来形容。

2013年11月11日凌晨1点27分，天猫在微博上发布“双十一”最新战报，指出“一小时天猫11.11购物狂欢节支付宝交易额超67亿，手机淘宝支付宝交易额超10亿。文胸内裤，你们赢了！”迎来大批网友围观、吐槽。这里面最有意思的评论是来自认证身份为“南京市公安局江宁分局”的官方微博——“马云你好！我是警察蜀黍。恭喜你今天天猫交易额突破300亿！我们都为你感到骄傲！我的问题是：为什么天猫卖的200万条内裤连在一起会有3000公里长？你们卖的内裤尺寸平均每条都有1.5米长吗？这种尺寸的内裤对购买者来说有什么意义？谢谢。”“警察”的特殊身份和博文严密的推理，使得这条微博迅速在短短的一个小时被超过1万人转发。考验天猫的时候到了，能不能快速反应？以什么样的姿态应对？置之不理？道歉？否认？无论哪一种方式，都必然遭到更多谩骂。

天猫毕竟是天猫，在“警察”的评论发布54分钟时，即进行了正面回应——“伦家就是鸡冻的昏头了好吗。。。来尽尽尽尽情的取笑我吧！#数学老师对不起了！#”——态度诚恳、轻松幽默、发起新话题（数学老师对不起）。

再接再厉。第二天下午4点半，正当网友们议论纷纷1.5米内裤时，天猫发了一条微博——“昨天数学不好，险些被K尿崩。。半夜吭哧吭哧翻出小学课本满血恶补！此刻我明白了：350亿人民币摞起来的厚度相当于4个珠穆朗玛峰的高度，能铺满585个足球场，得7节火车皮才能拉走。。——不知道介对嘛？求高人！求拯救！在线跪等！”并晒出了演算过程的草稿纸，再次引发围观，这个时候大家已经基本上原谅1.5米内裤了，天猫呈现给网友的是“可爱的猫”形象。

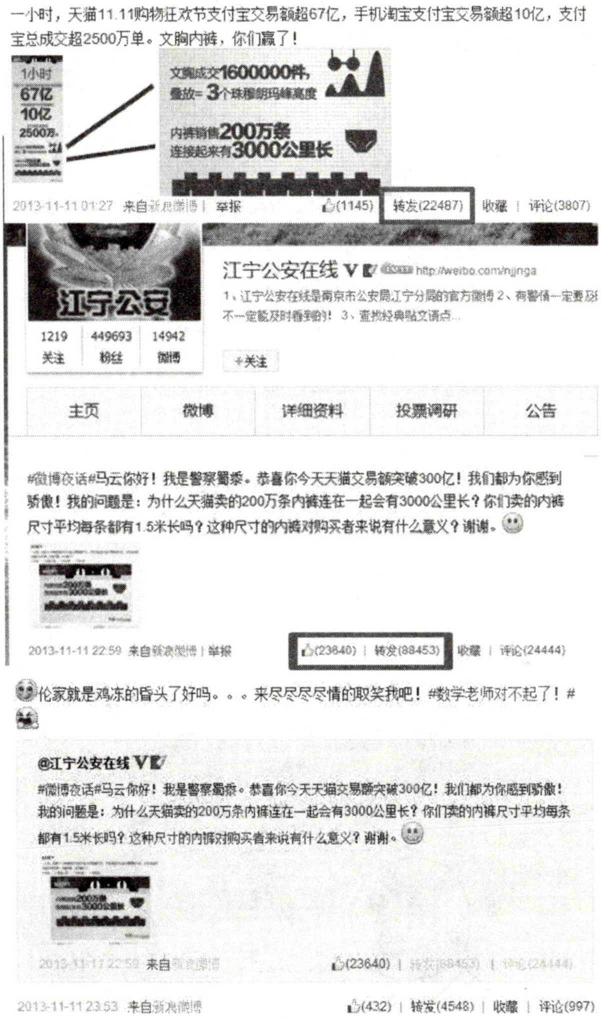

如果故事就这样结束了，天猫内裤事件也算不上经典案例。第四天下午2点多，冷不丁蹦出一条微博，彻底征服粉丝。——“上午正忙事业呢，一眼看到马总到我们这里四处转悠，小编心想当董事长的人就是悠闲啊啊啊，冷不丁马总突然走到我们这里开始跟我们闲聊起来。以下是对话实录……”

上午正忙事业呢，一眼瞅到马总到我们这里四处转悠，小编心想当董事长的人就是悠闲啊啊啊，冷不丁马总突然走到我们这里开始跟我们闲聊起来。以下是对话实录：

赞(1467) 转发(20709) 收藏 | 评论(3238)

马云：双11那天天猫微博说1.5米内裤的那条是谁发的？
小编：我，马总，是我发的。
马云：这数是谁算出来的？
小编：也是我。。。
马云：我靠，你太牛逼了！你这1米5分分钟把350亿干趴下了啊。唉，你说说你怎么算的？
小编：我打草稿算的。
马云：。。。。。。你把草稿打哪儿了？我看看。
小编：马总你别看了，看了你也看不懂的。
马云：哈哈哈哈哈哈哈，你说说你数学这么差，居然算出了跟你身高一样的内裤长度哈哈哈！
小编：对了马总，都说您当年数学考过1分，这是真的吗？
马云：今天杭州天气不太好啊。。。（抬头看天状）
小编：对了马总，听说您当时面试警察，去了六个人，就你没录取，其他四个全部录取了，是吗？
马云：咳咳咳，小伙子你是哪年进公司的啊？
小编：2009年
马云：不错呀，都5年了啊！
小编：马总，是4年。。。
马云：咳咳咳，我们合个影吧。。。。
小编：对了马总，你去年跟王健林打的赌，到底是2020年还是10年后啊？如果是去年打的赌应该是8年后吧？
马云：呵呵呵呵，咱俩在数学问题上真是同病相怜啊。。。小伙子结婚没？以后你老婆得上哪儿给你买1.5米内裤去，哈哈哈哈哈哈。
小编：我女朋友她妈不同意，说我还没买房。马总你说能把房价打压下去，大概是啥时候啊？
马云：我说的是趋势是趋势。。。（边合影边说）我是不是还有个会啊？我先走了啊。。。。。

©天猫

在马云和小编的对话里，尽情调侃马云的数学如何不好、个子矮等，暗示1.5米内裤算错了最大的罪人是马云，一下子勾起了网友内心最想质疑、最想骂人的支点，马云的形象瞬间也变得可爱无比，天猫的品牌也变得更加亲民。从小编的可爱，到马云的可爱，一场快速应对、精心策划的“自黑式”危机公关，最终以天猫的完胜而收场。

双汇“万人危机公关秀”很愚人很失败

2011年愚人节前夕，双汇上演了一幕万人愚人闹剧。集团董事长万隆在一个拼音严重错误的主背板下、在一个没有消费者代表参加的万人大会上，再次向消费者致歉。可是从头到尾我们都没有看到具体针对消费者的致歉、赔偿举措，而是声称因“瘦肉精”事件企业遭受损失超过121亿元。来自吉林的经销商甚至激动地喊出了“双汇万岁！万总万岁！”的口号。

怎么看双汇3月31日的万人大会都不像是一次道歉会，倒更像是一次誓师会、庆功会。双汇在风口浪尖举行万人大会的危机公关秀，存在以下几个严重问题

（1）漠视消费者生命安全。瘦肉精，是一种平喘药。该药物既不是兽药，也不是饲料添加剂，而是肾上腺类神经兴奋剂。大量食用瘦肉精，对人体的伤害非常大。对此，作为“圈里人”的双汇，是最清楚不过了，可是自始至终，双汇方面从来就没有正面回应这个问题，可以说是漠视老百姓的生命安全。令人发指的是，非但不重视百姓生命安全，而且口口声声“企业遭受损失121亿元”，真是镇定自若让人佩服之至。夸张一点说，这已经不是漠视消费者权益保护法、国家食品安全标准的问题，而是对公民人身权益的公然践踏。

疾病预防控制中心有关专家称，如果过量食用瘦肉精导致的中毒有这样几种表现：第一，急性中毒，出现心悸，面颈、四肢肌肉颤动，手抖甚至不能站立，头晕，乏力等症状。第二，原有交感神经功能亢进的患者，如有高血压、冠心病、甲状腺功能亢进者上述症状更易发生。第三，与糖皮质激素合用可引起低血钾，从而导致心律失常。其四，反复使用会产生耐受性，对支气管扩张作用减弱及持续时间缩短。

（2）没有邀请消费者代表到场。双汇口口声声向消费者致歉，却不

敢请消费者代表到场。更谈不上与消费者代表面对面的深入交流。这是一次没有任何诚意的道歉。

（3）没有实质性的道歉行动。道歉并非停留在口头，而是要有实际行动。尽管万隆宣读了6条应对措施，但没有一条是针对已经食用、购买了双汇产品的消费者的，而他们其实是最需要安抚的，也是危机的最大源头。源头不有效疏导，何以治理危机洪灾？

（4）哗众取宠，忙于做秀。参加此次大会的有集团所有管理层成员、漯河本部职工、经销商，此外还有漯河市政府职能部门，双汇的投资银行、投资者代表，30多家新闻媒体。一次道歉会和应对措施说明会，本应以媒体和消费者代表为主，低调举行，而双汇反其道而行之，大肆张扬，唯恐无人不知，且极尽做秀之能事。又是鞠躬，又是口口声声道歉，又是痛言“教训深刻”，又是六大应对措施，甚或高呼“万岁”，真是不以为耻，反以为荣。据“新浪河南”微博4月1日上午报料：大会前，曾有高管建议记者见面会单独举行，万隆拍板一定要在万人面前召开，在双汇他的意见通常是最终决议。

（5）铺张浪费，有钱不花在刀刃上。这样的一个万人职工大会，会场布置之宏大，接待嘉宾规格之高，绝无仅有。有消息人士透露，参会人员大部分为经销商，而且双汇均以奔驰车到机场迎接。虽然在一定程度上可以抚平经销商的心理创伤，但只会加剧老百姓对双汇的矛盾和抵触心理。如果把这些钱用于给食用过含瘦肉精的用户做体检，给染病患者治病，将极大地恢复品牌声誉。

双汇相关联系人称，双汇希望通过这次万人大会让消费者放心、让公众安心。可是万人大会上的举动却无法让消费者放心、让公众放心。如果双汇迟迟没有针对消费者的具体道歉措施，就不光是经销商倒戈雨润了，全国数亿消费者或将群起而倒戈雨润和其他品牌。

总之，双汇万人危机公关秀很愚人、很雷人，也很失败，并且最终尝到了市场的苦果。

鲁莽的农夫山泉

农夫山泉与《京华时报》的是是非非，从2013年4月10日到现在，仍然没有结论。在这件事情上，至少到目前为止是“双输”。毫无疑问的是，农夫山泉输得更惨，毕竟遭遇了《京华时报》连续27天共67个版面的负面报道，毕竟在媒体和企业之间，不明真相的老百姓更愿意相信媒体。尽管《京华时报》死死咬住农夫山泉已超越了舆论监督的涵义，尽管凤凰网针对22万网友的调查显示仍有54%支持农夫山泉（13%中立），尽管农夫山泉已经将《京华时报》告上了法庭（法院还没有宣判）。

2013年5月6日新闻发布会原本是农夫山泉与《京华时报》冰释前嫌的一次大好机会，然而却变成了一次火药味十足的大对质。姑且不论农夫山泉的水到底是否有质量问题，从农夫山泉面对《京华时报》表现出来的种种反应来看，农夫山泉不是有点甜而是“有点咸”。缺乏与媒体直接、真诚的沟通，不愿还原事实真相，避实就虚，说什么“人在做天在看”，必然将不明真相的消费者推向媒体的阵营。面对媒体对于农夫山泉放弃北京市场的疑问，大谈什么“尊严比金钱更重要”，凌驾于媒体之上，必然遭至反感。真诚希望农大山泉能够尽快学会与媒体和平相处。

挑战媒体权威，农夫山泉有点咸。

后记
POSTSCRIPT

经过十个多月的准备，本书终于在巴西世界杯开赛之前正式付诸出版了。回顾这十个多月的艰辛历程，真不亚于一次怀孕——期待，迷茫，焦虑，阵痛，然而更多的是梦想成真的喜悦。

喜悦之余，有太多的感谢需要表达。感谢妻子放弃事业发展的机会，承担起照顾小孩和全部家务的重任，让我得以专心工作、写作，军功章有我的一半也有你的一半。感谢中国发展出版社领导和李坚编辑的莫大信任、鼎力支持、出谋划策。感谢品牌战略专家李光斗前辈百忙之中作序推荐，感谢恩师汪涛教授的悉心指导，感谢迪思传媒黄总多年来的信任，感谢为此书提出真知灼见的各位同事、朋友。

《营球世界杯》既是我从业十多年的回顾与总结，也是下一个十年发展的新起点。路漫漫其修远兮，吾将上下而求索。欢迎各位读者批评指正。

刘泳华

2014年5月于北京

参考文献

[1] 李宗泽. 大力神赋：白话世界杯. 北京：中国经济出版社. 2010

[2] 汪大昭. 二十年目睹之世界杯. 北京：中国盲文出版社. 2002

[3] 兆丰. 影响世界足球100名人排行榜. 海口：海南出版社. 2002

[4] 国宇. 世界杯精神. 北京：中国纺织出版社. 2007

[5] 李响. 零距离：李响与米卢的心灵对话. 北京：知识出版社，2001

[6] 菲利普·科特勒. 营销管理. 北京：中国人民大学出版社. 2012

[7] 唐·舒尔茨. 整合营销传播. 北京：中国财政经济出版社. 2005

[8] 李光斗. 事件营销. 北京：清华大学出版社. 2012

[9] 赵强，邓天颖. 枪杆子赢销. 广州：广东经济出版社. 2013

[10] 萧秋水. 微信控 控微信. 北京：人民邮电出版社. 2013